이 약 한번
잡숴 봐!

이 약 한번 잡숴 봐!

식민지 약 광고와 신체정치

초판 1쇄 인쇄 2021년 11월 25일
초판 1쇄 발행 2021년 11월 30일

지은이 최규진
펴낸이 이영선
책임편집 김종훈

편집 이일규 김선정 김문정 김종훈 이민재 김영아 김연수 이현정 차소영
디자인 김회량 이보아
독자본부 김일신 정혜영 김민수 박정래 손미경 김동욱

펴낸곳 서해문집 | 출판등록 1989년 3월 16일(제406-2005-000047호)
주소 경기도 파주시 광인사길 217(파주출판도시)
전화 (031)955-7470 | 팩스 (031)955-7469
홈페이지 www.booksea.co.kr | 이메일 shmj21@hanmail.net

이 책은 한국출판문화산업진흥원의 '2021년 인문 교육 콘텐츠 개발 지원' 사업을 통해 발간된
도서입니다.

이 약 한번 잡숴 봐!

식민지 약 광고와 신체정치

최규진 지음

서해문집

머리말

이른 시기부터 매체에서는 "광고란 기계가 작동하는 데
필요한 원동력과 같다"라고 했다.[1] 광고는 왜 필요한가.
"광고란 영업에 관한 일체 사항을 일반 중인衆人에게
주지周知케 하며 고객을 유인하여 점포를 번창하게 하는
수단 방법으로 막대한 이익을 제공하는 것"[2]이기 때문이다.
일제강점기에 광고의 기능과 역할에 주목했던 사람들은 "광고
만능시대가 되었다"라고 말했다.[3] 그들에게 광고란 "영업과
상품 등을 도안 또는 문안으로 가장 조화로운 색채로 나타내는
민중예술"이기도 했다.[4] 또한, "광고가 늘 신기한 형식으로
나타나서 현대인에게 환영받는다. 광고의 만능은 실로 시대의
산물이며 현대 문화의 총아寵兒"였다.[5]
1886년 2월 22일, 세창양행이 맨 처음으로 '고백告白',
즉 광고를 했다. 왜 광고가 아닌 '고백'이라고 했을까?
1860년대부터 일본에서 쓰기 시작한 광고廣告라는 단어가
한국에서는 아직 보편화하지 않았기 때문이다. '고백'이라는
말을 광고라는 뜻으로 쓴 것은 한·중·일 3국에서 공통적인
현상이었다.[6] 광고는 하루가 다르게 발전했다. 문안을
중심으로 하고 초보적인 도안을 넣었던 초기 광고가
1920년대부터는 디자인과 일러스트레이션 등에서 몰라볼
만큼 발전했다. 광고가 사람들의 호기심을 끌 만한 여러
요소를 갖추기 시작하면서 '민중예술' 또는 '문화의 총아'라는
말에 설득력이 생겼다. 광고가 보여 주는 상품은 사람들을
유혹하기 충분했고, 광고 그 자체도 중요한 볼거리였다.
시각은 근대를 지배하는 감각이다. 근대에 새롭게 발명된
사진과 영화 그리고 인쇄술의 발달은 예전의 문자 중심사회를
시각 중심사회로 바꾸었다. 신문과 잡지 등에 실린 광고도
'이미지 미디어'[7]로서 '시각적 모더니티' 형성에 큰 영향을
미쳤다. 광고 도안에 실린 사진, 삽화, 일러스트레이션, 상표
등이 시각 체계 재편에 큰 몫을 차지했다.

이미지는 문자보다 사물과 현실을 쉽게 인식할 수 있도록 해
준다. "이미지는 글보다 전염성이 강하고 바이러스성을 띤다.
이미지는 신념 공동체를 땜질하듯 녹여 붙이는 탁월한 재능을
갖고 있다."[8] 의약품 광고 문안은 건강 담론에 개입했고,
광고 속의 신체 이미지는 몸을 바라보는 시선을 변화시켰다.
어떤 변화인가. 그 내용을 한꺼번에 정리하기는 쉽지 않다.
광고에 실린 상징적인 이미지들은 여러 해석을 기다리고
있기 때문이다. "이미지들은 사회적 실체의 반영도, 사회적
실체와는 아무런 관계가 없는 기호들의 체계도 아니며, 이
두 극단 사이의 여러 지점에 놓여 있다. 이미지들은 개인이나
집단이 상상하는 세계를 포함해 사회를 바라보는, 그러나
서서히 변해가는 방법들에 대해 증언하고 있다."[9] 이미지에
담긴 은유와 무의식을 읽어내려면 당대의 사유체계와 역사
상황을 잘 알아야 한다.

생산은 재화를 생산할 뿐만 아니라, 재화를 소비할 사람들,
그리고 그에 상응하는 욕구를 생산한다. 자본은 상점으로
물건을 내보내려면 먼저 사람의 마음을 흔들어야 한다.
광고는 대중에게 제품에 관한 정보를 알리는 도구로서 역할을
시작했지만, 사회구성원들이 공유하는 의식과 가치관 그리고
이데올로기를 만들어가는 문화 기구가 되었다. "광고는
소비자를 창출하는 또 다른 생산수단일 뿐만 아니라 문화적
확산을 꾀하는 수단이 된다."[10] 광고는 상품 판매를 위한 '설득
커뮤니케이션' 또는 '디자인 마케팅' 이상의 의미를 담고 있다.
"광고는 사물에 대한 특권담화며"[11] 시대의 담론이다.
이 책은 일제강점기 매체에 실린 의약품 광고를 분석 대상으로
삼는다. 약업자들은 신문과 잡지 등에 광고를 내는 것 말고도
포스터, 선전지, 선전대, 옥외광고, 간판, 광고판 등 여러
방식으로 자신의 제품을 대중에게 알리려 했다. 컬러 포스터는
화려했으며, 선전지는 대량으로 만들었고, 약 선전대는

永登浦附近鐵道沿線에異彩가빗나는朝鮮人唯一의看板

그림1 《동아일보》 1930년 10월 15일.

요란했다. 약 선전대는 확성장치를 하고 레코드를 틀며 시내 곳곳을 행진하곤 했다.[12] 옥외광고와 간판은 건물 규모에 견주어 매우 컸다. 광고판은 어떠했던가. 그림1은 조선 사람으로서는 맨 처음으로 영등포 철도변에 세웠던 '조고약'과 '천일영신환'의 광고판이다.

일제강점기에 이러한 광고판이 많이 들어섰다. 그 사실을 반영하듯, 매체 속의 광고에서도 광고판을 그려 넣은 그림2와 같은 광고가 꽤 있다.

이 광고에서 보듯이 사람의 눈길이 갈 만한 곳에 떡하니 광고판을 세웠다. 다음 글은 곳곳에 들어선 그러한 광고판을 매섭게 비판했다.

그림2 경성방직주식회사 광고, 《동아일보》 1939년 6월 6일.

산에도 들에도 논에도 밭에도 그저 무슨 광고가 그리 많은지 자연 경치조차 볼 수가 없이 막 기차 연변을 덮어 놓았으니 아무리 상품사회라고 할지라도 그 꼴은 볼 수가 없다. 누가 물건 이름을 모르거나 살 줄을 몰라서 못사는 줄 아는 모양이야. 산을 바라보려면 산에도, 들을 보려면 전답에도 온통 광고판뿐이니 딱 보기 싫어 죽을 지경이요.[13]

신문 만평은 온갖 광고지와 선전지가 어지럽던 1920년대 상황을 다음과 같이

鐵筆寫眞
—〈投稿歡迎〉—
(것란이式代現이것이) ? 냐이엇무는體正

그림3 《조선일보》 1925년 3월 4일.

그렸다.

그림3을 보면 어두운 경성 거리를 광고·선전지가
뒤덮었다. 오른쪽 아래 부분을 자세히 보면 광고지
밑에 깔린 사람의 다리가 보인다. "큰길가는 다시 말할
것도 없거니와 뒷골목의 좁은 곳까지 추악한 빛으로
인쇄하거나 혹은 붓으로 쓴 광고지를 남의 집 벽이나
기둥에 함부로 부쳤다."[4] 서울의 관문인 남대문
벽마저도 광고탑처럼 이용되고 있는 형국이었다.

담장이가 무성한 남대문 석벽에다가 일본인 요리업자
대회를 이용한 맥주의 광고판을 굉장히 크게 만들어 세워
놓았을 뿐만 아니라, 추악한 채색을 뒤발라 보기에도
끔찍끔찍한 인단 광고를 빈틈마다 네 장이나 붙여 놓았다.
남대문을 광고탑으로 이용한다.[5]

이 기사에서 말하는 '인단'은 오늘날의 '은단'이다. 일제강점기
때 '인단'은 전염병을 예방하는 등 여러 효과가 있는 약처럼
선전했다. "가는 곳마다, 보는 곳마다 인단 선전이 있다"라고
할 만큼 광고에 엄청난 물량을 쏟아부었다. '인단'만이
아니었다. "약장사는 세상에 갖은 병을 눈 코 입으로부터
오장육부에 이르기까지 있는 것 없는 것 다 들추어내어
신문으로 잡지로 포스터로 가두에 길거리에 하다못해 남의 집
판장에까지 광고판 부치기에 여념이 없다"[6]라고 신문 기사는
적었다. 이 기사는 온갖 병을 새롭게 '발견'하여 남의 집
판장板牆, 즉 널빤지로 만든 울타리에까지 덕지덕지 붙이는
약 광고를 비판하는 글이었다.

매체마다 광고를 실었다. 매체에서는 자기 지면에 실린
광고를 싫어하는 사람들에 대해서 "지금 당장 광고가 필요
없다 하더라도, 오려서 보관해 두면 매우 필요한 정보를

제공한다"라고 설득했다.[17] 또한, "광고는 일반 사회의 견문을
넓히는 일종의 중요한 기사"라고도 했다.[18] 그림4·5에서
보듯이 이러한 논리는 이미 1910년대 중반에 등장했으며
1920대에는 그것을 되풀이한 것에 지나지 않았다.

그림4에서 "광고도 일종의 신문이라, 매일 발행하는 신문의
3면 기사를 열람하시면 희로애락이 겸비하였으나… 광고문을
보시면 3면 이상의 가치가 있으니… 우리의 생활상 필요한
광고문을 숙독하시오"라고 적었다. 그러고는 너무 재미있게
광고문을 읽다가 눈이 피로해지면 자기네 안경점에 들러
안경을 사라고 했다. 그림5는 "광고도 기사이니 필요할 때 볼
수 있게 오려 두"라고 했다.

이 책도 광고는 매우 중요한 사료라고 판단하는 것에서부터
출발한다. 광고는 당대의 시대상과 문화를 만들어가는 문화적
현상이자 사회문화를 반영하는 역사적인 텍스트다. 적어도
"광고는 상품에 대한 과거 사람들의 태도를 이해하는 데
도움을 준다."[19] 광고에는 문화와 이데올로기 그리고 소비와
욕망의 구조가 담겨 있다. 또한 광고라는 사료에는 일상생활에
관련된 중요한 정보가 참으로 많이 담겨 있다.

그림4 《매일신보》 1915년 3월 27일.

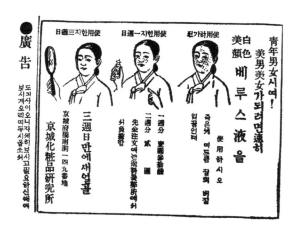

그림5 《조선일보》 1926년 3월 5일.

매체에 실린 광고 가운데 약품 광고가 가장 많았다. 한 연구에 따르면 상품 유형 가운데 의약품이 58.5퍼센트를 차지하고 장신구 17.5퍼센트, 화장품 10.2퍼센트, 기호품 7.1퍼센트, 의류가 6.7퍼센트였다.[20] "근래 신문 잡지 면을 고찰하면 거의 10분지 8, 9는 매약 광고가 지면을 차지한다"[21]라는 기사는 그 무렵 사람들이 느끼는 의약품 광고의 비중을 적은 것이다. 그와 함께 다음과 같은 기사도 잡지에 실렸다.

조선의 각 신문에 특색이 있다. 매약 광고가 8할을 점령한 사실이 그것이다. 왈曰 매독약, 림질약, 폐병약, 성흥분약性興奮藥, 외국 사람이 보면 조선인은 모두 화류병자라고 할 일, 광고료도 귀하나 민족의 체면은 더 귀하다. 신문당국자의 맹성猛省할 곳.[22]

"의약품 가운데 성병 치료제가 가장 많은 15.6퍼센트, 자양강장제가 13.5퍼센트, 소화기류가 8.8퍼센트로 높은 비율을 보인다"[23]라는 연구 결과에 비추어 본다면, 앞에서 인용한 잡지 기사도 일정하게 현실을 반영하고 있다. 광고를 하는 한국 제약회사는 일본에 견주어 크게 열세였다. 판매고의 20퍼센트 남짓을 광고에 쏟아부었지만 일본 제약회사를 따라가지 못했다. 대체로 잡지에는 광고를 싣지 않고 주요하게 신문을 이용했다.[24] "조선문 신문은 외지外地 광고가 팔구 할을 점령하고 조선 내의 광고는 불과 일이 할"이라고 했다.[25] 1920년대부터 한국 광고는 일본 광고의 세련된 디자인과 강력한 카피, 압도적인 물량 공세에 거의 밀려나고 말았다.[26] 잡지에 실린 광고 평에서는 "조선 삼대 신문을 매일 들고 보아야 조선 상점의 광고라고는 도무지 볼 수가 없고, 이따금 난데야 쑥스럽기 한이 없다"라고 했다.[27] 따라서 이 책에 인용한 광고에서 일본 매약의 비중이 큰 것은 어쩔 수 없었다.

그토록 많은 일제강점기 약 전체를 어떻게 갈무리할 것인가.
첫째, 비록 광고 양이 매우 적지만 동물용 의약품과 농약
등은 제외했다. 둘째, 텍스트만으로 구성된 광고는 제외했다.
텍스트 광고 속에서도 읽어야 할 수많은 정보가 있지만,
오랜 시간과 집단적인 노력이 필요하다. 셋째, 텍스트와
일러스트레이션이 함께 들어간 의약품 광고를 주요 대상으로
삼았다. 그 광고들을 주제별로 배치하고 될 수 있으면 광고를
유형화하여 설명했다. 넷째, 신문과 잡지에 실린 약 광고
전체를 대상으로 삼았지만, 이 책에서는 주로 신문광고를
많이 활용했다. 신문에 실린 광고의 일러스트레이션이 잡지에
견줄 수 없을 만큼 다양하고 뛰어났기 때문이다. 결론지어
말하면, 자료집 몇 권으로도 다 담아내지 못할 수많은 약 광고
가운데 특별하거나 큰 의미가 있는 광고만을 추렸다. 그러나
의약품 광고를 이해하는 데 도움이 될 만한 삽화나 사진을
일부 덧붙였다.

그동안 자료 접근이 어려워 광고사 연구에서 소외되었던
《경성일보》 전체 광고를 연구 대상으로 삼았다는 것도
밝혀둔다. 《경성일보》는 1906년 9월 1일에 창간하여 1945년
10월 31일까지 간행한 일본어 신문이다. 조선통감부와
조선총독부의 기관지인 《경성일보》는 식민지 조선의
공공기관과 조선에 사는 일본인 그리고 일본어를 읽는 조선
지식인을 대상으로 하였다. '관제 신문'일지언정 《경성일보》는
일제강점기 전체상을 이해하는 데 빠뜨릴 수 없는 자료다.
그러나 데이터베이스화하지 못해 쉽게 접근할 수 없을 뿐만
아니라, 자료 자체도 읽기 어려워 아직은 크게 활용하지
못하고 있다. 《경성일보》에 실린 광고는 일본에서 만든
것을 그대로 옮겨 온 것이 많다. 《경성일보》 광고란은 일본
문화전파의 직접 통로였던 셈이다. 그런 차원에서 오히려
《경성일보》의 광고에 좀 더 주의를 기울일 필요가 있다.

《경성일보》광고는 조선 실정에 맞게 광고를 변형시키기
이전의 '원판'인 셈이다. 따라서 어떻게 '광고 현지화'가
진행되었는지를 알아내는 데도 《경성일보》광고는 필요하다.
이 책은 기존의 의학사와 약업사 연구 성과에 크게 의존했다.
그러나 약 광고를 분석 대상으로 삼아 일제강점기 사회상에
대한 문화론적 접근을 시도한다는 점에서 완전히 다르다.
이 책의 부제는 '식민지 약 광고와 신체정치'다. '비문자非文字
사료'인 광고를 고찰하면서 일제강점기 자본과 권력이 펼치는
신체정치가 어떠했는지를 밝히는 것이 이 책의 주요 목표였기
때문이다. 이 책에서 말하는 '신체정치'란 신체의 구성과
'인적자원'의 배분을 둘러싼 지식과 권력의 관계를 뜻한다.
신체에 대한 정치개입과 사회정책의 효과를 의미하기도 한다.
신체에 새겨진 이데올로기와 신체에 스며드는 '의료 과학'뿐만
아니라, '몸 문화'를 생성시키는 여러 '장치'도 신체정치의 개념
안에 포괄한다.
이 책은 권력과 자본이 어떻게 신체를 규율하는가 하는 무거운
주제를 포함하고 있다. 그러나 작은 것을 통해서 그 의미를
차근차근 이해할 수 있도록 했다. 이상의 《날개》에서 주인공이
수면제 대신 먹어야 했던 '아달린'의 정체는 무엇이고,
미키마우스는 광고에서 어떻게 놀았을까. 그림 하나, 광고
문안 한 줄, 그 사소하고 작은 것에서 깊은 뜻을 해석하고자
했다. '머리 감는 약' 샴푸의 약효, 무좀과 구두, 인플루엔자와
마스크의 등장, 코 높이는 '융비기'와 쌍꺼풀 만드는 '미안기'.
이 간단한 보기들도 근대적 위생 관념과 전염병의 문화적
효과, 그리고 신체관의 변화라는 아주 묵직한 주제와 맞닿아
있지만, 재미있게 다가갈 수 있는 소재다. 그 밖에도 이 책에
펼쳐지는 사례는 사방팔방에 걸쳐 있다. 이 책을 보면서 작은
것에서 큰 것을 읽어 내는 인문학적 사유를 여러 각도에서
증진할 수 있기를 기대한다.

차
례

3 건강을 팝니다

4 전쟁을 위한 신체, 사상의 동원

근대의 몸, 공장과 요새

I ——————————————————————

몸을 보는 해부학

근대의 시선과 몸

'근대의 몸, 공장과 요새'라는 1장 제목은 전혀 새롭지 않다. 여러 글에서 이미 말한 내용을 요약한 것에 지나지 않는다. 그렇지만 친절하려면 압축한 것을 풀고 낯선 용어를 설명해야만 한다. 같은 '몸'인데, 전근대의 몸이 있고 근대의 몸이 따로 있을까. 여기서 말하는 '근대의 몸'이란 근대의 시선으로 바라본 몸이다. '근대의 시선'이란 주체와 대상, 몸과 마음을 구분해서 있는 그대로 몸과 대상을 바라보는 것을 뜻한다. 다시 말하면 주체를 배제한 대상, 마음을 배제한 몸을 읽는 것이다.[1] '공장과 요새'라는 말은 무엇을 뜻하는가. 수전 손택Susan Sontag은 근대에 들어와서 신체를 기계들이 결합한 공장으로 비유하거나 "질병이란 신체−요새를 공격하는 적으로 묘사했다"라고 지적했다.[2] '공장과 요새'란 신체에 대한 비유였다.

'근대의 시선으로 바라본 몸'을 좀 더 잘 이해하려면 해부학에 관련된 연구 성과를 참고해야만 한다. 의학과 인간학의 기초로서 인간의 몸과 해부에 대한 관심은 유사 이래 계속되었다. 그러나 근대에 들어와서야 해부학이 하나의 학문 체계로 성립되었다. 15세기 초에 최초로 공식적 해부학 실험이 시도된 뒤에 16~17세기 유럽에서는 해부학적 행위가 차츰 일반화했다. 해부학은 서구 개인주의가 사회적으로 널리 유포되도록 만드는 데 중요한 계기가 되었다. 해부학의 지식이 몸과 인간을 구분함으로써 새로운 인식 지평이 열렸다.[3] 이제 몸은 특별한 존엄성이 없이 여러 물건 가운데 하나에 지나지 않게 되었다.

서양 해부학이 동아시아에 전해질 즈음, 동양의 의학자들은 엄청난 충격을 받았다고 한다. 몸을 우주의 오행과 상응하는 오장육부로 파악하는 몇천 년에 걸친 앎의 체계가 단순한 구조와 형태의 집합으로 보는 앎의 체계와 충돌했기 때문이다.[4] 이성과 합리라는 근대의 정신 속에서 해부학과

생리학이 발달하면서 사람의 몸을 구조와 기능으로 구성된 기계로
생각하게 된다. 마취와 소독이 발명되자 몸이라는 기계는 해체와 조립을
할 수 있게 되었다. 이러한 사상과 기술의 결합이 있었기에 외과술이
비약적으로 발전할 수 있었다. "해부학은 신체를 기관들로 확실하게
구별하여 앎의 대상으로 상정하며 가시적으로 재현했다."[5] 해부학적
지식은 교과서와 잡지 등의 서적, 그리고 의약품 광고를 통해 매우
빠르게 전파되었다. 먼저 '근대계몽기' 교과서에 실린 그림을 보자.

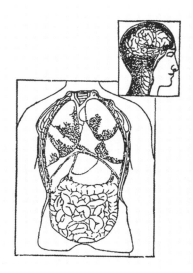 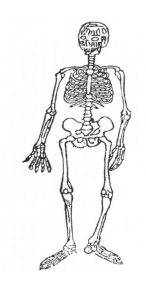

그림1 대한국민교육회 편찬,
《초등소학》 8(1907), 한국학문헌연구소 편,
《한국개화기교과서총서》 4, 1977, 368쪽.

그림2 대한국민교육회 편찬, 《초등소학》
8(1907), 한국학문헌연구소 편,
《한국개화기교과서총서》 4, 1977, 367쪽.

그림1·2는 기존의 음양오행론적인 '신형장부도身形藏府圖'와는
달리, 기계도와 같은 느낌을 주기도 한다.[6] 교과서에 실린 이 그림이
많은 학생에게 영향을 끼쳤듯이 '유도가 4단인 일본 접골사'가 낸
광고(그림3)도 대중에게 일정하게 '의학 지식'을 전달한 셈이다.

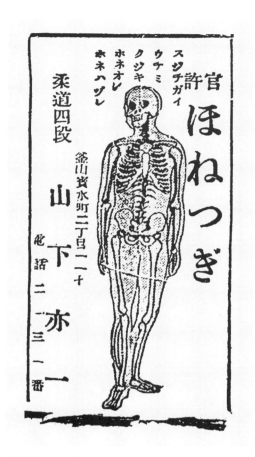

그림3 "관허 접골", 《부산일보》 1925년 3월 21일.

인체 해부도는 보이지 않는 신체 내부를 눈앞에 펼쳐 주며 글로써 말할 수 없는 수많은 정보를 한꺼번에 전달했다. 해부학은 인체에 관한 새로운 패러다임을 제시했다. 이제 많은 사람이 해부학적 시선에 따라 인간의 몸을 바라보게 되었다. 해부학적 시선이란 자기 몸을 하나의 대상으로 보는 '객관화'이고 다른 사람의 시선으로 자신의 몸을 바라보는 내 몸의 '타자화'다. "이제 몸은 소유와 연결되며 더 이상 존재와 연결되지 않았다. 해부학자들과 함께 몸은 인간으로부터 분리되어 무중력 상태에 놓이게 되었다."[7] 그림4·5는 그 내용을 잘 보여 준다.

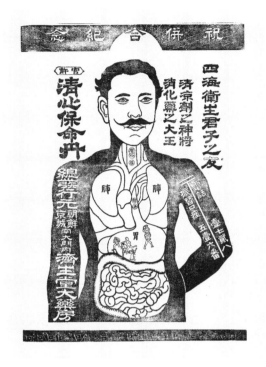

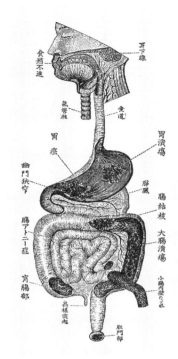

그림4 《매일신보》 1911년 8월 29일.

그림5 위장병약 광고 부분, 《조선신문》
1927년 4월 8일.

그림4를 보자. 8월 29일 '경술국치일'에 '축 병합기념'이라는 제목을 달고 광고를 냈다.
소화제인 '청심보명단' 광고다. 콧수염을 잘 다듬고 머리를 단정하게 한 '근대인'의
해부도다. '청심보명단'은 "위생을 중요하게 여기는 사람의 벗"이라는 카피를 달았다.
그리고 "소화에 도움을 주는 청량제"라는 문안도 썼다. 식도를 따라 '청심보명단'이라는
약이 들어가자 위에 사는 세균이 어찌할 줄 모르고 도망가고 있다. 이 전면광고는
해부학과 세균 그리고 위생이라는 근대의학 지식체계를 고스란히 담고 있다. 그림5는
식도에서 항문에 이르기까지 소화기 계통의 장기를 그려 넣고 위암을 비롯한 여러
병명을 적었다. 몸을 들여다보는 해부학적 시선은 임신과 출산에까지 다다른다.
그림6을 보자.

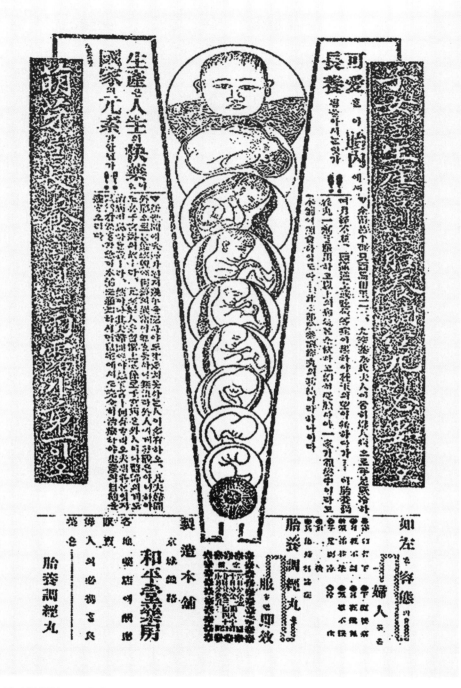

그림6 《매일신보》 1913년 5월 11일.

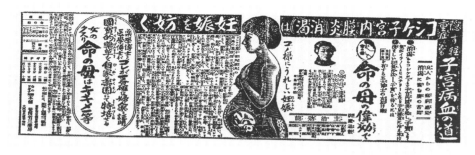

그림7 《경성일보》 1924년 10월 21일.

그림6은 임신과 출산에 도움을 준다는 '태양조경환' 광고다.
난소에서 시작해서 아이가 태어나기까지를 발생학적
차원에서 해부학적 시선으로 그렸다. 전통 한의학에서는
인간의 몸 내부의 기관, 조직들을 통해 임신과 출산을 이해한
것이 아니라 음양오행이나 정精·기氣·신神 등의 관념적인
방식으로 이해해 왔다.[8] 이제 발생학의 시선에 따라 그러한
생각이 발붙일 곳이 없게 되었다. "시각 기술이 정교하게 임신
과정을 분절하고 자궁 내부의 신체 이미지 재현에 초점을
맞추면 맞출수록 여성의 신체는 그저 아이 생산을 위한
매체이자 신체 인큐베이터인 신체 없는 기관으로 작동한다.
그리고 이와 동시에 태아도 수정된 순간부터 관찰 가능한
영역에 들어선다."[9] 이 광고(그림6)에서 눈여겨볼 문안이 있다.
자녀 생산은 인생의 쾌락이자 "국가의 원소元素"라는 문구다.
이 광고에서는 개인의 신체와 국가의 관계도 제시하고 있다.
그림7은 "생명을 품어 기르는 모성을 존중하는 정신으로 이름
붙였다"[10]라는 '이노치하하命の母' 광고로서 임신부 뱃속의
태아를 그렸다.
소화기와 호흡기 계통의 의약품 광고에서도 인체 해부도를
자주 이용했다. 때로는 심장 해부도도 나타난다.[11] 해부학적
시선은 뇌라고 해서 비껴가지 않았다. 다음 광고를 보자.

그림8·9·10은 뇌의 구조를 그려 넣고 뇌가 의식을 관장하고 있음을 보여 준다.
동아시아 사상체계에서는 "심장이 사고의 주체"라는 것이 핵심이었다. 한의학에서는
심장을 마음과 정신 활동이 머무는 기관으로 여겼고 성리학에서는 이러한 가정에
따라 인간의 본성을 논했다.[12] 이에 견주어 서양에서는 뇌가 모든 기관을 주재한다는
뇌주설腦主設이었다. 이 광고들을 한데 묶어 보면 뇌는 혈관과 신경세포로 구성되어 있고
인간의 마음을 움직인다는 결론을 자연스럽게 내릴 수 있다. 해부학적 시선은 신체의
장기臟器뿐만 아니라 미세한 혈관까지 다다른다. 그림11·12를 보자.

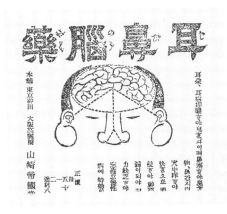

그림8 《매일신보》 1919년 2월 13일.

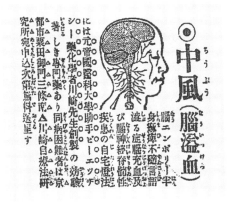

그림9 《경성일보》 1915년 9월 18일.

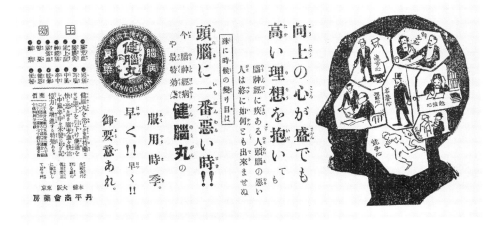

그림10 《부산일보》 1917년 10월 14일.

그림11 《경성일보》 1925년 3월 29일; 《조선신문》 1925년 3월 19일.

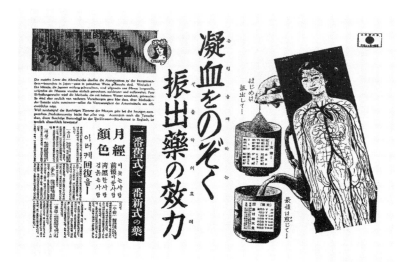

그림12 《매일신보》 1937년 11월 11일.

그림11은 "생식기와 뇌가 서로 연결되어 있다"라는 강장제 광고다. 그림12는 "뭉친 피를 없애는, 우려내는 약의 효력"을 헤드카피로 삼은 부인병약 광고다. 모두 혈액 순환을 좋게 한다는 뜻에서 혈관을 촘촘하게 그려 넣었다.

몸이라는 기계

해부학적인 시선이 자리를 잡으면서 몸을 설명할 때 기계적
은유에 의존하는 것이 일반화하기 시작했다. 몸은 여러 기계가
결합한 하나의 공장과 같다는 생각이었다. 서구의 근대 의료
체계는 인간의 신체에 대한 기계론적 이해와 맞물리고 있었다.
데카르트Renè Descartes는 신체란 "사람들이 만들어 낼 수 있는
어느 기계와도 비교가 안 될 만큼 잘 질서 잡혀 있고, 그 자체
속에서 더 훌륭한 운동을 하는 하나의 기계"라고 생각했다.
소화나 대사 같은 신체기능을 역학적으로 설명하고, 혈관을
기계의 작동을 위한 액체의 도관으로 이해했다.[13] 곧바로
혈관에 대한 기계론적 광고(그림1) 하나를 보자.

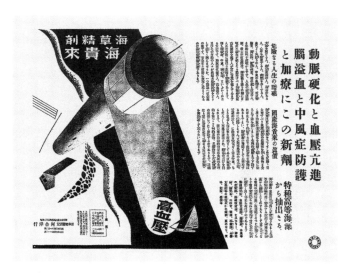

그림1 '동맥경화, 고혈압', 《경성일보》 1935년 7월 21일.

위의 동맥경화와 뇌일혈 예방약 광고는 고혈압을 설명하면서
"혈관을 기계의 작동을 위한 액체의 도관"으로 그렸다.
그림2는 이미 여러 글에서 소개한 적이 있는 강장제
'네오톤토닉' 광고다.

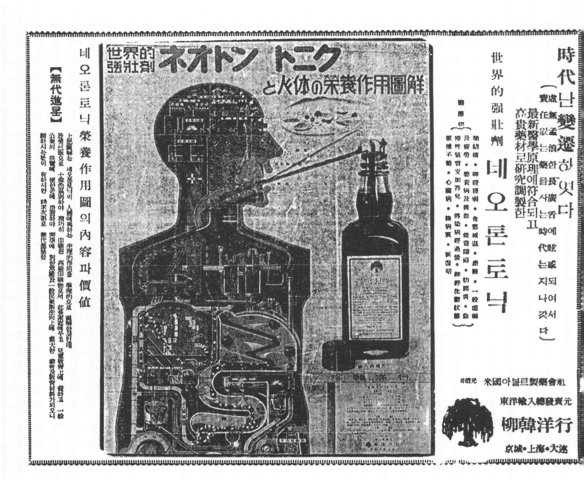

그림2 《동아일보》 1936년 3월 20일.

그림2는 "인체의 영양작용을 도해했다." 이 강장제를
먹자 인체 내부의 공장이 활기차게 돌아간다.
여기까지는 한눈에 보아도 알 수 있다. 그러나 맨
왼쪽에 '무대진정無代進呈' 곧 무료로 준다는 부분의
광고 문안은 자세히 들여다보아야만 중요한 정보를
얻을 수 있다. 그 문안은 이렇다.

> 이 도해는 네오톤토닉이 인체에 주는 생리적 작용을
> 학리적으로 정리한 것인데 옵셋트 판으로 10여색
> 구별하여 정교하게 인쇄된 고급 인쇄물로서 이를 가정에
> 두고 아동교육에 도움을 주고 일반 대중이 함께 보기
> 편한 곳에 붙여 놓아 의학에 대한 상식 보급과 일반 민중
> 위생 향상에 막대한 참고와 교육재료가 되니 원하는 분이
> 있으시다면 청구하는 순서대로 무료 증정함

이 광고의 원판은 10색 색채 포스터였음을 알려 준다.
그때의 상업용 포스터는 상품 광고에서 매우 중요한
수단이었음을 알 수 있다. 기계로 움직이는 공장은
톱니바퀴와 벨트로 연결되어 있다. 톱니바퀴와 벨트를
활용한 몇 개의 광고를 보자.

그림3 "뇌는 활동의 원동력이다", 《조선일보》 1934년 5월 18일; 《경성일보》 1934년 6월 5일.

그림4 "눈은 뇌를 지배한다", 《매일신보》 1935년 10월 27일.

그림3과 그림4를 차례대로 보자. 맞물린 톱니바퀴가 돌듯이 '뇌의 활동'이 활발하다. 톱니바퀴를 가진 뇌와 안약을 기다리는 눈은 벨트로 서로 연결되어 있다. 그리고 "만병통치가 되며 수명을 두 배로 늘린다"라는 광고(그림5)는 몸 안에 거대한 톱니바퀴와 벨트를 그려 넣었다. 다음 광고(그림6)도 인간/기계의 관점을 선명하게 보여 준다.

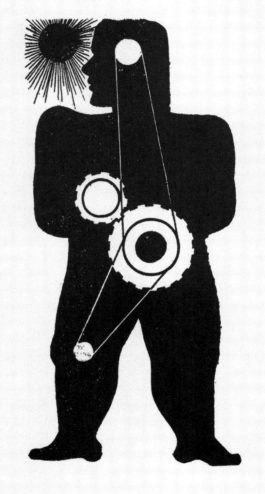

萬病通治가 되야 壽命을 二倍로 만드는

生命元素가 發見되엿다

神仙不老草를찻는여러분! 세게의약학게에서 공동승인된 生命元素 즉 有機性옥도로 不老長生케되는이야기

그림5 '네오스톤'의 유사상표로 보이는 '네오스 에이' 광고의 부분, 《조선일보》 1937년 11월 9일.

그림6 "두뇌피로 회복약", 《조선일보》 1935년 10월 20일.

이 '두뇌 피로 회복약' 광고는 두뇌를 곧바로 엔진에 비유했다.
"두뇌의 시대다 마력의 시대다. 엔진에다가 기름을 보급하며
두뇌에다 '노신'을 급여하면 만사 OK." 이와 비슷한 기법을 쓴
약 광고 카피를 보자. "인체는 기관, 음식물은 석탄. 이것을
정력화함에는 효소."[14] 이렇게 몸을 기계로 은유한다면, 몸은
'기능'하고 '작동'하며 때때로 '고장'이 난다. 그리하여 몸에서
"고장이 난 곳을 제거한다"라는 식의 광고도 등장했다.[15]
굳이 톱니바퀴나 엔진 따위의 기계가 아니더라도 '기계주의적
회화형식'[16]으로 신체를 묘사한 광고도 심심찮게 발견할
수 있다. 마치 터미네이터처럼 신체를 표현한 다음 광고
(그림7·8)가 그 보기다.
이 광고는 강장제를 먹어서 튼튼해진 '기계-인간'과
신경쇠약에 걸려 머리가 어지러운 '기계-인간'을 그렸다.

그림7
"위장 영양",
《조선일보》 1934년
5월 24일.

그림8 "신경쇠약 치료제",
《조선일보》 1935년 3월
25일.

세균과 요새

현미경의 '과학'과

도깨비의 주술[17]

19세기에 이르면 현미경 기술이 발달하면서 사람의 시각 능력이 확장되었다. 그에 따라 시각에 대한 의학의 신뢰도 커졌다. 시각이 아닌 다른 감각에 의존한 진단법은 믿을 만한 것이 못 된다는 생각이 많아졌다.

현미경은 의학의 역사에 어떤 영향을 미쳤을까. 세균을 눈으로 볼 수 있게 되면서 병인체설이 막강한 위력을 지니게 되었다. 우리나라만 보더라도 그렇다. 《독립신문》이 박테리아에 대한 유별난 관심을 보인 것, 《황성신문》이 콜레라균의 관찰을 특별한 뉴스로 보도한 것 등이 뚜렷한 증거다. 즉 병인체론은 질병의 원인을 단 하나의 세균으로 환원하는 투명성의 원리와 함께 '가시적인 것만이 진리'라는 근대적 앎의 원리가 작동하고 있었다. 19세기 말부터 세균들이 잇달아 발견되면서 병인체론은 더욱 확고부동한 진리로 자리 잡았다.[18]

대중에게도 세균에 대한 지식이 보급되었다. 일제가 1915년에 개최한 '조선물산공진회'에서는 "세균에 관한 각종 표본과 각종 전염병 환자 병원균의 표본을 진열하여 인체 내에 여하한 병균이 침입하면 여하한 질병이 발생하리라는 의미를 무언중에 설명"했다.[19] 그 밖의 신문과 잡지, 교과서에서도 세균 삽화를 이용하여 병인체론을 설명했다. 보기를 들면, 《신문계》라는 잡지는 1914년에 결핵, 임질, 매독, 콜레라 등 여러 세균의 그림을 보여 주며 병의 원인과 치료 방법을 소개했다.[20] 의약품 광고도 그러했음은 말할 나위 없다. 1910년대 광고에서도 입에 병을 일으키는 세균,[21] 임질과 매독균[22] 등을 그림으로 보여 주었다. 의약품 광고에서 현미경은 세균성 질환에 대해 약효를 보증하는 기능을 했다.

그림1 "콜레라, 이질, 기타 전염병이 각지에 유행", 《부산일보》 1916년 9월 10일.

그림2 "악성 전염병 조심!", 《동아일보》 1922년 9월 19일.

현미경을 그려 넣은 전염병 예방약 광고들이다. 그림1은
현미경을 보는 과학자를 그렸고, 그림2는 파리가 옮기는
전염병 세균을 현미경으로 본다는 콘셉트다. '시력을 강대하게
하는 거울'[23]로 소개되었던 현미경은 위생 사상을 보급하는
유력한 도구였다. 보기를 들면, '현미경으로 본 파리'[24]를
삽화로 그려서 그 '흉측한 모습'을 대중에게 알리고 파리 잡기
운동에 참여하도록 유도하는 식이었다. 일제강점기 내내
현미경은 약 광고에서 끊임없이 나타난다. 그림3에서 보듯이
현미경은 세균만이 아닌 인간의 피부를 확대해서 보여 주기도
했다.

그림3 '얼굴약(顏劑)' 광고 부분, 《동아일보》 1933년 6월 11일.

모든 약 광고가 세균을 그대로
그려 넣은 것은 아니었다.
많은 약 광고는 자주 은유와
상징으로 세균을 표현하곤
했다. 도깨비는 세균과
병마病魔를 혼합한 이미지로
광고에 자주 등장했다.

그림4 "악성 전염병은 헤루푸에 항복"《경성일보》 1917년 9월 11일.

그림5 "강정 강뇌, 심신을 갉아먹는 귀신을 몰아냄",《경성일보》 1931년 2월 4일.

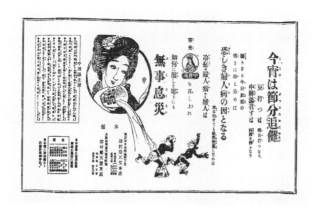

그림6 《조선시보》 1915년 2월 4일.

그림4·5·6에서 도깨비는 약에 무릎을 꿇거나 속절없이 도망가고 있다. 광고에서
도깨비는 좀 익살스럽다. 이러한 광고는 소비자의 눈길을 끄는 데 주요 목적이 있었다.
누구도 본 적이 없는 도깨비의 이미지가 이 땅에서 '일본적인 것'으로 굳어지게 되는
데에는 의약품 광고도 일정한 몫을 차지했을 것이다.

그러나 딱히 도깨비라고 볼 수 없는 기묘한 형상으로 세균을 표현한 약 광고도 있다.
다음 광고(그림7)를 보자.

그림7은 약을 보고 도망가는 '감기균'을 의인화했다. 그 밖에도 1910년대 약 광고에서는 쥐[25]나 독사[26] 같은 '혐오 동물', 또는 거미줄[27]로 세균을 빗대기도 했다. 그림8은 세균을 벌레처럼 그렸다.

제1차 세계대전 때의 광고다. 왼쪽 위에는 제1차 세계대전에서 전쟁에 활용하기 시작한 비행선이 두 척 떠 있고, 제약회사 '화평당'의 대포가 병마를 물리치고 있다. 이 병마는 세균이다. 그러나 자세히 보면 포탄에 맞아 죽어 가는 세균을 꼬리 달린 벌레로 그렸다.

이 작은 벌레들은 무엇인가. "도교에서는 삼시三屍, 三尸란 인간의 몸속에서 살면서 그 사람의 수명, 질병, 욕망에 영향을 미치는 벌레들을 말한다. 삼충三蟲이라고도 부른다. 아이의 모습이나 말의 모습을 하고 있다. 머리 쪽에 있는 상시上尸는 머리를, 배에 있는 중시中尸는 오장을, 발에 있는 하시下尸는 하반신을 병들게 한다."[28] 한약재인 이 약 광고에서 삼시의 이미지를 가져온 것은 아닐까. 세균설에 근거하되 아직 무의식 속에 강하게 남아 있는 전통에 호소하는 광고 기법을 썼다는 뜻이다. 이렇게 "광고는 무의식을 향한다."[29]

왜 벌레들을 그렸을까. 근대 이전에도 약은 있었고, 동서양 가릴 것 없이 약은 병마를 쫓아내는 것이었다. 더구나 "인간과 미생물의 투쟁'이라는 이미지는 철저하게 신학적인 이미지다. 그 이미지 속에서는 세균이라는 것은 눈에 보이지 않지만 널리 퍼져 있는 '악'이다."[30] 이러한 근대의 '신학적인 이미지'와 전통 속의 병마 관념이 자연스럽게 융합한 것으로 볼 수 있지 않을까.

의약품 광고는 메시지, 형태, 이미지, 그리고 타이포그래피에서 부적과 비슷한 것이 많다. 광고에 등장하는 캐릭터로는 신화, 설화, 탱화, 불화 등에 나타나는 인물이 많다.[31] 의약품 광고에서 왜 그렇게 주술적인 이미지를 활용했을까. 첫째, 근대적 교육을 많이 받은 사람은 서양 의료를 선호했지만, 아직 한의학 대 서양의학의 비과학성 대 과학성 비교, 또는 전근대성 대 근대성 비교는 일반인에게 확실하고 일관성 있게 영향력을 행사하지 못했기 때문이다.[32] 주술적 광고는 '한약과 양약의 신구교체기'에[33] 한의학에 대한 대중적 정서를 반영했다. 둘째, 신문을 읽으며 광고를 보는 사람이라면 일반적으로

교육을 받은 사람일 테지만, 그 가운데 몸에 대한 다른 지식을 유지하는 사람들이 있었기 때문이다. 과학적인 지식은 몸을 기계 장치의 모델로 바라보았지만, 영혼을 강조하는 사람들은 그렇지 않았다. "몸에 관계된 여러 지식의 층은 서로 겹친다. 효과 있는 치료법을 찾는 사람은 자신이 걸린 병의 특성에 따라 한 유형의 치료사에서 다른 유형의 치료사로 옮기는 것을 전혀 어색해하지 않는다."[34] 최초의 의약품 광고이자 말라리아 치료제인 금계랍이 학과 거북이를 광고 캐릭터로 썼던 것은 이 점에서 시사적이다.

셋째, 상품 판매라는 현실적인 이익을 위해서 초월적인 힘을 조작하는 가운데 주술적인 이미지가 등장했다. "상품을 팔려면 잠재 고객들의 생활방식에 맞도록 조율하면서도 잠재 고객의 욕망을 일깨워야 한다. 그러나 그 욕망이란 당연히 무의식과 관계가 있다."[35]

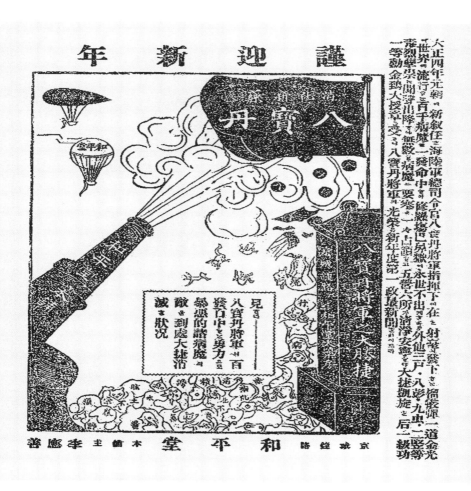

그림8 "팔보단 장군 대승첩", 《매일신보》 1915년 1월 1일.

상품 판매를 위해 무의식을 파고드는 광고의 보기를 더 들자. 그림9는 매독약 광고다. 매독약 광고에 매화나무를 그렸다. 매화나무에 버팀목을 괴어 성치 못하다는 것을 암시했다. 왜 매화나무인가. 매독梅毒은 매화꽃 모양의 피부 궤양이 생겨서 붙인 이름이기 때문이다. 광고문에서는 "10년 이상 만성 매독으로 수은 등 금석제金石劑와 비훈제鼻薫劑 옥도가리 등의 약, 기타 606호 등으로 효과를 못 본 사람"은 이 약을 마지막 해결책으로 먹어 보라고 했다. 그리고 재발한다면 본 약방에서 책임을 지겠다고 했다. 광고에 나오는 606호란 살바르산 606호를 말한다. 파울 에를리히Paul Ehrlich가 매독을 치료하는 살바르산, 일명 '마법의 탄환'을 개발했다. 이것은 특정 세균과 싸우는 최초의 화학 약제였다.[36] "606호로도 낫지 못하는 매독을 치료할 수 있다"라고 한 것은 분명 과장 광고다. 이 광고는 플라세보 효과를 의도했을까. 어쨌든 이 광고를 보고 약을 먹은 사람들은 "약을 먹는 것이 아니라 광고를 먹는 셈이다."[37]

그림9 "매독 환자의 최후 결책", 《매일신보》 1919년 7월 24일.

세균과 군사적 은유[38]

신체는 정교한 기계들이 결합한 '공장'이자, 적의 침입으로부터 나를 방어할 '요새'다. 그 적은 누구인가. 서양에서는 오물과 분뇨에서 발생하는 나쁜 기운, 즉 장기瘴氣 또는 미아즈마miasma가 전염병을 일으킨다고 생각했다. 이러한 장기설 또는 미아즈마설은 19세기 말에 격동기를 맞이했다. 파스퇴르Louis Pasteur와 코흐Heinrich Hermann Robert Koch로 대표되는 일련의 학자들이 전염병의 원인을 발견했기 때문이다. 세균이었다. 1861~1863년에 파스퇴르는 세균이 발효의 원인이며 열로 세균을 없앨 수 있다는 것을 알아냈다. 1882~1883년에 코흐는 결핵과 콜레라균을 발견했다. 세균설은 학문적 기반을 강화해 나갔고, 장기설을 대체하기 시작했다.[39]

세균이 질병을 일으킨다는 생각은 내 몸은 밖에서 들어온 미생물에 맞서 싸우는 전쟁터라는 생각으로 이어졌다. 질병을 이겨내려면 내 요새에 더 많은 무기를 갖추어 침략자를 물리쳐야 한다. 그렇게 군사적 은유가 시작되었다. "현대의 의학적 사고는 조잡한 군사적 은유가 뚜렷이 등장하고서야 비로소 시작됐다고 말할 수 있다. 외부의 침략자는 질병 그 자체가 아니라 질병을 일으키는 세균이라는 사실이 밝혀지고 나서야 군사적 은유들이 믿을 만하고 정확하다고 받아들여졌다."[40]

의약품 광고는 질병과의 전투 장면을 재현하려 했다. '세균과의 전쟁'이라는 아주 일반화한 공식은 오늘날까지 광고에서 폭넓게 활용된다. 여기서는 1910년대의 사례만을 검토해 보자. 1914~1918년의 제1차 세계대전 때 광고에서 비행선, 비행기, 대포, 탱크 등이 자주 등장했다. 굳이 전쟁이 아니더라도 비행선과 비행기는 과학의 힘을 보여 주는 기계로 대중에게 깊은 인상을 주었다. 소비자의 관심을 끌어야 할 광고가 대중의 이러한 관심을 놓칠 까닭이 없다. '날아다니는 공'인 비행선을 활용한 의약품 광고(그림1)를 보자.

그림1 《매일신보》 1911년 4월 25일.

비행선은 공중을 정복하고 '보명단'은 위병을 정복한다는 내용이다.

'과학의 전쟁'[41]인 제1차 세계대전에서 비행기는 놀라운 무기였다. 처음에는 비행사가 수류탄을 휴대했지만, 다음에는 폭발성이 강한 폭탄을 장착하여 후방에서 전방으로 이동하는 적을 공격하고 보급품을 차단했다.[42] 비행기에서 내리꽂는 폭탄, 이것이야말로 '세균박멸'을 목표로 삼는 의약품을 광고할 때 가장 좋은 콘셉트였다. 그림2를 보자.

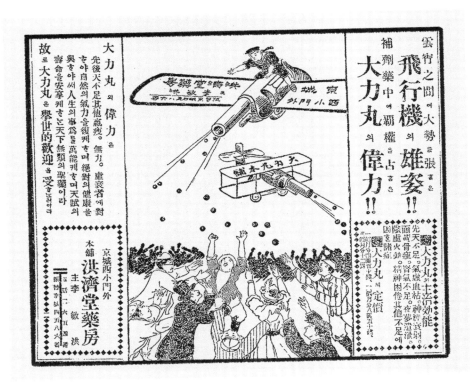

그림2 "비행기의 웅장한 모습, 대력환의 위력", 《매일신보》 1919년 3월 12일.

비행기에서 쏘아 대는 약을 사람들이 서로 받으려고 달려든다. 중절모에 안경을 쓰고
두루마기를 입은 지식인, 교복 입은 중학생이 있다. 차림새로 보아 일본인과 서양인
남녀가 섞여 있다. '대력환'은 서양인도 반기는 약이고, 지식인과 학생 등 피로를 느끼고
신경쇠약에 걸리기 쉬운 사람에게 기력보충제로 좋다는 인상을 준다.

전쟁 무기 가운데 탱크와 대포 이미지도 의약품 광고에 적지 않게 등장한다. 내연기관이
발명된 뒤에 1914년까지 각국의 발명가들은 "장갑으로 보호하고 무한궤도를 사용하는
사격 기계"에 대한 제안을 내놓았다. 1915년에 참호전이 시작되었을 때 전차의 필요성이
더욱 커졌다.[43] 1916년에 영국군 탱크가 처음으로 실전에 투입되었다. 1916년에 등장한
탱크가 전세를 확실히 바꾸지는 못했지만, 영국 국민의 상상력을 자극했다. 그 결과
값비싼 신기술 무기인 탱크는 전쟁을 재정적으로 지원해야 할 명분이 되었다.[44] 탱크를
그려 넣은 광고(그림3)를 보자.

그림3 "살균력이 강대한 포도주", 《경성일보》 1918년 9월 7일.

대각선 구도를 써서 탱크를 역동적으로 그렸다. 대포에서 화염과 함께 "아침과 저녁의
한 잔은 백 약보다도 낫다"라는 문구가 터져 나온다. "악성 유행병을 분쇄하는 거포는
살균력이 강대한 포도주"라는 카피를 달았다. 이 광고에서 말하는 악성 유행병이란
스페인독감이라고 알려진 인플루엔자의 재앙이다.[45] 이 독감은 제1차 세계대전이
막바지이던 1918년 봄에 발생하여 1919년 봄까지 전 세계로 퍼져 나가 적게는 2000만
명 많게는 1억 명 넘는 사망자를 낸 것으로 추정된다. 식민지 조선에서 이 독감을
인지하기 시작한 것은 1918년 9월 무렵이었다. 이 독감으로 조선에서 14만 명 남짓이
사망했다.[46] 바로 그해 9월에 맞추어 이 광고를 낸 것이다. 대포를 그려 넣은 광고는
많다. 그 가운데 인상에 남을 광고(그림4) 하나만을 보자.

그림4는 독일에 공격포를 쏘는 일본군을 그렸다. 대포에서
'임질신약'이라는 글귀가 나온다. 바퀴는 욱일기를
연상시킨다.

지금까지 살펴본 것은 어디까지나 제1차 세계대전 때의
일이다. 일제는 만주사변과 중일전쟁 그리고 아시아−태평양
전쟁을 일으켰다. 그때 의약품 광고는 '세균과의 전쟁' 또는
약의 효과를 어떻게 표현했을까. 이것은 4장에서 자세하게
다룬다. 1931년부터 1945년까지 '15년 전쟁'을 치렀을 뿐만
아니라, 오늘날까지도 깊은 영향을 미치는 심각한 여러
문제가 있기 때문이다.

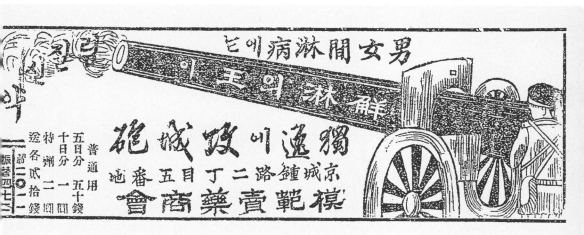

그림4 '임질 신약', 《매일신보》 1916년 7월 23일.

"내 몸이 재산이다", 건강 제일주의

신체는
자본

건강이 중요하다는 생각은 늘 있었지만, 그것이 어떤 '주의主義'가 되는 데에는 일정한 사회적 맥락이 작용한다. '상품의 시대'에는 상품이 인간의 욕망을 조직하고 개인은 그 욕망에 따라 삶을 설계한다. 건강 제일주의가 사회로 퍼져 가는 데에는 건강을 마케팅 전략으로 삼은 상품 광고의 영향력이 컸다.

식민지 조선에서도 1920년대에 들어서면서 식민지 자본주의가 머리를 내밀기 시작했다. 1910년대보다 상품의 힘이 더 커지고 소비의 욕망도 그만큼 늘었다. '모던'의 바람이 불기 시작했고 도시의 유혹도 생겨났다. 그에 따라 민족이라는 '거대담론'이 아닌 개인의 삶과 가족의 삶을 생각하는 사람도 늘어 갈 텃밭이 생겼다. 이 틈을 타고 건강 제일주의를 내세운 약 광고가 많아졌다. "제일 중요한 것은 내 몸의 건강!",[47] "건강은 행복의 조건",[48] "건강은 무한한 자본"[49]이라는 식이었다.

자양강장제 광고와 그것을 표절한 광고를 함께 보면서 '건강 제일주의'의 실마리를 풀자.

그림1은 수많은 광고를 했던 일본의 '신약'이며 그림2의 '웅비환'은 한약재를 사용한 강장제로 얼마 지나지 않아 광고에서도 사라진다. 웃통을 벗었는지 아니면 옷을 입었는지, 또는 모여든 사람 가운데 여성이 기모노를 입었는지 아니면 장옷을 입었는지 등에서 서로 다르지만 두 광고의 콘셉트는 같다. 광고 날짜만 보아도 그림2가 그림1을 표절했다고 추측하는 것은 어렵지 않다.

두 광고 모두에서 약을 든 사람은 근육질의 위압적인 신체를 가지고 있다. 그림2를 좀 더 자세하게 보자. "신체의 건강이 생활에서 가장 중요한 요소"라고 했다. 그리고 자기 제품을 먹으면 "피가 되고 살이 된다"라고 적었다. 두 광고 모두 약

그림1 《동아일보》 1926년 10월 31일; 《동아일보》 1926년 11월 30일
(권창규, 《상품의 시대》, 민음사, 2014, 228쪽).

그림2 《조선일보》 1926년 12월 19일.

주위에 몰려든 사람들은 작고 정형화된 군중으로 처리했다.
제품은 구원자이고 사람들은 구원받아야 할 순응하는
무리로 표현했다. 이 기법은 미국에서는 1930년대 초반부터
드물어졌다고 한다. 작게 처리된 군중이 전체주의와 연결되어
해석되거나 수용자들이 정형화에 대해 두려움을 느낀다는
판단 때문이었다.[50]

건강 말고도 '행복의 조건'은 또 있었다. 돈이었다. 식민지
자본주의가 뿌리를 내리면서 화폐의 위력은 생활 깊숙이
파고들었다. 상품·화폐 관계 속에서 돈을 둘러싼 인간의
욕망은 커져만 갔다. 그 무렵 '만능의 대괴물'인 돈에 대한
인식을 드러내는 글 하나를 소개한다.

> 자본주의 물질 만능의 이 시대에 더욱이 화폐가 황금으로 그
> 표준이 되면서 모든 인간은 평생을 다투어 황금의 뒤를 따르다가
> 최후를 마치는 것이라 하겠다. … 자본주의가 발생하고 발전하는
> 과정에서 인간사회는 인간이 물질을 지배하거나 부리지 못하고
> 한갓 황금이라는 거대한 마술사의 괴상한 장난 속에 걸려들었다.
> 오히려 모든 인간이 이 황금의 지배를 받아, 황금이 명령하는
> 대로 움직이고 춤춘다.… 못난 인간들이 한갓 황금 더미의 총애를
> 받아 뭇 대중 위에 군림해서 만장의 호기를 뽐내는 것은 은막에
> 나타난 활동사진에서만 보는 희활극만은 아니다.[51]

돈 벌기가 인생의 목표가 될 만큼 돈은 소중했다. 모든 것이
화폐 경제에 포섭되고 개인의 신체도 자본에 예속된다. 수단과
목적이 바뀌었다. 그림3에서 보듯이 "돈을 벌게 하는 밑천은
바로 몸이다"라는 인식은 그런 사회를 배경으로 한다.

그림3 "백만 원이 있다면!", 《동아일보》 1939년 11월 12일.

성공한 한 사나이가 돈 100만 원을 자신만만한 태도로
흡족하게 내려다본다. 이 광고는 말한다. "귀하의 100만
원은 어디에 있겠습니까. 그것은 당신의 건강 속에 숨어
있습니다." 그리하여 그림4에서 보듯이 신체가 곧 자본이
된다.

그림4 "신체가 자본", 《경성일보》 1925년 3월 26일.

그림4의 '피부병과 근육약' 광고는 "신체가 곧 자본"이라고 분명하게 선언했다. 신체-
자본의 결손을 막으려면 이 약을 먹으라고 했다. 주판알을 튀겨 보면 신체- 자본의
결손을 막는 이 약은 분명히 큰 이익을 준다. 이와 비슷하게 "4원을 써서 천금을 얻을 수
있다"라는 식의 광고도 이어졌다.[52]
돈이 많아야 행복하고, 성공해야 돈을 번다. 어떻게 하면 성공할 것인가. 그림5를 보자.

그림5 "성공의 손은 뇌가 건강한 사람에게", 《경성일보》
1916년 1월 14일.

"성공의 손은 뇌가 건강한 사람에게
간다"라고 헤드카피를 달았다.
권력과 자본을 상징하는 커다란
손이 조그마한 사람들의 집단에서
뇌가 건강한 사람을 골라낸다. 이
광고 말고도 '건뇌환' 약 광고에서는
"뇌는 자본이다. 명석한 두뇌는
지배자다"라는 헤드카피를 즐겨
썼다.[53]
'적자생존'과 '우승열패'의 사회에서
권력과 자본에게 어떻게 선택받을
것인가. 무엇보다 그럴듯한 학벌이
필요했다. 그러나 1920년대부터
입학시험은 치열했다. 초등학교에
들어가려는 아이들이 늘 모집자보다
많아서 처음부터 입학시험을
치러야 했다. 중등학교 입학시험은
어떠했던가. 1930년대에는 흔히
중학 입학시험을 '지옥'이라고 했다.
경쟁의 벽이 너무 높았다. 입학시험을
통과한 뒤에도 중간고사나 기말고사
등 줄줄이 시험이 기다리고 있었다.
'입시교육 위주' 수업이었기
때문이다.[54] 그래서 다음 광고
(그림6과 7)에서 보듯이 '두뇌약'은
시험에 개입한다.

그림6 "두뇌의 피로회복에", 《동아일보》 1938년 1월 28일.

그림7 "시험이 닥쳐온다. 강력한 두뇌로 정비하라", 《조선일보》 1936년 3월 11일.

국·영·수 등 주요 입시 과목을 집중해서 공략할 때 이 약을 먹어야 한다. '입시전쟁'이
다가왔는데, 강력하게 두뇌를 정비하려면 이 약이 필요하다. 광고는 그렇게 말했다.
신체는 자본이고 성공하려면 신체가 건강해야 한다는 메시지는 다른 의약품 광고에서도
거듭 되풀이했다.

신체− 자본, 또는 건강 제일주의는 전시체제기에 더욱 위세를 떨쳤다. 그러나 예전과는
내용이 크게 달라졌다. 첫째, 이때의 신체− 자본은 개인의 성공이나 행복과는 거리가
멀었다. '비상시'에 건강을 으뜸으로 여겨야 하는 까닭은 일단 건강하게 살아남아서
국가에 봉사해야 한다는 것이었다. 그림8을 보자.

그림8 "체력이 자본", 《경성일보》 1939년 7월 27일.

"체력이 자본(밑천)이다." 이렇게 헤드카피를 달았다. 이 약은 "쌀밥을 완전하게 연소하고 동화하는 작용을 해서 부족한 영양소를 보충해 준다"라고 했다. 전시 식량부족을 반영한 광고다. 이와 비슷한 맥락에서 "일하는 사람에게는 신체가 자본이다"라면서 전시 노동력에 동원되는 사람들을 겨냥하는 광고도 있다.[55] "비상시는 건강이 제일."[56] 이 광고 문안은 전시체제기를 힘겹게 살아 내야 했던 수많은 사람에게 매우 호소력 있게 다가갔을 것이다. 약 광고는 그러한 대중의 심성까지 파고들었다.

그림9 "무엇보다 신체가 자본", David C. Earhart, *Certain Victory. Images of World War II in the Japanese Media*, New York & London: M. E. Sharpe, 2008, p. 251.

둘째, 전시체제기의 신체-자본은 개인이 아닌 국가를 위한 신체로 그 의미를 바꾸었다. "무엇보다도 신체가 밑천이다. 전차와 같은 가슴, 지뢰도 벗어날 수 있는 두 다리, 강철 탄환도 돌파하는 정신, 이로부터 광대한 무대를 펼쳐 나가자." 일본의 전쟁 선전물(그림9)에 그렇게 적혀 있다.

그림10 "마음은 진충, 몸은 육탄", 《매일신보》 1943년 8월 4일.

식민지 조선의 매체에서도 전시체제기 끝 무렵이 되면 건강을
넘어 '육탄의 신체'가 되어야 한다는 프로파간다를 하기
시작했다.[57] 약 광고는 거기에 그림10과 같이 호응했다.
마음으로는 충성을 다하고 몸은 육탄이 되어 돌격해야 한다는
내용이다. 이 광고는 '가미카제 특공대'를 떠올리게 한다.
패전의 분위기가 물씬 풍긴다.

과시하는 몸,

건강미

화장품 광고에서는 "미는 여자의 생명이며", [58] "미는 힘이다"[59]라는 카피로 미인박명이라는 말을 정면으로 부정했다. 그때 "여성의 미모는 재산"이 된다. 의약품 광고에서는 "건강미가 재산"이라고 주장했다. 두 광고를 견주어 보자.

그림1 화장품 광고에서는 "그대의 얼굴, 그대의 피부는 귀부인의 재산이다"라고 적었다. 이런 화장품 광고는 신체의 외모가 성적 매력뿐만 아니라 삶의 바른 태도를 보여 준다는 루키즘lookism을 작동시키고 있다. 근육질의 남성을 내세운 그림2 의약품 광고에서는 '남성성'의 기준을 제시했다. 그리고 "건강미는 최대의 재산"이라는 헤드카피를 달았다.[60]

그림1 《경성일보》 1939년 3월 30일.

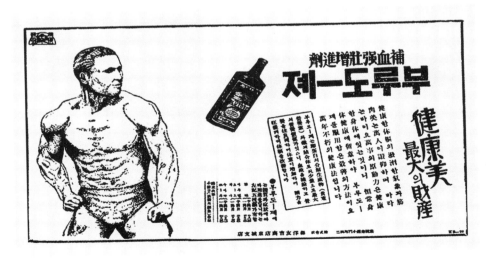

그림2 "건강미, 최대의 재산", 《동아일보》 1932년 7월 7일.

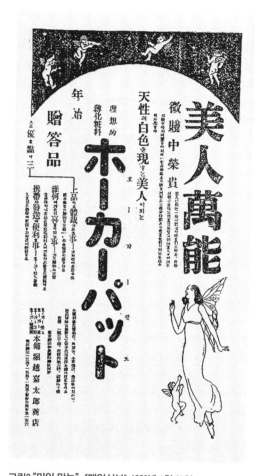

그림3 "미인 만능", 《매일신보》 1920년 1월 29일.　　　　그림4 "힘 만능 세계", 《동아일보》 1922년 5월 15일.

근대 광고는 신체를 자본으로, 미를 권력으로
시각화했다. 화장품은 '미인 만능'이라고 여자를
설득했다면, 의약품은 '힘 만능'이라고 남자에게
호소했다. 그 광고 둘(그림3과 4)을 함께 보면서
화장미와 건강미의 미묘한 갈등을 읽자.

'미인 만능' 광고(그림3)[61]는 "미인만 되면 일신의
영달이 마음대로 된다. 어떠한 사람에게든지
존경받게 되며 사랑받게 되어 일생을 행복하게
살게 된다. 따라서 짧은 시간 안에 피부가 백색으로
아름답게 되는 이 제품을 늘 쓰라" 했다. '힘 만능'
광고(그림4)는 바야흐로 세계는 힘 만능시대가
되었으므로 강장제를 먹어서 근육을 기르고
기혈氣血을 보충하라고 '절규'한다.

부인약 광고(그림5)에서는 여성에게도 화장미가 아닌
건강미를 강조했다. "건강과 미용을 위한 약"[62]이라고
선언했던 부인약 '중장탕'은 아름다움의 뿌리는 건강에
있다고 광고했다. 그 가운데 1910년대 후반부터
1920년대까지의 건강미 개념을 이해할 수 있게 하는
광고를 골랐다.

그림5 '건강미', 《부산일보》 1917년 10월 27일.

그림5에서 보듯이 '중장탕'은 미인을 광고 모델로 내세우되, 그들의 아름다움은 건강에서 비롯된다는 것을 강조했다. 나체의 여인을 그린 광고(그림6)는 '에로'를 이용하여 눈길을 끌려는 '광고 상업주의'뿐만 아니라, '육체미(나체미)'와 건강미의 상관관계를 보여 주려는 것으로도 읽힌다. '비상시'가 되면 중장탕은 건강미에서 한발 더 나아간다. 그때 중장탕은 "총후 부인의 무기는 건강"이라는 것을 핵심 내용으로 하는 광고를 잇달아 실었다.[63]

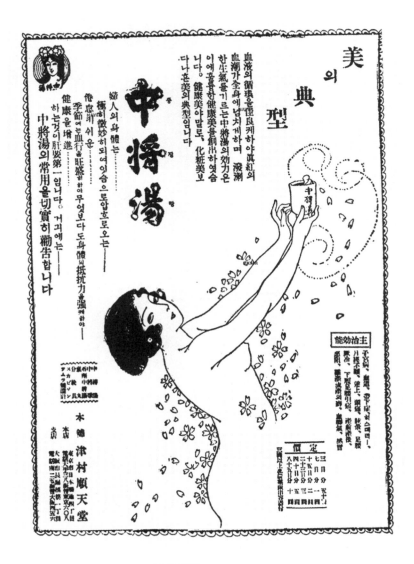

그림6 "미의 전형", 《동아일보》 1927년 4월 24일.

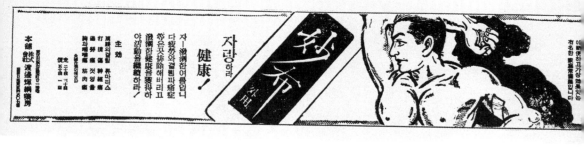

그림7 "자랑하라 건강!", 《동아일보》 1935년 7월 14일.

근대의 시각 중심사회에서 건강한 신체는 삶의
조건이라기보다는 과시의 수단이 되는 경우가 많았다. 위의
광고(그림7)를 보자.

"자랑하라 건강!"이라고 헤드카피를 달았다. "몸이 자본이고
재산"이라면, 부를 과시하듯이 몸도 중요한 과시의 수단이
된다. 그렇게 건강을 자랑하려면 "병의 예방만이 아니라
신체를 스스로 관리하고 단련하여 건강을 증진하는 세련된
기술"을 몸에 익혀야 한다.

'건강 제일주의'를 내세우는 광고는 젊음을 절대화하면서
"생명과 삶의 과정으로서의 노화"를 절대 악으로 규정한다.
의약품 광고에서는 언제나 건강·젊음은 아름답고 병자/
장애인·늙음은 추하다.[64] 전시체제기가 되면 여기서 한발
더 나아가 모든 약자는 "국가의 성가신 짐"이 된다.[65] 그렇게
'건강 제일주의' 또는 '건강 자랑'은 일정하게 폭력을 담고
있기도 했다.

건강 봄과 약의 잔치

2

매약과 매약상

상품이
된 약

오늘날에는 몸이 아프면 병원에 가서 진찰받고 처방전을
받아서 약을 산다. 그러나 일제강점기에 그렇게 할 수 있는
사람은 매우 적었다. 무엇보다 의료기관이 턱없이 부족했다.
1940년 인구 1000명당 의사 수는 일본이 0.91명, 대만이
0.42명인데 조선은 0.13명이었다. 조선은 같은 식민지였던
대만의 3분의 1에 지나지 않았다.[1] 더구나 의사 대부분은
도시, 그 가운데에서도 서울에 있었기 때문에 지방에서는
'근대적' 의료혜택을 거의 받지 못했다. 설령 지방에 의사가
있다고 해도 가난한 사람이 비싼 진료비를 내기 어려웠다.
신문에서는 1933년의 의료 상황을 다음과 같이 전한다.

> 조선에 의료기관 중 의사는 1700여 명이 있으나 인구 1만인
> 가운데 의사 수는 0.88 즉 1인 미만이다 … 이 얼마나 의료기관이
> 부족한 셈인가.… 이같이 부족한 의료기관도 또 그것을 이용하는
> 생활층은 극히 한정되어 있어서 조선의 빈궁 대중은 거의 그
> 혜택을 받지 못하는 형편에 있는 것이 사실이다. 병이 나면
> 그대로 앓다가 나머지 삶을 살던지 미신적 요법으로 요행을
> 바라게 될 뿐이다. 혹시 돈이 있다면 값싸게 파는 촌의村醫의
> 첩약貼藥이나 매약賣藥 등으로 구명의 길을 세울 뿐이니 이
> 얼마나 참담한 일이냐.[2]

이 기사에서 보듯이 병원에 가지 못하는 사람들은 '매약'으로
병을 치료하려고 했다. '매약'이란 무엇인가. 그때 신문에서는
"매약이란 병자가 의사에게 가지 않고 직접 그 설명서를 보고
사다 쓰도록 한 것"[3]이라고 정의했다. 매약이란 의사의 처방에
따라 만든 조제약이 아니라 미리 만들어 놓고 효능에 따라
상품으로 파는 약이었다.
일본인 매약행상은 조선에서 매약 행위가 활발해지는 데 큰
역할을 했다. "이미 에도시대부터 일본에서 크게 유행하고

있던 매약"[4]이 개항 뒤에 이 땅으로 매우 빠르게 퍼졌다.
일본인이 처음에는 부산·인천·원산 등의 개항장에서
치약·비누 등과 함께 약을 팔았다. 일본 매약행상은 청일전쟁
뒤에는 전국 곳곳을 다니며 서양 약과 일본 약을 팔았다.
그러나 1900년 대한제국이 개항장 바깥에서 외국 상인이
행상하는 것을 금지하자 그 세력이 줄어들었다.[5]
일본의 매약은 약방과 약국이 생기기 전에 벌써 일본
사람들의 잡화상 점포에 진열되어 팔리고 있었다. 이것이
널리 선전되기는 일본 사람들의 행상行商을 통해서였다.
그 행상들은 러일전쟁 뒤에 갑자기 수가 늘었다. 전쟁 뒤에
군인들이 직업을 얻지 못해서 약 행상을 많이 했기 때문이다.
그들은 군복을 입고 금 테두리를 두르고 약을 넣은 가방을
메고 '오이찌니ぉぃちに' 하고 행진하는 시늉을 하면서 약을
팔았다. 그래서 그 사람들을 '오이찌니'라고 했다.[6] 그 무렵의
매약행상과 관련해서 두 개의 이미지(그림1과 2)를 견주어 보자.

그림1 명치 32(1899), 下川耿史,《近代子ども史年表: 昭和·平成編 1868~1926》, 河出書房新社, 2002, 211쪽.

그림2 "매약행상원 모집",《경성일보》 1909년 10월 6일.

그림1은 1899년 일본 매약상삽화다. 이 매약 행상은 "나아가자, 나아가 다 함께"라고 노래 부르면서 행진했다. 이러한 '오이찌니의 약국'이 일본 어린이들에게 큰 인기를 끌었다. 러일전쟁 뒤에 조선에서 활동하던 일본인 매약상도 "군복을 입고 금 테두리를 두르고 약을 넣은 가방을 멘" 것으로 보아 왼쪽 삽화와 비슷한 모습이었을 것이다. 그림2의 1909년 광고에서 매약행상은 러일전쟁 직후의 '오이찌니'와는 다르다. 군복이 아닌 양복 차림이다.[7]

빠른 속도로 들어오는 서양의학의 영향을 받으면서 새로운 의약품 시장이 형성되자 기존의 한의학 시장도 변화했다. 전통적인 한약 형태와 함께 '매약'이라는 새로운 의약품이 나타났다. 일부 조선인 한약업자가 "복용하기 편리하고 간편한" 매약을 만들어 판매하기 시작했다.[8] 조선인 한약업자는 이미 조선 후기부터 환제丸劑, 산제散劑, 단제丹劑 등을 미리 만들어 팔고 있었다. 이러한 전통을 이어받아 그들이 새롭게 매약 시장에 뛰어들었다.[9] 한약업자들은 치열하게 광고전을 펼쳤다. 그들은 매약행상을 이용해서 판매망을 넓히는 데도 힘을 기울였다. 한약업자가 매약행상을 모집한다는 다음 광고(그림3)를 보자.[10]

'화평당약방'이라는 매약제조업자가 '매약행상원'을
3500명이나 모집한다는 광고다. 남녀를 가리지 않는다고
했다. 광고에서 보이는 '태양조경환'은 여성용 약이기 때문에
남성보다는 여성 약장사가 알맞았을 것이다. 약장사 앞에
주로 갓을 쓴 사람들이 모여 있다. 근대 의료시설과 양약
종사자가 크게 부족한 상태에서 한약업과 매약업이 성황을
이루고 있음을 보여 준다.[11] 약장사는 약을 팔아 일정한 수당을
받거나[12] 도매로 사서 지역을 돌아다니며 소매로 약을 팔았다.
부인[13]과 고학생[14] 또는 일정한 직업이 없는 사람이 이 일을
했다.[15] 그들의 모습은 어떠했을까. 1910년대 조선인 매약
행상을 모습을 담은 광고(그림4)와 실제 사진(그림5)을 견주어
보자.

그림3 "매약행상원 모집", 《매일신보》 1913년 5월 3일.

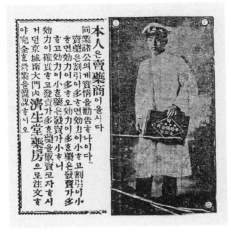

그림4 "본인은 매약상입니다", 《매일신보》 1915년 5월 5일.

그림5 약장사 사진, 《매일신보》 1917년 4월 18일.

그림4에서 매약상의 의복은 '제생당 약방'의 제복인 듯하고 그림5 사진에서는 매약행상이 두루마기를 입었다. '자기진단'에 따라 자기 나름의 '의학 지식'을 바탕으로 약국이나 약방에서 '매약'을 사는 사람이 늘었다. 사람들은 마치 공장에서 만든 상품을 소비하듯이 제약회사에서 만든 약을 소비했다. 소비사회의 모습과 약의 전성시대를 보여 주는 두 광고(그림6과 7)를 함께 보자.

그림6 "현대 신사의 하루" 전면광고, 《매일신보》 1922년 5월 25일.

"현대 신사의 하루"라는 전면광고(그림6)는 여러 상품을 한데 묶어 만화기법의 일러스트레이션으로 광고했다. '현대 신사'는 어느 큰 회사의 '고급 사원'이다. ① 아침에 일어나서 '라이온 치마분'으로 이를 닦는다. ② 기모노를 입은 부인의 권유에 따라 얼굴이 희어지는 '레도후도'를 얼굴에 바른다. ③ '오리지나루 향수'를 머리에 뿌린다. ④ '동경가스전기주식회사' 자동차를 타고 출근한다. ⑤ 점심을 먹은 뒤에 동료와 이야기를 나누며 과음·과식·식후에 잘 듣는 '헤루푸'를 먹는다. 동료는 구강 위생제인 '가오루'를 먹는다. ⑥ 일을 할 때는 '스완 만년필'을 쓴다. ⑦ 가정으로 돌아와서 '고급 맥주, 까스게토'를 마신다. 부인은 '아지노모도'를 넣어서 정성껏 요리한다. ⑧ 저녁밥을 먹은 뒤에 아이에게는 '가네모리森永 밀크캬라멜'을 준다. 아내는 하녀가 가져다주는 부인약 '중장탕'을 먹고 남편은 부인이 권해 주는 《부인구락부》라는 잡지를 읽는다.[16] 이 전면광고는 '현대생활'과 상품 소비의 관계를 잘 보여 준다. 이 광고의 여러 상품 가운데 치약, 위장약, 구강 살균제, 부인약 등의 매약 광고가 큰 비중을 차지하고 있음을 알 수 있다. 다음 전면광고(그림7)는 그보다도 훨씬 더 약의 비중이 크다.

어느 부부 이야기를 담은 전면광고(그림7)도 앞의
광고(그림6)처럼 여러 제품을 함께 묶은 연합광고다.
만화기법을 활용했다는 점에서 두 광고는 똑같지만,
이 광고(그림7)는 의약품만의 연합광고였다. 이
광고에는 얼굴을 희게 만드는 화장수 '하루나',
부인약 '이노치노하하命の母', 위장약 '보단寶丹',
신경통약 '묘포妙布', 치질약인 '송치약松痔藥',
자양강장제인 '정력소精力素', 눈약인 '장안수壯眼水'
등이 나온다. 그야말로 약의 향연이다.

그림7 전면광고, 《경성일보》 1922년 7월 5일.

'자기진단'과 매약

1920년대에 대중매체가 활발하게 발간되었다. 이 대중매체에 일종의 '건강 붐'이라고 불러도 좋을 현상이 나타났다. 신문과 잡지는 '과학'과 '상식', '강좌'와 '연구'의 이름으로 건강에 관련된 여러 정보를 실었다. 개인적인 수준에서건 정치·사회적인 수준에서건 질병과 건강에 관한 이야기가 넘쳐났다. 대중매체는 예전에 미처 몰랐던 질병의 원인과 치료 방법을 알려 주었다. 더디지만 의학적인 내용을 대중의 언어로 조정하고 바꾸어 '상식'으로 변환하는 작업도 시작했다. 물론 여러 정보가 아주 짧은 시간 안에 유입되고 유통되었기 때문에 갖가지 가설과 억측, 그리고 검증되지 않은 '과학' 지식이 포함되어 있었다.[17] 이런 '의학 지식'에 따라 "약품의 선택은 문화인의 상식"이 되어 갔다.[18]

대중은 건강과 질병에 대한 지식을 매체에 실린 기사에서만 얻은 것은 아니었다. 오히려 약 광고가 더 큰 영향을 미쳤을지도 모른다. 다음 광고(그림1)를 보자.

그림1 "위장병의 자기진단", 《조선일보》 1938년 3월 5일.

'위장병의 자기진단'이라고 헤드카피를 달았다. 스스로 위장병을 진단하고 '와까모도'
약을 사라는 뜻이다. 인체의 골격도 위에 위장병의 증상이 나타나는 곳을 점으로
찍었다. 위궤양, 만성 위가다루(catarrh), 위아도니, 위확장, 위산과다증, 만성
장가다루(catarrh) 등 전문 의학용어를 그곳에 적었다. 이렇게 증상은 여럿이지만, 원인은
"위장 세포의 쇠약" 때문이라고 했다. 왼쪽 면에 그림으로 그려서 이 약이 위궤양을
고칠 뿐만 아니라 건강한 변을 보게 한다고 했다. 이 광고만 '공부'해도 위장병에 대해서
웬만한 '상식'을 가질 수 있겠다.

그림2 "부인병 자택 치료제", 《매일신보》 1935년 1월 18일.

매약 회사는 신문과 잡지에 광고했을 뿐만 아니라 그림2와 같은 책을 펴내어 판촉 활동을 했다.

'명지모命之母' 본포本舖에서 《조선말로 쓴 부인병 자택 치료서》를 무료로 준다고 했다. '명지모'란 '이노치하하命の母'라는 일본 약을 한국 사정에 맞게 이름을 바꾼 것이다. '부인 양약 이노치하하'는 여러 한방을 배합한 약이었다. 복용방법은 작은 봉지에 든 약을 티백tea bag처럼 끓는 물에 넣고 성분을 우려내어 마셨다.[19] 말이 좋아 공짜 책이지, 사실은 '명지모'를 사지 않을 수 없게 한 책이었다.

신문과 잡지, 또는 판촉용 책뿐만 아니라 다음(그림3·4·5)과 같은 '가정의학서'도 '의학 지식'을 보급하는 데 일정한 역할을 했을 것이다.

3원 50전에 파는 《응용 가정의학》은 "콜레라 병이 창궐하는 이때 안전제일, 무병건전하려면 이 책을 준비해 두라"라고 했다. 두려움을 이용한 선전이었다. 1원 50전에 파는 《통속 가정의학》은 '불량의생 퇴치, 자택 치료'를 캐치프레이즈로 내걸었다. 《통속 가정의학》은 아이를 돌보는 여성과 실험실에 있는 여성을 각각 그려 넣었다. 그리하여 '근대 가정'의 여성은 의학 지식을 갖추어야 한다는 메시지를 전한다. 이러한 책의 내용이 맞든 틀리든, 독자들의 '자기진단'에 영향을 미쳤을 것이다.

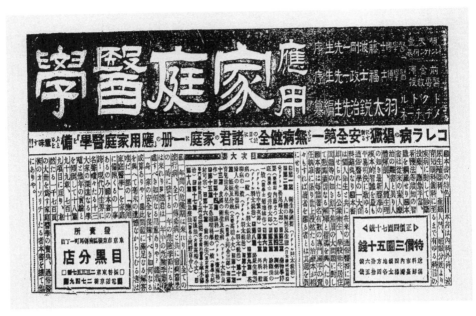

그림3 《응용 가정의학》, 《경성일보》 1916년 10월 26일.

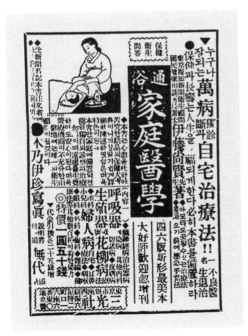

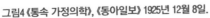

그림4 《통속 가정의학》, 《동아일보》 1925년 12월 8일.

그림5 《통속 가정의학》, 《조선일보》 1925년 8월 12일.

사기 매약과

거리의 약장사

'매약청매상'이 되기는 쉬웠다. 잡화상, 반찬가게, 구멍가게 한쪽 구석에 매약하겠다고 신청만 하면 그다지 어렵지 않게 허가를 받았기 때문이다.[20] 이익도 컸다. 다음 두 기사를 보면 그 사실을 알 수 있다.

매약청매업賣藥請賣業은 별다른 면허도 영업세도 필요하지 않고 누구든지 할 수 있는 것입니다. 우선 한 50원이나 100원만을 가지고 시작한다면 그대로 보통 집에서 별다른 설비도 할 것이 없이 마치 한방약국漢方藥局같이 그대로 자기가 거처하는 방 안에다 여러 가지 약품을 사다가 두고 대문에 조그마한 간판을 붙이고 할 수 있습니다.[21]

매약점은 우선 경찰의 허가를 받아야 한다. 자본은 최저 500원 원에서부터 1000원까지면 훌륭히 소매점 하나를 차릴 수 있다.… 이익은 유명품이면 2할 정도 기타에 있어서는 5~6할이 넘는 것도 허다하다. 화장품 등속을 곁두리로 섞어 팔 수도 있다.[22]

쉽게 차릴 수 있으니 매약점이 많았을 것이다. 다음 신문 사설에서 보듯이 매약은 서민에게 큰 도움이 되기도 했다.

조선에는 얼마 안 되는 의료기관이나마 도시에 집중되어 있고 지방이나 농촌에는 거의 그 시설이 없다. 또한, 의료시설이 생활 정도 이상으로 비싸서 진찰이 필요 없는 일정 정도의 질병에는 고정된 가격으로 제공되는 매약은 보건상 역할이 크다. 농촌만이 아니라 도시에서도 염가의 매약으로 고가의 병원 의료를 대신하는 것이다. 세민細民이 증가하고 의료상식이 보급됨에 따라서 매약의 수요는 더 증가하게 될 것이다.[23]

"영업 목적을 위한 대규모의 광고는 실효에 넘치는 기대를 일반에게 주어 매약의 소비량은 해를 거듭할수록 늘었다."[24]
과장 광고가 문제였지만, "포장만을 보고 사는 매약"에서
위조품이 더 큰 문제였다. 신문 기사를 요약해서 보자.

> 조선에서 매약의 허가는 의료기관 보급이 불충분하기
> 때문에 그리 까다로운 단속 없이 1912년 제령 22호
> 〈약품영업취체령〉으로 할 뿐이었다. 약제사는 의사의 처방에 따라
> 약을 만들고 판매하게 되었고 약종상도 일정한 시험을 거쳐서
> 그 자격을 인정하였으나 오직 매약상만은 경찰의 허가만 얻으면
> 매약 영업도 하고 지방 행상도 하게 되어 있다. 그런데 그들이
> 제멋대로 약품을 만들고 과대 광고하여 농촌의 농민을 속인다.[25]

1928년에 경찰의 허가를 받아서 약을 팔러 다니는 매약
행상은 2500명 남짓했다.[26] 이들 가운데서도 여러 물의를
일으키는 사람이 있었다. 하물며 허가받지 않은 매약상의
폐해는 훨씬 더했다. 특히 "농촌에 흩어져 있는 매약상이
문제였다."[27] 보기를 들면, 경성 시내에 간판만 있는 이른바
'간판상점'의 매약행상은 농민을 상대로 "면에서 장려하는
약", "도 위생과에서 지정하는 것"을 사칭하면서 압류하듯이
약값을 탈취하는 일도 있었다.[28] "지방을 돌아다니며 내용이
무엇인지도 알 수 없이 기괴한 약을 가지고 터무니없는
거짓말로써 사정 모르는 지방 사람을 속여서 금전을 사취하는
매약행상"이 많았다.[29] 그렇게 "지방에 부정 매약상이
속출"했다.[30]
종로의 야시나 도시의 길거리에도 '약장사'가 출몰하곤 했다.
"야시장 한 모퉁이나 너른 마당 어느 구석에서 행인을 모아
놓고 돼지 멱따는 소리 같은 목으로 괴상한 매약을 파는
사람이 있었다."[31] 신문에 소개된 어느 '요술 매약상'이 약 파는
모습을 보자.

"어 내려온다, 내려온다, 여기 떨어졌다. 이놈 좀 보아라 별똥을 타고 온 옥토끼 좀 보아라." 이렇게 오고 가는 사람을 붙잡아 둔다. 종이에 주문을 걸어 떡이 되라면 떡이 되고 귤껍질이 돈이 되라면 곧 돈이 된다. 그러고는 곧바로 말머리를 돌려 약 광고를 시작한다. 만능한 그의 말이니 만치 그 약은 병에 백발백중이고 만병통치약이다. 그는 마치 거리의 천사처럼 보인다.[32]

때로는 4~5명이 함께 무대를 연출하기도 했다. 바이올린을 켜고 노래도 부르고 간단한 요술도 했다. '공연' 중간중간에 약을 팔았다. 이 약들은 한결같이 무허가 제품이면서도 만병통치약이었다. 선전 기간 중이니 헐값에 판매한다고도 했다.[33] 그림1을 보면 길거리의 약장사를 좀 더 분명하게 이해할 수 있다.

그림1 〈가상순례〉(10), 《시대일보》 1925년 7월 9일.

이 삽화에 해당하는 신문 기사를 요약해 보자. "자!
엇두루메차, 엇두루메차, 까딱하면 못 보는 재주요 수리수리
수리수리…." 미친 짓은 하지만 미친놈은 아니고 요술하는
흉내를 내지만 요술쟁이도 아닌, 다만 약 팔러 다니는 살기
어려운 사람이다. 경찰이 길거리서 약을 팔지 못하게 하니
이들은 경찰의 눈을 피해 이곳저곳을 옮겨 다니며 팔았다.
1925년에 경성에만 이들의 숫자가 1800명이라고 신문은
보도했다.[34]

청결과 위생, 비누와 치약

청결의 거품,

비누와 샴푸

개항기에 한국을 방문한 서양인들이 조선인이 위생 관념이 없다고 비난할 때면 비누를 들먹이곤 했다. 서양인들은 "비누에서 나는 향내를 맡고 떡인 줄 알고 먹어 버린"[35] 조선 사람들을 다음과 같이 비난했다.[36]

한국인들에 대하여 청결하다고 말할 수는 없다. 그들은 공중목욕탕을 이용하거나 목욕을 하는 습관을 지니고 있지 않다. 한국인들은 아침에 청동제 대야에 담긴 물로 자기의 얼굴을 씻는다. 하지만 나라 전역에 비누가 없을 뿐만 아니라 비누에 대한 이해도 전혀 없어서 닦는다고 해도 매우 형식적으로 닦을 뿐이다.[37]

"비누를 모르는 조선인은 위생 관념이 없고 따라서 야만인이다"라는 인식이었다. 다음 두 광고(그림1 · 2)에서 '야만의 조선인'을 비누와 시계로 재현했다.

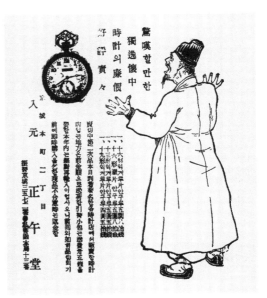

그림1 《동아일보》 1922년 10월 19일.

그림2 《동아일보》 1922년 8월 7일.

비누와 시계를 광고하는 위의 그림은 어느 한 사람이 그렸거나 표절이다. '시대에 뒤떨어진' 옷을 입은 노인이 비누와 시계를 보고 깜짝 놀라는 콘셉트다. 여기서 비누와 시계는 문명을 상징한다. "문명인은 비누로 신체를 청결하게 하지만 야만인은 비누를 먹어 버린다." "야만인은 도무지 시간관념이 없다." 이러한 설명은 서양인이 동양인 또는 '야만인'을 설명할 때 늘 써먹던 '오리엔탈리즘' 수법이다.

비누가 없을 때 물로만 몸을 닦았을까. 그렇지 않다. 비누가 나돌기 전에는 팥이나 녹두를 맷돌에 갈아서 몸을 깨끗하게 했다. 그런데 그 팥이나 녹두에서 생겨나는 날 비린내가 좀처럼 가시질 않았다. 여인들은 꽃을 모아 기름에 재웠다가 조금씩 발라서 날 비린내를 가셔 내었다.[38] 비누가 들어오기 전에 사람들은 수세미, 오이, 박 등의 줄기를 잘라 거기서 나오는 즙이나 수분도 사용했다.

19세기 말부터 서구와 일본의 신식 비누가 전해지면서 콩류나 곡류를 갈아 쓰던 세안 문화에 변화가 생겼다. 유지油脂에 수산화나트륨을 섞은 뒤에 굳혀 만든 비누가 수입되기 시작했다. 일본에서는 신식 고체 비누를 '석감石鹼'이라고 했다. 일본 비누가 들어오면서 우리나라에서도 석감이라는 말을 썼다.[39] 본디 중국에서도 신체에 사용하는 세정제를 '석감'이라고 불렀다. 아궁이에서 잿물을 받아 응고제인 여뀌 등 풀즙과 밀가루에 반죽하여 굳혔다.[40] 이 땅에서는 20세기 전반기 동안 '비누'와 '석감'을 함께 쓰다가 마침내 차용어인 '석감'이 사라지고 '비누'가 현대 표준어로 뿌리를 내렸다.[41]

비누 광고가 수없이 쏟아졌다. 초기 광고에는 "문명은 그 나라의 비누 사용량에 비례합니다"라면서 문명인의 조건으로 비누를 내세우기도 했다.[42] 그 밖에도 거품이 많고 향기가 좋으며 오래 쓰고 순도가 높다는 등 광고 내용도 갖가지였다.

그 가운데 비누는 건강을 위한 필수품이라는 광고가 적지
않았다. 그 광고에 따르면 비누는 "피부의 건강을 지키는 둘도
없는 양약良藥"이었다.[43] 그림3을 보자.

그림3 "피부를 강하게, 건강으로", 《조선신문》 1932년 2월 7일.

"피부를 강하게 해서 건강으로"라고 헤드카피를 달았다.
"타올에 비누를 칠하고 가볍게 마사지하면 혈행血行을
증진시키고 피부의 저항력을 증진시킨다"라고 했다. 이 비누
광고에서는 자양강장제에서 흔히 나오는 근육질의 남성을
그렸다.

비누가 피부에만 좋은 것은 아니었다. 무엇보다 비누는
손 씻기에 필요한 물품, 즉 위생용품이었다. "먼저 손을
깨끗이 하자, 병은 입을 통해서가 아니라 손에서!"[44] 이 광고
문안에서 보듯이 비누는 손 씻기라는 위생 전략을 주요하게
내걸었다. 손 씻기와 관련된 광고 이미지를 묶어서 보자.

그림4 《동아일보》 1932년 5월 15일; 《조선신문》 1932년 5월 14일(권창규, 《상품의 시대》, 민음사, 2014, 202쪽).

그림5 "먼저 손을 깨끗이", 《동아일보》 1934년 6월 22일; 《조선신문》 1934년 6월 21일.

그림4에서는 '석감石鹼' 옆에 비누라고 함께 적었다.
일상생활에서 손이 닿는 순간들을 포착하고 더러워진
손과 얼굴을 비누로 닦으라고 말했다. 그림5는 손바닥
안에 비누를 그려 넣고 "밥 먹기 전, 일한 뒤에 외출하고
돌아왔을 때 가장 먼저 손을 닦으라"라고 한다. 이와
같은 비누의 위생 마케팅은 세균설을 밑바탕으로 했다.
그림6은 분명하게 세균을 거론한다.

그림6 "손수건의 위행", 《동아일보》 1932년 3월 8일.

이 광고는 "하루 사용한 '한케치ハンケチ(手巾)', 즉
손수건에서 "29만 마리의 세균이 발견되었다"라고 했다.
그러하니 손을 비누로 깨끗이 씻어야 한다고 말한다.
세균설은 근대 위생 사상의 근본 뿌리였다. 위생용품
광고에서는 세균설을 자주 활용했으며 "상품 미학은 위생의
정치 사회적인 가치를 더없이 문명적이고 문화적인 것으로
내세웠다."[45]
1930년대 초반에 '머리 감는 약' 샴푸도 광고를 시작했다.
샴푸라는 말이 낯설었다. "덩어리진 가루비누가 있다.
샴푸라면 영어에 비빈다는 뜻이다"[46]라는 해설이
뒤따랐다. 샴푸shampoo라고 하면 현재에는 액체의 두발
세제, 또는 세발하는 것이라고 누구나 생각하지만,
그때는 가루비누였다. 샴푸란 "머리 부분을 누르다,
근육을 마사지한다"라는 뜻을 지닌 힌두어 champoo에서
유래되었다. 그 때문에 샴푸가 나올 무렵 일본 사전에서는
샴푸를 ① 서양식 마사지 ② 머리 감기 또는 머리 감기용
비누라고 정의했다.[47] 그림7은 1930년 일본의 샴푸 광고다.

그림7 下川耿史, 《近代子ども史年表: 昭和·平成編 1926~2000》, 河出書房新社, 2002, 41쪽.

식민지 조선에서도 얼마 지나지 않아 샴푸 판촉 활동을 시작했다. 1934년에 '화왕花王 샴푸' 선전대는 경성의 백화점을 비롯한 조선의 주요 도시를 돌며 선전했다.[48] 그 전에 신문과 잡지에도 광고를 실었다. 머리카락은 반드시 샴푸로 감아야 한다는 내용이었다. "뜸물만으로는 때가 안 빠지고 비누는 머리털에 해롭습니다."[49] '머리 감는 가루'인 샴푸 광고 문안이다. 그림8에서 보듯이 샴푸도 약의 한 종류라고 광고했다.

그림8 "세발료, 머리 감는 약", 《조선일보》 1936년 5월 28일.

샴푸를 '세발료洗髮料'라고 한자로 적고 그 옆에 '머리 감는 약'이라고 해설했다. 이 광고(그림8)에 따르면, 샴푸는 머리카락을 아름답게 할 뿐만 아니라 다음과 같은 두 가지 약리작용을 한다. 첫째, 머리의 때나 기름을 없애고 충虫을 죽이며 머릿속까지 깨끗하게 한다. 둘째, 머리가 빠지거나 갈라지는 병을 막고 머리의 성장을 돕는다. 또 다른 샴푸 광고(그림 9)는 머리 감기에 대한 중요한 정보를 준다.

그림9 "일주일에 한 번 10분 동안", 《경성일보》 1939년 2월 11일.

일주일에 한 번, 10분 동안 머리를 감으라는 광고다. 일요일은 머리 감는 날이라고 했다. 오늘날과 달리 일본이나 조선이나 이 무렵에는 머리를 자주 감지 않았던 것으로 보인다. 머리를 자주 감지 않아서인지 샴푸 광고도 비누 광고에 견주면 그 양이 매우 적다. '머리 감는 법'을 일러스트레이션으로 보여 주는 그림10과 같은 샴푸 광고도 있다.

그림10 "머리는 이렇게 감으십시오", 《동아일보》 1935년 2월 21일.

위생의
습관,

치약과
칫솔

이 닦기는 오늘날 가장 일상화한 위생 습관일 것이다. 칫솔, 치약 등의 이 닦기 관련 상품은 가장 일상적으로 소비되는 위생 관련 용품이다. 이 닦기가 일상생활이 된 것은 어린 시절부터 사회화하는 과정에서 이 닦기의 방법과 습관을 몸에 익혔기 때문이다.

예전에도 소금으로 양치했었다. 이제 새롭게 치약으로 이를 닦는 행위는 근대인이 되는 과정이었다.[50] 입은 늘 바깥으로 열려 있는 장기臟器다. "입은 눈에 보이지 않는 미생물이 신체로 침입하는 입구로서 엄격하게 방어하지 않으면 안 되는 경계선"이었다. 근대가 되면서 구강은 건강의 관문이며, 입의 청결은 신체 질환과 관계가 깊다고 생각했다. 따라서 어릴 때부터 이를 닦는 습관을 기르는 것이 중요했다. '치마齒磨', 즉 오늘날의 치약은 광고를 통해 어린이가 이 닦는 습관을 기르도록 설득했다. 그림1은 수없이 많은 치약 광고 가운데 특별한 의미가 있다.

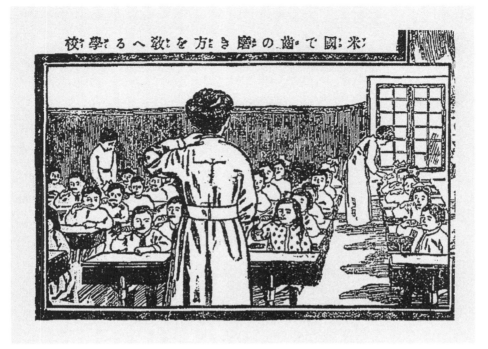

그림1 "미국에서 이 닦는 법을 가르치는 학교" 광고 부분, 《경성일보》 1916년 3월 28일.

위의 광고는 '라이온 치마'에서 강연회를 열어 구강 위생 운동을 한다는 광고 가운데
일부다. 미국에서 이 닦는 방법을 교실에서 가르친다는 내용을 그렸다. 실제로
1910년부터 미국 초등학교에서는 칫솔을 사용해서 이를 닦는 방법을 몸에 익히게 하는
훈련을 시키고 있었다.[51] 위의 광고를 변형하여 학교의 어린이에게 이 닦기 훈련을
시키는 그림2·3과 같은 광고가 실렸다.

그림2 《조선일보》 1936년 5월 24일.

이 광고는 어린 시절부터 이 닦기를
몸에 익혀야 한다는 계몽적인 성격을
지녔다. 이 닦기를 일상화하려는
치약 광고가 많지만, 특히 1910년대
치약 광고는 주로 계몽적인 성격이
강했다. 그림4가 그 보기다.

그림3 《경성일보》 1921년 12월 15일.

그림4 《매일신보》 1911년 2월 15일.

재조在朝 일본인과 한국인을 함께 겨냥한 듯, 일본말과 한국말로 문안을 만들었다.
삿갓에 두루마기를 입은 남자와 장옷을 두른 여인이 계몽의 대상이다. 이 광고 문안에
나오는 치약의 효과는 세 가지였다. 첫째, 이를 튼튼하게 하여 음식을 잘 씹게 만들어서
위장을 튼튼하게 한다. 이는 생명과 큰 관계가 있다. 둘째 치아는 언어 생활과 얼굴의
아름답고 추함에 영향을 준다. 셋째, 입 냄새를 없애서 말하고 호흡할 때 향기가 나고
정신이 상쾌하다. 또 다른 1910년대 치약 광고(그림5)를 보자.

그림5에서 "입속 청결은 건강의 기초"라고 하면서 이 닦는 법을 차례로 보여 주고 있다.
"신사紳士의 아침은 이를 닦는 것에서부터 시작해야 한다"라는 광고도 있다.[52] 이렇듯이
1910년대의 치약 광고는 어떻게든 이 닦기가 위생과 건강에 중요하다는 것을 계몽하여
치약을 위생 필수품으로 만드는 데 힘을 쏟았다.
모든 약 광고가 그러하듯이 치약 광고에서도 세균과 현미경이 중요한 소재가 되었다.

치약 광고는 충치와 잇몸 질환, 그리고 현미경으로 충치균을 보는 의과학자를 그려 넣곤 했다.[53] 그러나 광고의 효과를 노려서 그림6과 같이 충치균을 의인화하기도 했다.

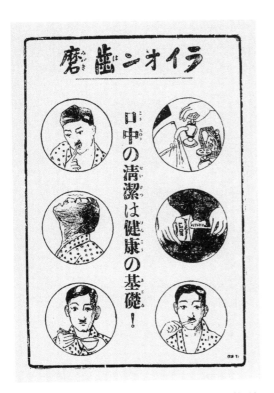

그림5 "입속 청결은 건강의 기초", 《조선시보》 1918년 8월 8일.

그림6 《동아일보》 1934년 12월 30일.

충치는 밤도둑과 같으니 잠자기 전에 이를 닦아야 한다는 내용이다.

수없이 많은 치약 광고를 범주별로 묶고 유형에 따라 분석을 하는 것은 당대의 심리구조와 문화 지형을 이해하는 데 큰 도움이 된다. 그러나 여기에서는 다음 몇 가지 사항만을 간단하게 짚어 보기로 한다.

첫째, 일본 치약 광고의 현지화 전략이다. 조선의 여인을 등장시키거나
이른바 '향토색'을 이용한 광고가 있었다. '향토색' 가운데 장승을 활용한
여러 약 광고(그림7·8·9)를 서로 견주어 보자.

그림7 《동아일보》 1939년 7월 9일.

그림8 《조선일보》 1940년 1월 17일.

그림9 《매일신보》 1940년 9월 8일.

장승에 담겨 있는 전형적인 표정은 그 자체가 우리 주위에서 흔히 만날 수 있는 할아버지, 할머니의 모습이다. 또한, 장승의 얼굴에는 해학과 분노, 기괴와 웃음이 있다. "장승은 마을과 사찰 그리고 읍성을 수호한다. 때로는 이정표 기능만을 담당하기도 한다."[54] 세 광고에서 나오는 장승은 병마에서 내 신체를 지켜 주는 '수호신'의 의미다. 어린이 약 '구명환'(그림8)과 구강살균제 '인단'(그림9)의 장승이 분노와 기괴를 보여 준다면, '라이온치마'(그림7)의 장승은 해학과 웃음을 담고 있다. 각 장승에서 치아의 모습을 통해 그렇게 해석할 수 있다. '라이온 치마' 광고에서는 "무더운 여름에 구강으로 침입하는 수억의 병원균을 겨우 30초 동안에 모두 죽여 없애고 흡착하여 제거한다"라고 적었다.

둘째, 치약 광고에서는 치과
병원 또는 치과 의사를 마케팅에
활용했다. 치약 광고에 나오는 치과
의사 이미지는 그림10·11과 같다.
이러한 치약 광고는 치아 관리를
잘못해서 생기는 치통을 치과 의사를
통해서 보여 주고 있다. 치료보다
예방에 힘쓰라는 메시지다.

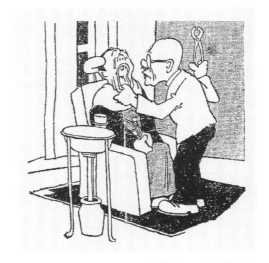

그림10 구라부 치약 광고 부분, 《경성일보》 1934년 5월 19일.

그림11 "치료보다 먼저 예방!", 《동아일보》 1940년 5월 14일.

셋째, 1930년대 치약 광고는
당대의 '스타덤 현상'을 활용했다.
이 무렵 식민지 조선은 "힘겨운
현실 속에서도 관객들이 스타를
향해 정서적 유대를 가지고
있었다."[55] 그림12처럼 영화배우나
가수 등을 등장시켜 치아의 심미적
가치를 강조하는 광고가 적지
않았다.

그림12 《동아일보》 1938년 4월 11일.

그림12는 스튜디오에서 영화를 촬영하는데 여배우가 웃어야 하는 장면에서 치아가
깨끗하지 않아서 "못 쓰겠다"라고 말한다. 그 밖에 치약의 '심미적' 가치를 전면에 내세운
광고(그림13·14)는 담배 피우는 사람을 위한 '스모가 치약'이다.
"여자라도 담배 먹는 것은 관계치 않으나 그렇다고 스모가 쓰지 않는 것은 안 된다." "이
사람의 치아가 검다. 생각건대, 이것은 스모가(치약) 이전의 것이다." 이 밖에도 스모가
치약은 담배 피우는 사람들의 눈길을 끄는 수많은 광고를 쏟아냈다.

그림13 《동아일보》 1930년 2월 19일.

그림14 《동아일보》 1928년 7월 26일.

안팎의 벌레, 해충과 기생충

습격하는 해충

"파리를 잡아 오면 돈을 준다." 신문에 이런 기사가 심심찮게 실렸다. "황해도 헌병파견소에서 파리 잡기를 권장하려고 파리 한 홉을 잡아 오는 사람에게 돈 10전을 준다"라고 1914년에 첫 보도를 했다.[56] 전쟁이 한창이던 1941년에도 "파리 열 마리에 1전, 쥐는 한 마리에 5전씩 각 경찰서에서 사 주기로 했다"라고 신문은 보도했다.[57] 식민당국에서는 포스터나[58] 영화 등으로 파리가 전염병을 옮긴다는 위생 계몽을 했다. 또한, '승취일蠅取日(파리 잡는 날)'을 정해서 파리 퇴치에 나섰다. 그날은 "파리에게 선전포고하는 날"이었다.[59] 신문에서도 "파리 한 마리에 미균 600만"이 있다면서 총독부의 위생 정책을 거들었다.[60] '파리 잡는 날'을 틈타 그림1·2와 같이 살충제 광고도 기세를 올렸다.

그림1 "전국 파리 잡는 날", 《조선일보》 1934년 7월 3일.

그림2 "전국 파리 잡는 날", 《조선일보》 1938년 6월 1일.

그림1은 1일부터 10일까지 전국 '승취繩取-데이', 즉 파리 잡는 날이라고 적었다. 그리고
"자기 제품을 써서 파리를 재미나도록 잡자"라고 했다. 그림2는 "오늘부터 일주일 동안
전국 파리 잡는 날"이라고 했다. 중일전쟁을 하는 일본군에게 위문대를 보낼 때 반드시
자기 제품을 넣으라고도 했다. 그리고 "죽여라 파리, 방지해라 악역惡疫"이라고 적었다.
왜 파리를 죽여야 하는가. 광고는 다음과 같이 말한다. "파리는 귀찮을 뿐만 아니라
'치프스, 호열자, 역리, 적리, 결핵 등 무서운 전염병을 매개합니다. 한 마리의 파리가
몸뚱이에 수천만의 균을 묻혀서 우리의 음식물과 입, 수족에 함부로 번지고 다닙니다.
악역惡疫(전염병) 예방을 위하여 파리를 전멸합시다." 파리와 전투를 치르고 있는 그림3을
더 보자.

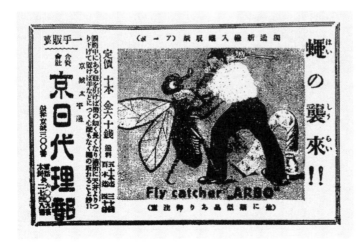

그림3 "파리의 습격", 《경성일보》 1923년 4월 11일.

"파리가 습격해 온다!!" 인간과 파리가 한판 싸움을 하고 있다. 독일에서 새로 수입한 파리 잡는 약이라고 했다. 해학이 넘치는 이 그림은 아마도 서구의 포스터를 표절했거나 독일 광고를 그대로 옮긴 것으로 보인다. 농촌이 피폐하게 된 까닭을 농민의 무식함과 게으름 탓으로 여겼던 이광수의 《흙》[61]에서는 농촌의 비위생적인 상황을 다음과 같이 묘사했다.

> 이질이나 장질부사 환자의 똥에 앉았던 파리들은 그 발에 수 없는 균을 묻혀 가지고 부엌으로 아우성을 치고 돌아다니며 음식과 기명과 자는 아기네의 입과 손에 발라 놓는다. 밤이 되면 학질의 스피로헤타를 배껏 담은 모기가 분주히 이 사람 저 사람의 혈관에 주사를 하고, 발진티푸스균을 꼴깍꼴깍 토하는 이와 빈대는 이 방에서 저 방으로, 이 집에서 저 집으로, 이 동네에서 저 동네로 여행을 다닌다.[62]

"피를 빨아먹고 학질마저 옮기는" 모기도 문제였지만, 빈대는 많은 사람에게 큰 고통을 주었다. 빈대가 주는 고통과 혐오에 관한 글을 보자.

> 서울의 명물이 한둘이 아니지만, 그중에 빈대도 확실히 명물 가운데 하나다. 서울에서 빈대 없는 집은 흉가라고 이름을 지을 만큼 빈대 없는 집이 없다. 여름이 되면 이 빈대에게 쪼들리는 것이 더위에 쪼들리는 것보다 더 큰 시련이다. 빛깔이 검붉고 넓적해서 착 붙은 것이 빈대는 보기부터가 고약하다. 더구나 그 냄새란 누리다. 이상야릇한 냄새란 참 기절할 지경이다. 불행히 손바닥으로 그놈을 만졌다가 툭 터져서 피가 묻는다든지 하면 참 그 냄새란 괴악망측한 것이 먹은 것을 곧 토할 지경이다.[63]

서서 먹는 술집인 선술집, '빈민 은행' 전당포, 그리고 빈대. 흔히 사람들은 이 셋을 '경성의 명물'로 꼽았다. 경성에만 빈대가 있었던 것은 아닐 테지만, 어찌 되었든 빈대는 '경성의 명물'로 등극했다. 자다가 이놈에게 물려 뜨끔뜨끔해서 불을 켜면 잽싸게 도망친다. 빈대는 "단거리의 권위자였다."[64] 이처럼 빈대가 바싹 신경을 돋우게 만드니 "빈대 잡으려다 초가삼간 태운다"라는 말이 충분히 이해된다. 빈대약이 없을 턱이 없다.

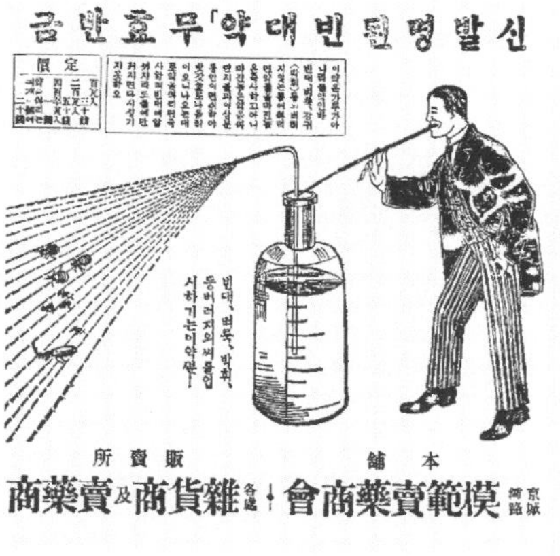

그림4 "신발명 빈대약", 《동아일보》 1920년 6월 27일.

그림4를 보면 '신발명 빈대약'을 입으로
불어서 뿌리고 있다. 위험해 보이지만,
분무기가 나온 뒤에도 입으로 뿌리는
살충제는 계속 나왔던 듯싶다. 그림5에서
보듯이 1930년대 중반의 살충제
광고에서도 입으로 약을 불고 있다. 이
광고에서는 "어린아이도 입으로 불어서
파리, 모기 등을 죽일 수 있다"라고
선전했다.

빈대와 벼룩에 대한 사람들의 증오와
혐오를 이용해서 다음과 같이 광고했다.

그림5 《경성일보》 1935년 7월 18일.

그림6 《경성일보》 1935년 7월 6일.

그림7 《조선일보》 1939년 8월 11일.

그림8 《동아일보》 1935년 5월 11일.

빈대를 칼로 찌르는 광고는 섬뜩하기보다는 오히려 시원한 복수의 감정을 느끼게 했을
듯하다. '빈대 전멸약'(그림7)은 "대동강 같은 큰물에도 비눗물에 섞어서 풀면 그곳에 있는
물고기는 전멸할 만큼의 독성을 가진 약이다"라고 선전했다. 그러나 신문 기사에서는
"여러 빈대약이 그다지 효과 없다"라고 했다.[65] 그림8은 벼룩에 대한 혐오감을 부추겨
살충제를 구매하려는 욕구를 자극했다.

살충제는 흔히 전쟁의 이미지를 활용했다. 다음의 연속 광고가 그것을 잘 보여 준다.

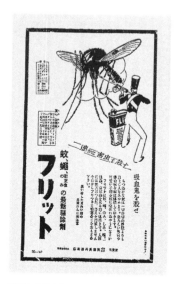

그림9 《경성일보》 1930년 5월 7일.

그림10 《경성일보》 1930년 5월 13일.

그림11 《경성일보》 1930년 5월 17일.

커다란 파리, 모기, 빈대에 맞선 병사는 분무기를 들고 있다. 그림11의 광고 문안에는 "숨어들어 오는 밤의 참학자惨虐者" 남경충南京蟲이라고 적었다. 빈대를 한자로 쓰면 남경충이다.[66]

변소나 불결한 장소에 뿌리는 '소독·방취防臭·살충의 3대 효과'를 내는 소독약도 있었다. 그 소독약은 전염병을 옮기는 파리를 잡고 구더기를 죽이는 효과가 있다고 했다.[67] 그림12의 '방향유'도 그와 비슷했다.

그림12 '방향유', 《조선일보》 1929년 7월 22일.

이 약을 뿌리면 변소에서 나는 나쁜 냄새를 없애서 향기를
좋게 하며 소독을 할 뿐만 아니라 구더기도 없앤다고
했다. 이와 같은 뿌리는 살충제 말고도 다음에서 보듯이
오늘날 우리에게도 익숙한 모기향(그림13), 파리채(그림14),
모기장(그림15) 광고도 있었다.

그림13 《동아일보》 1925년 7월 8일.

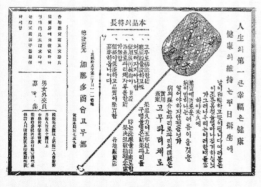

그림14 '파리채', 《매일신보》 1927년 4월 25일.

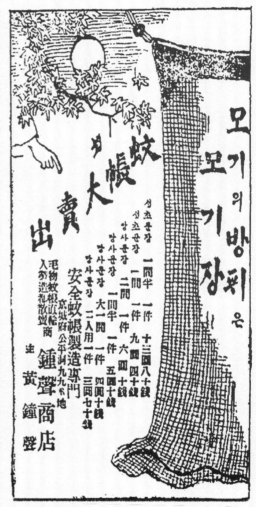

그림15 《조선일보》 1923년 7월 12일.

그 밖에 그림 16·17과 같은 의복용 방충제 광고도
신문에 실렸다. 옷감의 손실을 미리 막으려면
'등택장뇌藤澤樟腦(Fujisawa Camphor)'를 쓰라고 했다. 장뇌란
본래 녹나무(camphorwood)에서 추출한 결정이었다. 일본에서
16세기 무렵부터 장뇌 결정을 만들기 시작했다. 일본에서
이 장뇌가 1897년에 가정용 의복의 방충, 방습, 방취제로
전국적으로 발매되었다.[68]

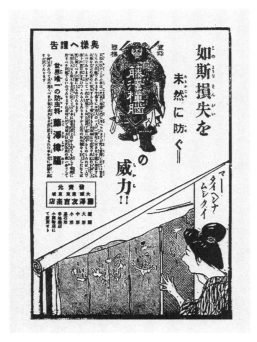

그림16 《경성일보》 1920년 9월 15일.　　　　그림17 《경성일보》 1920년 7월 20일.

위의 광고(그림16·17)는 일본의 상황을 그대로 반영한
것이므로 한국의 소비자에게는 아무래도 낯설다. 그리하여
'등택장뇌'는 그림18·19와 같이 광고의 현지화 전략을
구사했다.
옷을 상하게 하는 좀을 막으며 냄새가 상쾌하다고 했다. "옷
사이사이에 넣어 두면 해충이 생기지 않고 장마철에도 방습이
된다"라고 했다. 광고에 보이는 아낙네의 손길과 옷장이
정겹다.

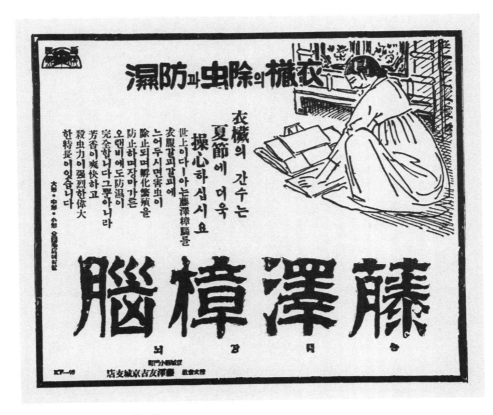

그림18 《조선일보》 1934년 7월 19일.

그림19 《동아일보》 1933년 7월 11일.

그림20 《경성일보》 1939년 7월 23일.

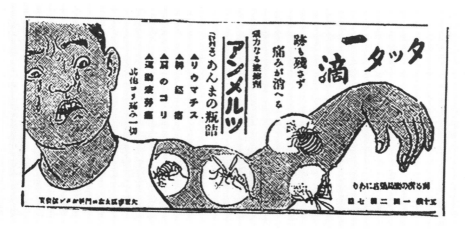

그림21 《경성일보》 1925년 9월 9일.

해충에게 물렸을 때 가렵고 쓰리고 아픈 것을 진정시켜 주는 약이 있었다. 그 약들은 그림만 봐도 알 수 있게끔 그림20·21과 같이 광고했다.

독충에 물린 상처에 바르는 '가정 구급약'이며, 모기·벼룩·빈대에 물린 고통을 없애 주는 약이라고 했다. 독충에 물린 아이에게 약을 발라 주는 광고(그림22)에서는 한복 맵시와 1930년대 후반 여자 어린이의 머리 모양이 눈길을 끈다.

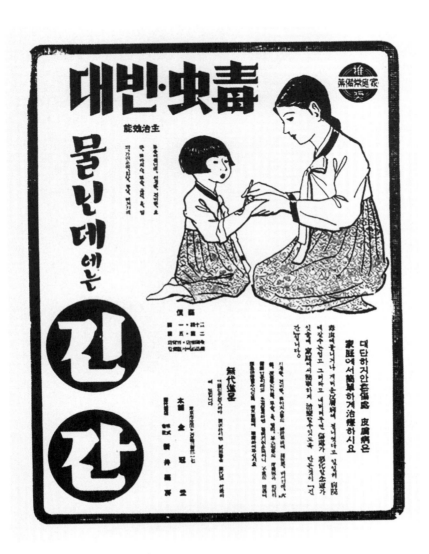

그림22 《조선일보》 1939년 8월 23일.

기생충,
몸속의
식인종

"열 길 물속은 알아도 한 길 사람 속은 모른다." 사람의 마음을
알아내기 힘들다는 속담이다. 그런데 어느 신문 기사에서는 그
속담을 "사람 속에 기생충이 있는 것을 알지 못한다"라는 말로
패러디했다.[69] 누가 어떤 기생충을 가지고 있었을까.
"사람에게서 회충을 모두 없애면 죽는다"라는 말이 떠돌 만큼
으레 회충과 함께 사는 것으로 여기는 사람들이 있었다.[70]
신문에서는 "90퍼센트는 기생충을 가졌으며 그 가운데 농민은
거의 다 기생충 보유자"라고 적었다.[71] "회충은 말할 것도 없고
십이지장충 환자가 전인구의 25퍼센트나 되지만 놀라는 사람
없이 태연할 만큼,"[72] 기생충은 가장 흔한 병이었다. 그래서
결핵, 성병, 기생충을 일컬어 '민족 보건의 3대 재앙'이라고도
했다.[73] 특히 성장하는 어린이에게 기생충은 큰 문제였다.
1936년 총독부 경무국 위생과의 발표에 따르면, 보통학교
학생 70만 명 가운데 회충을 가진 아이가 95~96퍼센트,
편충을 가진 아이가 50~60퍼센트, 요충을 가진 아이가
40~50퍼센트였다. 촌충은 비교적 적어서 3퍼센트였다.[74]
기생충을 가진 아이들은 설사와 복통 등 소화기 질환을
앓았다.[75] 이런 기생충을 없앨 구충제에는 어떤 것이
있었을까. 아주 이른 시기에 신문에 그림1과 같은 촌충 구충제
광고가 실렸다.

그림1 《매일신보》 1916년 10월 1일.

촌충이 포함된 인분人糞이 하천으로 흘러 들어가고 그
물을 소나 돼지 같은 가축이 마시며, 그 가축의 고기를 덜
익혀 먹으면 촌충에 걸린다.[76] 이 광고에서 "촌충은 빈혈을
일으키니" 이 약을 먹으라고 했다.

신문에서는 "채소의 거름을 인분으로 하기 때문에 아무래도
완전히 기생충을 방지할 도리가 없다"[77]라고 했다. 분명
'똥거름'이 문제였다. 사람들은 인분 속에 동식물이
생명을 유지하는 데 필요한 에너지가 있음을 경험을 통해
알았다. 그리하여 인간의 배설물을 폐기하는 것이 아니라
농업자원으로 활용하여 생태계의 순환을 실천하는 지혜를
발견하였다.[78] 서구에서는 대체로 18~19세기 중반에 인분
농법이 거의 사라졌지만, 중국·한국·일본 등 동아시아에서는
활발하게 이루어지고 있었다.[79] 식민지 조선에서 1926년부터
화학비료가 본격적으로 보급되기 시작했지만, 식민 통치
내내 '똥거름'이 널리 쓰였다. 특히 1938년 이후에 질소공업이
화약 생산을 위한 군수산업으로 전환해서 화학비료를 제대로

공급하지 못했다.[80] 일본도 마찬가지였다. 도쿄에서 반출된 분뇨 가운데 농촌에서 비료로 쓰는 비율이 1930년대 후반에는 70퍼센트가 넘었고, 1940년대 초반까지 50퍼센트 중반을 유지했다.[81] 1920년대를 거치면서 세균학적으로 분뇨를 연구했다. 그 결과 부패한 분뇨는 안전하게 사용할 수 있다는 사실을 알아냈다. 그렇지만 '똥거름'을 통해 회충·십이지장충 같은 기생충이 전파되었다. 다음 그림2의 전면광고는 그 사실을 그림으로 보여 준다. 본디 상업용 포스터로 만든 것을 그대로 신문광고에 실었다.[82] 이 '마구닌' 광고에는 일본의 농사법과 시장 보기, 하수처리 등의 생활상이 담겨 있다. 회충이 어떻게 몸속으로 침입해서 어떤 증상을 일으키는지를 설명했고 막대그래프도 중앙에 배치했다. 그 막대그래프에 따르면, 평지 농촌의 회충 감염률이 가장 높고 산악의 농촌이 그다음이며, 도시는 그보다 낮다. 막대그래프 위에는 회충의 모습과 함께 회충 알이 채소에 붙어 있다가 몸속으로 들어와 몸을 헤집고 다니는 모습을 그렸다. 막대그래프 아래쪽에는 회충약이 회충을 칼로 죽이는 장면을 의인화해서 표현했다. 전체 그림의 오른쪽에는 회충 감염 경로도를, 왼쪽에는 회충 예방법을 그렸다. 체계적이며 세밀하다. 이 상업용 포스터는 대중 계몽뿐만 아니라 약의 신뢰도를 높이는 효과를 거두었을 것이다. 이 포스터 또는 광고에 있는 인체도는 그림3에서 보듯이 다른 광고에서 자주 활용했다.

그림2 회충의 인체 내 침입 경로도, 《경성일보》 1928년 6월 10일.

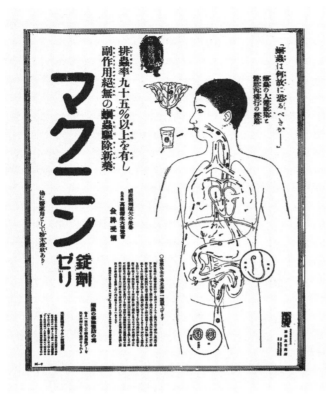

그림3 "회충은 왜 무서운가", 《경성일보》 1928년 7월 19일.

이 광고는 회충이 인체에 들어와 몸속을 돌아다니는 경로를 그려서 회충이 무서운 존재라는 것을 보여 준다. 그리고 '마구닌'은 95퍼센트 이상의 구충 효과가 있으나 부작용은 전혀 없다고 했다.

회충약 '마구닌'은 일제강점기 내내 수많은 광고를 했다. 기생충을 과장되게 그려 넣은 혐오스러운 광고도 적지 않았지만, 시대상을 담은 광고도 있었다. '건강의 신'[83]을 내세운 주술적인 내용, '가족 건강'[84]을 제시하는 등 여러 유형의 광고를 했다. 그러나 여기서는 다음 두 개의 유형만을 제시한다. 첫째, '코믹'형이다.

"식인종, 그것이 당신의 배에 있다." 그림4는 회충을 식인종에 빗댔다. 그림5에서는 '마구닌'을 먹겠다는 말만 듣고도 회충이 꽁지가 빠지게 도망가는 모습이다.

그림4 《동아일보》 1938년 7월 21일.

그림5 《동아일보》 1931년 2월 9일.

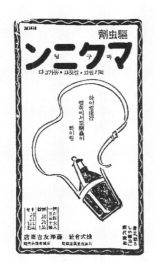  

그림6 《매일신보》 1938년 11월 4일.　　　그림7 《매일신보》 1938년 10월 3일.　　　그림8 《동아일보》 1938년 6월 9일.

둘째, 시대와 이데올로기를 반영하는 광고 유형이다. '마구닌'
광고에 담긴 시대상을 간략하게 들여다보자.

그림6은 "하이킹이 유행, 뱃속에서도 회충이 하이킹"이라고
적었다. 하이킹이란 "공기 좋은 곳으로 걷는 운동"[85] 또는 "경치를
밟으며 기분을 걷는 것"[86]이었다. 일본 철도성이 하이킹 캠페인을
벌이고 사람들이 서구의 유행을 동경하면서 하이킹은 일본에서
1934~1935년 사이에 크게 유행했다. 식민지 조선에서도 1935년
무렵 "하이킹이 보편화했다."[87] 중일전쟁 뒤에 일제는 하이킹을
체위향상 차원에서 장려했다.

그림7은 '마구닌' 말고 "회충약에 대용품이 없다"라고 했다. 전쟁이
길어지면서 물자 부족에 시달리던 일제는 쌀과 고기가 아닌 다른
음식을 먹으라는 '대용식' 운동, 본래의 재질이 아닌 값싼 재질로
만든 물품을 쓰라는 '대용품' 운동을 벌였다. 그러나 '마구닌'은 다른
대용품이 없다면서 자기네 약의 효능을 강조했다.

그림8에서는 "일본의 칼은 강하다"라고 했다. 중일전쟁 뒤에
일제가 '일본정신'을 내세우면서 검도를 강조할 때의 사회 분위기를
전한다. 이 밖에도 전시체제기에 '마구닌'은 기관총과 탱크 등 전쟁
무기를 그려 넣거나 방공훈련 등을 소재로 삼은 광고를 하면서
전쟁 이데올로기 전파에 적극 참여했다.

'마구닌' 말고도 다른 회충약이 있었다. 그 광고도 소개한다.
그림9에서는 "풀밭에서 우는 벌레는 순하나, 배 속에 있는 벌레는
무섭다"라고 적었다.

그림10을 보면, 칼에 회충을 휘감은 위생경찰의 표정이
익살스럽다. 위생경찰 뒤에는 "타도 회충, 우선 건강" 등의 깃발이
늘어서 있다.

그림9 《동아일보》 1931년 9월 6일.

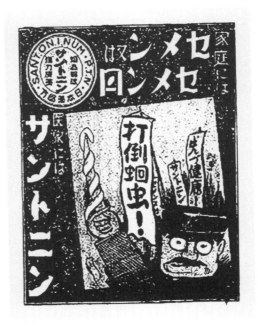

그림10 《경성일보》 1932년 1월 10일.

건강의 문, 피부

미용의
고민,

여드름과
주근깨

우리 몸에서 가장 큰 기관은 어디일까? 답은 피부다.
표면을 덮고 주위 환경과 접촉할 때 내부구조를 보호하며
'항상성'을 유지하는 복합 조직층이 바로 피부다. 피부 면적은
1.6~1.8제곱미터이고 무게는 몸무게의 약 7퍼센트에 이른다.
부속기관으로는 모발(털), 피지샘, 땀샘, 손톱과 발톱이
있다. 피부 가운데 손·발바닥이 약 6밀리미터로 가장 두껍고
눈꺼풀이 0.5밀리미터로 가장 얇다.[88]
"건강의 문은 피부다"라고 헤드카피를 쓴 비누 광고가 있다.[89]
피부를 청결하게 하는 비누가 바로 건강의 문을 지키는
파수꾼이라는 뜻이리라. 피부는 '건강의 문'일 뿐만 아니라,
미용의 잣대가 되기도 한다. "여성을 가장 곤란하게 하는 것은
피부 이변"이었다.[90] '피부과학'을 내세우는 화장품 광고가
그렇게 주장했다.[91] 의약품도 흰 피부, 잡티 없는 고운 피부가
모든 사람의 바람이라고 광고했다. '흰 피부'와 관련하여
그림1은 충격을 준다.

그림1 《동아일보》 1922년 10월 27일.

'이과학적理科學的 인체의 해부 절단선'에 따라 사람의 몸을 흑과
백, 둘로 나누었다. 말도 어렵고 광고 문안도 아주 촘촘하다.
그러나 그 핵심은 다음과 같다. "문명이 발달한 서구는 백색
인종이다. 우리 유색인종이라도 문화가 발달한다면 백색으로
될 것이다. 이 약을 바르면 피부가 하얗게 된다"라고 했다. 이
제품의 다른 광고에서는 "흑인이 변하여 미인이 된다"라고도
했다.[92] 흑인종과 황인종은 아름답지 않다는 인종주의적 편견도
문제지만, 그 내용도 황당하기 짝이 없다. 그림2는 여성을
비하하는 논조를 지니고 있다.

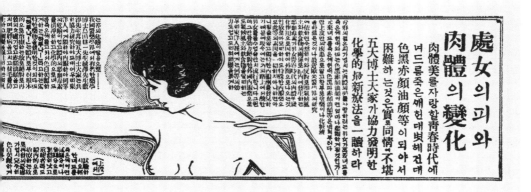

그림2 《동아일보》 1925년 5월 28일.

"처녀의 매력은 육체의 미"[93]라고 주장했던 '하루나'는 위의
광고에서는 "처녀의 피와 육체의 변화를 일으켜" 여드름과
주근깨를 뺀다고 했다.

흔히 "여드름은 청춘의 고민이며 주근깨는 미용의 적"이라고
했다. 여드름·주근깨 광고에서는 주로 여성을 겨냥했지만,
남성에게도 여드름은 큰 고민거리였다. 채만식이 쓴 소설
《탁류》에도 '여드름 바가지' 남학생이 여드름약을 사러
백화점에 가는 장면이 나온다.[94] 춘향전을 패러디한 '모던
춘향전' 삽화에도 여드름약이 등장한다.

그림3 '모던 춘향전', 《제일선》 2권 10호, 1932년 11월, 78쪽.

이몽룡은 옆에 여드름약을 놓고 거울을 보며 여드름을 짜고 있다. 다음 광고에서도 남성이 여드름약 모델로 등장한다.

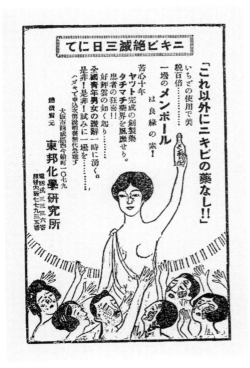

그림4 "여드름 절멸 3일에", 《조선신문》 1926년 7월 16일.

그림5 "미용 위생약", 《매일신보》 1934년 9월 29일.

그림4는 "여드름 절멸, 3일 만에. 이것 말고는 여드름약은 없다!!"라고 적었다. 미의 여신에게 여드름이 난 남녀가 손을 내밀고 있다. 그림5는 "여드름 때문에 고민하는 복동이에게 천사가 와서 '미용 위생약'을 발라 주니 깨끗하게 나았다"라는 내용이다. 변비약 광고에서도 여드름을 없애려면 근본적으로 변비를 치료해야 한다고 광고했다.[95]

'피부를 먹는 세균', 여러 피부병

피부약 광고는 사람들이 피부병이 생명과 직접 관계가 없는 가벼운 병으로 여기는 것을 경계했다. 그리하여 때때로 그림1·2와 같은 충격요법을 썼다. 이 광고들은 "피부를 먹는 무서운 세균" 탓에 피부병이 생기며 피부병에 걸린 몸은 뱀처럼 '흉악한 몸'이라고 했다. 그림3처럼 '미인'의 신체에 피부병을 그려 넣는 수법은 매우 흔했다. 여기서 한발 더 나아가 "피부병을 그냥 내버려 두면 생명이 위태롭다"라고 분명하게 경고하기도 했다.[96]

그림1 "피부를 먹는 무서운 세균", 《조선일보》 1928년 10월 17일.

그림2 "흉악한 몸, 피부병", 《매일신보》 1942년 3월 19일.

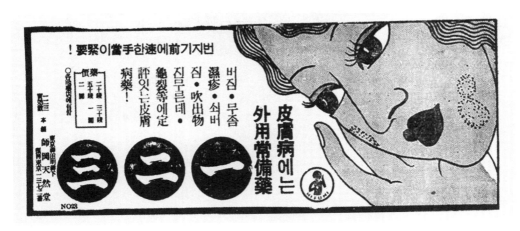

그림3 《동아일보》 1938년 10월 16일.

피부약은 피부병의 원인을 지적하거나 여러 증상을 설명하는
이미지를 보여 주었다. 다음 광고가 본보기다.

그림4 《조선일보》 1934년 6월 21일; 《조선신문》 1934년 6월 20일.

그림5 광고 부분, 《동아일보》 1932년 9월 6일.

그림4에서는 피부병이란 결국 땀이 고인 것이 원인이라고 주장했다. 그림5에서는 피부의 각 부위에 병이 생긴 것을 표시했다. 그러나 땀 때문이 아니라 추위에서 비롯되는 병이 있었다. 동상凍傷이다. 드물지만 겨울이 되면 동상약도 다음과 같은 광고를 했다.

그림6 '동상, 피부병', 《경성일보》 1939년 1월 12일.

때때로 피부약 광고는 피부를 드러내야 한다는 특성을 이용해서 노출이 심한 광고를
서슴없이 실었다. 다음이 그 보기다.

그림7 《동아일보》 1926년 9월 8일.

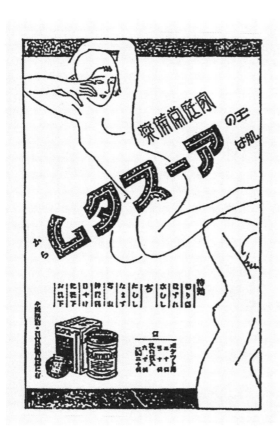

그림8 《경성일보》 1934년 10월 29일.

그림9 '가정 온천약', 《조선신문》 1934년 12월 7일.

그림10 《경성일보》 1935년 4월 14일.

피부약 광고 가운데 '가정 온천약'은 특별했다. 욕탕에 넣으면 온천물처럼 된다는 약이다. '가정 온천약'은 땀띠, 짓무른 곳, 무좀, 버짐 등에 효과가 있다고 했다.[97] "가렵고 쑤시는 듯 아픈 피부병"에 꼭 '가정 온천약'을 쓰라고 했다.[98] 그림 9·10을 보면 '가정 온천약'은 그 밖에도 여러 효과가 있다고 했다.

목욕하는 남자는 몸 일부만을 코믹하게 그렸지만 목욕하는 여자는 몸
전체를 육감적으로 그렸다. 대부분의 광고에서 남자와 여자의 누드를
표현하는 방식이 그러했다. "벗은 여성은 야한데, 벗은 남성은 야하지 않게"
묘사했다.[99] 이 '가정 온천약' 광고에 따르면 "부인병, 냉증, 위장병, 신경통,
감기, 치질" 등에도 효과가 있다고 했다.

피부약 가운데 시간이 흐를수록 무좀약 광고의 비중이 커졌다. 무좀 환자가
늘어났기 때문이다. 무좀은 "옛날에는 들어 보지 못하던 병이었다."[100]
"1920년대 중반까지도 무좀이 세균 때문에 생기는 것을 알지 못했다."[101]
신문 기사에서는 무좀을 '물옴'으로 소개하기도 했다. 그림11에서 보듯이
무좀을 일본말 그대로 '수충水虫(みずむし)'이라고 쓰기도 했다.

그림11 "무좀에", 《조선일보》 1935년 7월 22일.

이 일본 무좀약 광고는 '수충'이라는 큰 글씨를 그대로 놔두고 그 옆에
무좀이라고 적었다. 이 광고에서는 무좀이 "발가락 사이가 짓무르는
병"이라는 것을 그림으로 나타냈다. 그러나 그림12·13에서 보듯이
'수충'보다는 무좀이라는 용어를 쓴 광고가 더 많았다.

그림12 《조선일보》 1937년 6월 12일.

그림13 《조선일보》 1939년 7월 26일.

그림12의 남자는 튜브에 들어 있는 약을 짜서 바른다. 그림13의 여자는 붓으로 액체 무좀약을 바른다. 주로 여름에 극성인 무좀은 어떤 피부병인가. 가렵고 아프며 잘 낫지 않는다. "근대 문명에 따라 이상한 병도 많이 생겼거니와 그중에도 여름이 되면 큰 고통 거리가 되는 무좀(수충)이라는 병이다. 문명이 최고에 다다른 미국에서는 약 80퍼센트가 무좀에 걸렸다."[102] 이 기사에 따르면, 무좀은 예전에 없는 '문명병'이다. 무좀은 "어른과 아이의 구별 없이 누구나 생기는 성가신 병"이지만, "신경쇠약이 생겼을 때와 정신적 노동으로 피곤할 때"에 잘 걸린다고 했다.[103] 그러나 무엇보다 "아침에 구두끈을 매면 저녁에나 푸는 서양식 생활"을 주요한 원인으로 꼽았다.[104] 무좀은 구두를 신어서 생긴 '문명병'이자 맨발에 고무신을 신은 탓이기도 했다.[105] 구두를 무좀의 원인으로 꼽은 다음 광고를 보자.

그림14 "무좀의 신요법", 《경성일보》 1939년 7월 16일.

그림15 "무좀과 병사", 《경성일보》 1939년 6월 28일.

그림14는 '무좀의 신요법'이라는 헤드카피를 달았다. '모던 보이'의 구두에 화살표를 그려 무좀이 그 안에 있음을 표시했다. 그림15는 '○○과 병사'라는 말이 유행할 때를 틈타 '무좀과 병사'라는 헤드카피를 달았다. 습기를 머금은 군화를 그렸다. "샛강이 잇따른 호수와 늪을 뚫고 남중국의 습지대를 정벌하는 황군 장병의 발을 괴롭히는 것은 중국 특유의 완고한 무좀이다. 총후의 마음을 보여 주려면 위문대에 이 무좀약을 넣어야 한다"라고 적었다.

무좀약 광고는 자기 약만 쓰면 곧바로 낳는다고 선전했지만, "신통한 약이 별로 없었다."[106] 약을 발라도 잘 낫지 않는 무좀에는 "담배 끓인 물이 좋다"[107] 또는 "치약을 바르면 낫는다"[108]라고 신문에서 소개했지만 큰 효과가 있었을까 싶다.

한말부터 서울의 효경孝經다리 '조고약집'이 유명했다. 종기가 난 사람은 '조고약집'을 찾았다. 조고약은 조씨 집안의 가전비약이었다. '조고약집'의 조근창은 종기가 생긴 환자가 찾아오면 곪은 상처를 째고 도려낸 다음 그 상처 부위에 조고약을 붙여 주었다.[109] 조근창이 한방 외과의로서 명성이 높았던 것도 이 고약을 사용했기 때문이었다.

조고약이 널리 알려지자 조근창의 아들 조인섭이 1913년에 천일약방을 세우고 매약 제조 허가를 받아 조고약을 전문적으로 팔기 시작했다. 다음 광고에 그 내용이 담겨 있다.

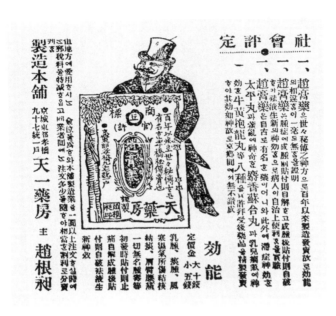

그림16 《매일신보》 1913년 8월 10일.

1913년 광고 수준에서는 꽤 앞선 광고술을 보여 준다. 콧수염을 기른 서양 사람이 조고약 상표를 들고 있다. 광고 문안에서는 "조고약이 대대로 비전祕傳되는 신비한 처방으로 백 년 동안 판매했기 때문에 효능이 대단함이 추호도 의심할 바가 없다"라고 했다.

이때 천일약방은 무역부와 건재부乾材部, 매약부를 두었는데 조고약은 매약부에서 만들었다. 조고약 판매점은 1928년에 전국에 1만 5000곳이 있었다.[110] 1933년부터 천일약방은 양약부까지 두어 병원의 주문에도 응했다. 1940년에는 천일약방은 "삼층 양옥에 직원 180명이 근무하는" 큰 회사가 되었다.[111]

매화 안에 '됴'라고 써넣은 조고약[12]은 처음부터 경쟁자가
없는 유명한 상표였다. 그런데도 조고약은 더 많은 수요를
창출하려고 광고에 힘을 쏟았다.[13] 조고약 광고를 모두 모아
보면, 세 가지 유형이 있음을 알 수 있다. 첫째, 다음 광고처럼
고약의 약효를 보여 주는 유형이다.

그림17 "종기면 꼭 붙여야 되는!!", 《동아일보》 1932년 4월 9일.

이 광고에서는 고약이 종기만이 아니라 여드름·
낙상·어깨결림·허리 아픈 데에도 효과가 있다고 한 것이
눈에 띈다.

둘째, 노인이나 한복 입은 사람을 등장시켜 한방의 이미지를 강조하는 유형이다.[14] 그림18이 그 보기다.

셋째, 양이 적기는 하지만 양복 입은 '근대인'이 등장하는 그림19와 같은 광고도 있다. 조고약이 근대에도 여전히 인기 있는 상품이라는 것을 보여 주려는 의도다.

그림18 "종기의 명약은?", 《동아일보》 1929년 10월 15일(권창규, 《인조인간 프로젝트– 근대 광고의 풍경》, 서해문집, 2020, 126쪽).

그림19 "환호와 인기의 중심", 《중외일보》 1928년 10월 1일.

털 적어도 고민,

많아도 걱정

양복을 입기 시작하고 남자 머리 모양도 유행을 타자, 탈모가 적잖은 고통을 주었던 듯싶다. 그 증거를 들자. 《동아일보》, 《조선일보》, 《조선중앙일보》 등의 신문은 의학 상담 코너를 두어 의학 지식을 대중에게 전파하는 통로를 만들었다. 그 가운데 《동아일보》의 '지상병원' 코너에서 독자가 상담한 질병을 빈도수에 따라 차례대로 적으면 다음과 같다. ① 신경쇠약 ② 임질 ③ 기생충 ④ 매독 ⑤ 치질 ⑥ 여드름 ⑦ 비염 ⑧ 탈모 ⑨ 중이염 ⑩ 소변 이상. '지상병원'에서는 대면 진료가 아닌 투고된 주관적 증상만을 대상으로 진단을 내렸기 때문에 실제 독자들이 경험한 질병의 빈도를 그대로 반영한 것은 아니다.[115] 어찌 되었든 고민 상담에서 탈모가 당당히 8위를 차지했다.

때때로 신문에서는 탈모에 관련된 기사를 다루었다. "유전성 탈모, 여러 가지 병을 앓고 난 다음의 탈모, 세균성 탈모, 나이 들어서 생기는 탈모, 신경성 탈모" 등 그 원인이 저마다 다르다는 해외 기사를 소개하기도 했다.[116] 사람들은 대머리를 이렇게 저렇게 짓궂게 놀려 대기도 했던 듯싶다. 만담가인 신불출이 내놓은 레코드 광고를 보자.

그림1 《동아일보》 1933년 2월 2일.

'폭소극, 익살맞은 대머리'라는 레코드는 이미 3만 매를
돌파했다고 적었다. 이 광고를 보면 반들반들한 대머리 위에서
사람이 스키를 탄다. 잡지 글에서도 "파리가 미끄러져서
죽었다"라는 등 대머리를 소재로 삼은 우스갯소리가 이따금
보인다. 이에 맞서 "문화의 정도는 독두禿頭(대머리)와
정비례한다"라는 반론도 있다.[7] 대머리가 많은 나라일수록
문화의 나라라는 뜻이다. 그림2는 대머리의 유형을 제시하며
'양모약養毛藥' 선전을 한다.

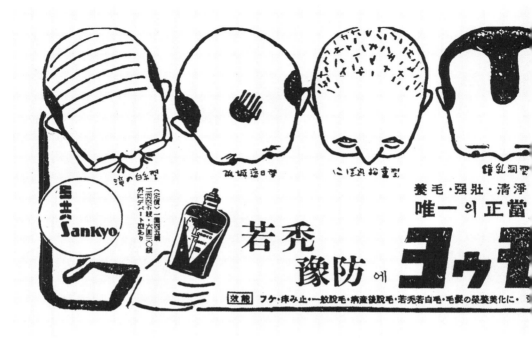

그림2 《매일신보》 1939년 3월 17일; 《경성일보》 1939년 3월 7일.

젊은이가 일찍 머리 빠지는 것을 예방하는 약이라고 했다. 이
광고는 차마 발모제라고는 주장하지 못했다, 유일한 '양모제'
즉 모발에 영양을 제공하여 대머리를 예방한다고 적었다. 이와
엇비슷한 그림3도 보자.

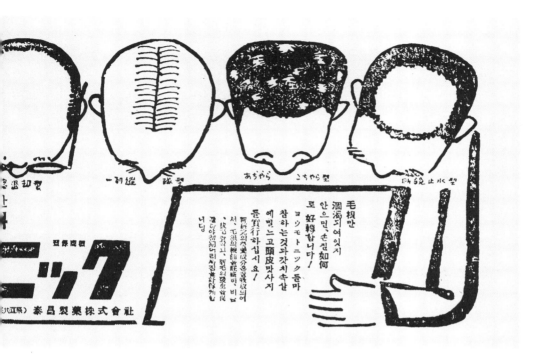

그림3 《경성일보》 1939년 2월 15일.

온갖 형태의 대머리가 모였다. 그들이
"'방독연맹防禿聯盟'을 결성하고 문서에
도장을 찍었다." 대머리를 한자로 쓰면
독두禿頭다. 따라서 '방독연맹'이란
대머리를 방지하는 연맹이라는 뜻이다.
'방독연맹'의 회의 탁자에 '양모제'가 있다.
이 양모제 회사는 오늘날에 견주어도
조금도 뒤지지 않는 광고를 선보였다.
다음 광고를 더 보자.

그림4 《경성일보》 1938년 1월 27일.

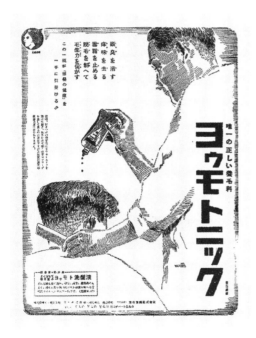

그림5 《경성일보》 1939년 7월 20일.

그림4는 "찬바람과 함께 사라지다"라고 헤드카피를 달았다. 무슨 영화 제목 같기도 하다. 한꺼번에 윗머리 전체가 공중으로 날아간다. 그림5에서는 이발소에서 머리를 깎은 뒤에 '양모제'를 뿌린다. 이 약은 "머릿내와 가려움을 없애고 비듬과 탈모를 막으며 머리카락이 자라는 힘을 촉진한다"라고 적었다.

'대머리 방지약'이라고 하면 남자가 모델이어야 어울릴
듯한데, 그림6은 여자를 내세웠다.
이 광고는 "대머리, 발모, 가려움, 비듬으로 고생하는
사람"에게 필요한 약이라고 했다. 여성의 부분 탈모, 또는
두피 관리에 필요한 약이라는 뜻일 것이다.

그림6 《경성일보》 1939년 7월 1일.

그림7 "발모 촉진, 탈모 방지", 《경성일보》 1926년 1월 19일.　　　그림8 '신발모제', 《경성일보》 1931년 1월 10일.

이와는 다르게 순전히 사람의 눈길을 끌기 위해 여성의 나체를 이용한 그림7·8과 같은
광고도 버젓이 신문에 실었다.

두 광고 모두 머리카락이 긴 여인을 나체로 등장시켰다. 이러한 일본 광고들은
식민지에서 '에로 문화'가 독버섯처럼 번지는 데 한몫을 했을 것이다.

양모제 또는 발모제 시장이 커지자 포마드나 샴푸 등 머리카락에 관련된 제품도 저마다
탈모 방지 또는 발모에 효과가 있다고 선전했다. 그 제품들은 탈모 방지 샴푸,[118] 발모
비타민 F 포마드,[119] 호르몬 발모제 포마드,[120] 모생 호르몬 포마드[121] 등으로 선전했다.
이런 발모제 또는 양모제는 얼마나 효과가 있었을까. 의학 상담 코너에서는 "모생약은
절대로 신뢰할 수 없다"라고 잘라 말했다.[122]

머리를 자주 감으면 대머리가 될까. 신문에서는 다음과 같이 말했다. "머리를 깨끗이
한다고 하루 한 번씩 머리를 감고 야단을 치지만 그것은 도리어 머리털이 벗어지기
쉬워서 재미가 적습니다. 일주일 동안에 두 번쯤만 씻어 두어도 머리를 긁을 때 비듬이
쏟아지거나 양복 어깨에 비듬이 쌓이거나 할 염려는 조금도 없을 것입니다."[123]

털은 없어도 고민, 많아도 걱정이었다. 그림9를 보자.

그림9 《조선일보》 1934년 5월 23일.

위 광고에서 보듯이 대체로 털이 없어서 고민하는 쪽은 남자였고, 털이 많아서 걱정하는
쪽은 여자였다. 그림10에서는 여성의 양장과 제모의 관계를 보여 준다.

그림10 '탈모제', 《경성일보》 1934년 8월 29일.

위의 광고는 여성이 양장하면 신체의 노출이 많아져서 제모해야 한다는 것을 그림으로
나타냈다. 여성에게 화장법을 일러 주는 기사에서도 "팔이 나오는 양장을 할 때는 꼭
겨드랑털을 뽑아서(탈모제 같은 것을 사용하여) 가루분을 칠해 둘 것"이라고 썼다.[124] 아주
이른 시기부터 여성용 제모제 광고가 있었지만, 양장과 해수욕 문화가 좀 더 퍼지는
1930년대에 탈모제 광고가 많아졌다. 다음 두 광고를 보자.

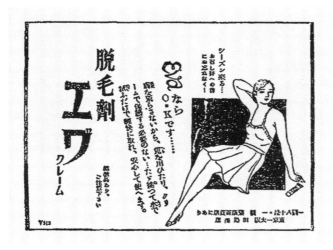

그림11 '탈모제', 《경성일보》 1934년 6월 22일.

그림12 '탈모제', 《경성일보》 1934년 7월 14일.

그림11은 양장 안에 받쳐 입는 속옷을 그렸고 그림12는 해수욕장의 여인을 그렸다. 두 광고 모두 겨드랑이에 초점을 맞추면서 노출하는 여성은 제모해야 한다고 강조했다. 특히 그림12에서는 "팔과 다리 등에서 필요 없는 털을 제거하여 부드럽고 빛나는 피부를 만드는 것이 모던 방식(Modern Way)"이라고 영어로 적었다. 영어로 적어 놓으니 더 '모던'해 보인다. 그리고 "맨살을 드러내는 여름! 탈모미의 세계적 유행을 창조하는 제품"이라고 헤드카피를 달았다. 건강미, 자연미, 화장미, 다리 예쁜 각선미, 허리 예쁜 요선미 등 온갖 '여성미'에 덧붙여 '탈모미'를 만들어 낸 상술이 참 알궂다.

겨드랑이
냄새,

액취증

말 만들기 좋아하는 사람들은 '체취미體臭美'라는 말도
만들었다.[125] '체취미'의 기준에서는 몸에서 나쁜 냄새가 나는
사람은 아름답지 않다. 오감 가운데 동물적인 감각이라고 낮게
평가했던 후각이 근대에 들어서면서 섬세하게 '발전'했다.
예전에는 친근했던 냄새들이 탈취해야 할 악취로 정의되기
시작한 것은 후각에 역사적인 해석이 가해졌다는 것을 뜻한다.
"후각도 근대적 맥락에서 새로운 의미를 획득하게 된다."[126]
'체취미'의 최대의 적은 '액취腋臭'였다. '액취'란 겨드랑에서
나는 고약한 냄새를 뜻한다. 다음 광고를 보자.

그림1 '액취', 《동아일보》 1934년 9월 28일

왼쪽 큰 글자로는 '취액'이라고 거꾸로 적었지만, 오른쪽
글에서는 "아무리 흉악한 액취증이라도 2~3차만 바르면
낫습니다"라고 바르게 썼다. 이 광고에서 '액취'를 '겻땀
내음새'라고 해설했다. 오늘날 맞춤법으로 고치면 '곁땀
냄새'다. 그림2·3은 '액취'라는 어려운 한자 대신에 '곁땀'을
전면에 내세워 좀 더 소비자에게 친근하게 다가가려 했다.

그림2 "곁땀의 악취", 《여성》 4권 9호, 1939년 9월, 27쪽.　　그림3 "곁땀의 악취", 《조선일보》 1934년 6월 21일.

왼쪽 광고에서는 곁땀의 악취와 땀 많이 나는 숙녀에게는 '여름 상비약'이라고 적었다.
오른쪽 광고는 "곁땀의 악취로 고민하는 여러분께"라고 헤드카피를 달았다. "이 약을
손가락 끝에 묻혀서 가볍게 문질러 바르면 단번에 땀과 냄새를 멈추게 한다"라고 적었다.
그러나 의사 말은 이와 달랐다. "겨드랑이에 액와선이라는 땀을 만들어 내는 기관이
있어서 사람에 따라서 나쁜 냄새 나는 땀을 내어 보내거나 냄새 안 나는 땀을 내어
보내는 것입니다. 그러므로 겉으로 아무리 약을 발라 봐야 액와선이라는 깊이 파묻힌
기관을 어떻게 할 수가 없습니다."[127] 또 다른 의사는 다음과 같이 말한다. "X광선이나
태양등과 같은 광선 치료가 유효합니다."[128]
그림4에서는 액취증을 암내라고 했다. 암내도 "겨드랑이에서 나는 고약한 냄새를
뜻한다.
남자도 곁땀 냄새가 났지만, 광고에서는 여자만을 겨냥했다. '암내'라는 말 때문일까.
어쨌든 삽화가 아닌 실제 여자 모델을 찍은 '암내' 방지약 광고도 있다.[129] 그 광고 문안은

그림4 '암내', 《동아일보》 1939년 7월 5일.

다음과 같다. "겨드랑이, 모가지, 이마 등에서 땀이 많아 나오면 의복이 더러워질 뿐만 아니라 남 보기에 추하고 또 불쾌합니다. 이 약을 바르면 땀이 나지 않고 암내를 방지하는 데 효력이 우수합니다."

잘
챙겨야
할
이목구비

'근대'의 눈, 싸우는 안약

흔히 근대는 시각 중심사회라고 한다. "모더니스트들은 시각을 빼앗겼다"라는 말은 역설적이다.[130] 볼거리가 많아서 아예 시각을 빼앗겼다는 뜻이다. 그림1의 '현대 학생의 눈'이라는 삽화는 "현대 학생들이 책 보랴, 영화 보랴, 여학생 보랴, 눈알이 몇 개 있어도 부족하다"라고 비꼬았다. 이 비아냥 속에는 '근대'의 눈은 피곤할 수밖에 없다는 뜻도 담겨 있다.

그림1 《별건곤》 3호, 1927년 1월, 109쪽.

"근대 생활은 가차 없이 눈을 혹사시킨다."[131] 어느 안약 광고 문안이다. 실제로 근시안이 되는 학생이 늘어 갔다. 총독부 학무국 조사에 따르면, 조선인 학생 가운데 근시안자가 소학교 15.3퍼센트, 중학교 18.5퍼센트, 전문학교 30퍼센트, 대학 41.9퍼센트였다.[132] 그리하여 피곤한 눈을 위해서는 영양제를 먹으라는 다음과 같은 광고가 뒤따랐다.

그림2 "눈은 영양의 창", 《경성일보》 1938년 2월 26일.

그림2에서는 "눈은 영양의 창"이므로 비타민이 부족하면
시력, 특히 밤눈이 약해진다고 했다. 밤에 책을 읽거나 일하는
사람들을 그렸다. 그러나 아무리 영양 상태가 좋다 하더라도
눈 위생에 소홀하면 눈병에 걸린다. 안약 광고는 다음처럼
여러 눈병을 자세하게 설명했다.

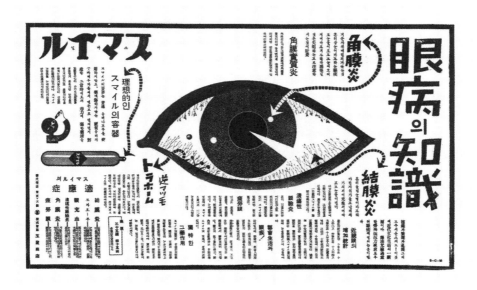

그림3 "눈병의 지식", 《조선일보》 1938년 8월 15일.

이 광고는 '눈병의 지식'을 전달하면서 '스마일' 눈약이 빼어난 '적응증'을 가지고 있다고 선전했다. 여러 눈병을 자세하게 설명했다. 그 가운데 중요한 눈병에 대해서는 화살표를 써서 병이 난 곳을 지적하고 증상을 그림으로 표현했다. 화살표를 따라가 보자. ① 각막염: 검은자위에 흰 티가 앉는 것. 흔히 '삼눈이'라고 하는 안질로 눈물이 흐르고 눈이 흐려지며 아프기도 하다. 심하면 실명하므로 주의하라. ② 결막염: 흔히 '돌림 눈병'이라고 하여 흰자위가 울고 난 뒤처럼 충혈되어 아프고 눈곱이 낀다. 이것은 전염성으로 눈병 가운데 가벼운 것이나, 그런 만큼 흔한 병이다. ③ トラホ—ム도라호무: 가장 위험한 전염력이 강한 안질이다. 처음에는 눈곱 끼는 것이나 아픈 것이 그리 대단치 않지만, 눈 껍질 속에 좁쌀알 같은 흉한 것이 돋는다. 내버려 두면 점점 더하여 검은자위에 침범하여 실명한다.

이 광고에서 말하는 '도라호무'는 흔히 '도라홈'이라고 했다. 신문에서는 "도라홈(Trachoma)의 어원은 희랍어의 '껄끄럽다'에서 비롯되었다"라고 적었다.[133] 도라홈에 대해서 그때 의사의 설명을 직접 들어 보자.

　　결막염의 일종으로 전염성 질병이다. 조선에서는 도라홈으로 알려져 있다. 약 340년 전에도 이에 대한 기록을 볼 수 있으니 마치 오랜 역사를 가진 병이다. 문명한 나라에서는 잘 걸리지 않는 '문명의 바로미터'다. 결막 자체(속 눈꺼풀)의 질환이다. 처음에는 그 증상을 알지 못한다. 처음에는 눈 안에 먼지 같은 것이 들어 있는 듯하고 조금 깔깔한 느낌이 든다. 눈곱이 끼고 눈을 자주 비비게 된다. 밝은 곳에서 눈을 뜨지 못하게 된다.[134]

도라홈은 "초등학교 학생이 많이 걸리는 일종의 '학교병'으로 15퍼센트 남짓이 걸렸다."[135] 신문에서는 초등학생이 도라홈에 걸린 증상을 어머니가 알아내는 법을 다음과 같이 적었다.

　　집에서 어머니가 간단히 '도라홈'이라고 알 수 있는 증세는 눈에 먼지가 들어간 것처럼 무엇이 떼굴떼굴 돌아다니는 것 같다고 어린이가 말하거든 벌써 도라홈이라 생각해서도 좋습니다. 이것은 결막에 좁쌀 같은 것이 났다는 증거입니다. 그대로 놔두면 청어알같이 되면서 점점 굵어지는 동시에 눈꺼풀이 부은 것처럼 됩니다.[136]

다음 광고는 도라홈의 위험을 강렬하게 경고한다.

그림4 《동아일보》 1922년 11월 15일.

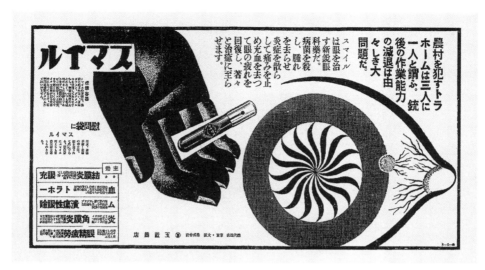

그림5 《경성일보》 1938년 11월 12일.

그림4는 눈에 확 띄는 도안을 사용해서 도라홈을 '등한히 하면
큰일'이라고 강조했다. 그림5는 농촌에는 세 명에 한 명 꼴로
도라홈이 있다면서 전쟁을 치르는 이때 '총후'의 작업 능력을
떨어뜨리는 것은 큰 문제라고 했다. 도라홈이 안구를 뚫고
침입하는 장면을 그려 두려움을 느끼게 했다.
눈약 광고에서는 굳이 눈병이 아니더라도 자주 안약을 써야
한다고 주장했다. "도시인이 야외 활동을 하면서 오랫동안
직사광선을 받으면 급성결막염을 일으킬 위험이 있다.
사무실에서 일하는 사람, 학생 등이 불완전한 조명 밑에서
일하는 것은 눈의 피로를 가져오고 신경쇠약이 되기 쉽다."[37]
이 때문에 소비자는 늘 안약을 준비해 두어야 한다고 했다.
'직사광선의 위험이 있는 야외 활동'을 소구로 삼은 광고를
잇달아 보자.

그림6 "봄 하이킹에 안약", 《조선일보》 1939년 5월 14일.

봄·가을의 하이킹, 여름의 해수욕, 겨울의 스키, 이때마다 "강한 자외선에서 눈을 보호해야 하니 안약을 들고 다녀야 한다"라는 메시지다. "산과 바다에서 눈에 해를 끼치는 것에 대비하라."[138] "여름의 태양은 강렬하다."[139] "눈(雪)의 반사는 바늘처럼 날카롭고 바람은 눈을 아프게 한다."[140] 여러 안약 광고에서 이런 헤드카피를 달았다.

그림7 "자외선의 화禍에 대비하라", 《경성일보》 1938년 1월 14일.

그림8 "여름이다. 눈을 보호하라", 《조선신문》 1934년 8월 12일.

그림9 《동아일보》 1940년 3월 20일.

중일전쟁 뒤부터 안약 광고는 전쟁 이데올로기를 전파하는 일에 적극 참여했다. 먼저 그림9부터 보자.

책 읽는 학생, 타자 치는 '직업여성', 망치를 든 '근로자'가 커다란 눈동자에 박혀 있다. 광고는 "총후를 총동원하는 이때 눈을 건전하게 유지해야 한다"라고 적었다. 무엇을 위한 '건전한 눈'인가.

그림10 《매일신보》 1942년 5월 7일. **그림11** 《매일신보》 1942년 2월 20일.

그림10을 보자. '건전한 눈'이 매섭다. 지금 전쟁하고 있으니 "총후의 국민은 건전한 눈으로 완전한 능률을 내어 증산을 거듭해야 한다"라고 적었다. '건전한 눈'을 부릅뜨고 '생산전生産戰'에 적극 참여해야 한다는 메시지다. 이 밖에도 "명쾌한 시력은 능률을 증진한다"[141]라면서 시력을 보호하여 능률을 높이라고도 했다. 그림11은 '방공防空' 폭탄과 안약을 빗대어 견주었다. '건전한 눈'을 가져야만 적기가 침투하는 하늘을 잘 보아서 '방공'할 수 있다는 뜻이다.

"산업인의 눈이 피로하기 쉽다!",[142] "산업인의 눈을 보호하라",[143] "근로하는 여성은 눈의 피로에 주의",[144] "눈을 과로하는 사람들에게!"[145]와 같은 헤드카피를 내건 안약 광고가 잇달았다. 힘껏 일하는 '산업전사' 모습을 거기에 그려 넣었다. 이런 광고는 '생산전'을 위한 프로파간다 역할을 충실하게 한 셈이다.

전쟁에서 눈은 중요했다. 일제는 "눈은 문명의 어머니다. 또한, 전쟁 때에는 적을 정찰하고 전투를 치를 때, 또는 생산 확충에서 가장 필요한 무기다. 그러므로 이 눈을 잘 보호해야 한다"라고 했다.[146] 일제는 1939년부터 '눈의 기념일'을 만들어 '눈 보호' 이벤트를 했다.[147] 태평양전쟁 뒤인 1942년에 눈의 기념일 행사를 가장 크게 했다. 그 무렵에 나온 다음과 같은 안약 광고는 전쟁 분위기가 물씬 풍긴다.

그림12 "눈과 병정", 《경성일보》 1938년 12월 3일.

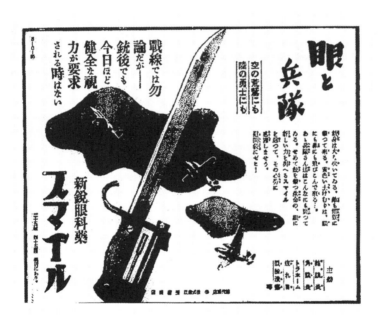

그림13 "눈과 병정", 《경성일보》 1939년 2월 8일.

두 광고 모두 '눈과 병정'이라고 헤드카피를 달았다. 그러나 딱히 군인만을 겨냥한 광고는 아니었다. "전선에서는 말할 것도 없지만, 총후에서도 지금처럼 건전한 시력을 요구한 적은 없었다"라는 광고 문안을 적었다. 다음 광고에서는 히틀러가 등장한다.

그림14 《경성일보》 1939년 6월 13일.

히틀러 입에서 "눈을 보호하라!"라는 명령이 쏟아져 나온다.

멍청해지는 콧병,

콧병 옆의 귓병

많은 사람에게 큰 감동을 주었던 박완서 자전 소설 《그 많던 싱아는 누가 다 먹었을까》는 첫 문장을 다음과 같이 시작한다.

> 늘 코를 흘리고 다녔다. 콧물이 아니라 누렇고 차진 코여서 훌쩍거려도 잘 들어가지 않았다. 나만 아니라 그때 아이들은 다들 그랬다. 어른들이 아이들을 싸잡아서 코흘리개라고 부른 것만 봐도 알 수가 있다.[148]

'코흘리개'들은 모두 콧병에 걸렸던 것일까. 알 수 없다. 설령 '코흘리개'들이 콧병에 걸렸다손 치더라도 콧병을 대수롭지 않게 여겼다. 그러나 그 무렵 축농증은 흔하고 고치기 어려웠던 대표적인 이비인후과 질병이었다.[149] 신문에서는 "코는 우리의 신체 밖으로부터 내부로 들어가는 병마의 통로"[150]이기 때문에, 콧병에 신경을 써야 한다고 했다. 또한 "성적 나쁜 아이는 대개 코에 병이 있다"라는 식의 기사를 썼다.[151] 콧병약 광고에서도 이러한 내용은 자주 되풀이했다.

그림1 "죄는 코에 있다", 《조선신문》 1930년 4월 7일.

위 광고 문안을 요약하면 다음과 같다 "학교를 좋아하여
열심히 다니는데, 어째서 성적이 나쁠까. 코와 뇌는 밀접한
관계가 있다는 것은 이미 상식이 되었다. 콧병을 내버려
두어서 뇌를 나쁘게 하는 일이 많다." 이 광고는 성적이
나쁜 죄는 코에 있다고 결론지었다. 그 밖에도 "공부 능률을
올리려면 콧병약을 써야 한다."[152] "코를 개조해서 능률을
증진하라."[153] 이런 광고가 잇달았다. "두뇌가 나쁜 분은
콧병에 주의하라."[154] 이 광고에 이르면 절로 웃음이 나온다.

그림2 광고 부분, 《매일신보》 1941년 2월 27일.

그림3 광고 부분, 《매일신보》 1942년 5월 12일.

콧병을 내버려 두면 머리가 나빠진다는 것을 '증명'하기 위해
코를 꿰뚫은 '야만인'을 모델로 내세우기도 했다.
위의 두 광고 모두 콧병을 그냥 두면 두뇌를 망쳐서 '바보'가
된다고 했다. 왼쪽 광고는 "조선 사람 가운데 3분의 1은
콧병을 앓고 있다"라고 주장했다. 그리고 "소처럼 코를 꿰는
토인종은 전부 바보"인 것만 보아도 코와 뇌의 관계를 알
수 있다. 따라서 콧병을 빨리 고치라고 했다. 오른쪽 광고는
"사진과 같이 코를 꿰는 인종은 문명사회에서 낙오자인 것을
볼 때 콧병을 내버려 두어서는 안 된다"라고 했다.
콧병에 걸리면 머리가 나빠지고 인생의 낙오자가 된다는 것은
콧병약 광고의 주요한 소구였다. 다음 광고를 보자.

그림4 《조선일보》 1935년 8월 2일.

위의 광고는 콧병이 걸리면 학교
성적이 나쁘고 그에 따라 '사회적
열패자劣敗者'가 된다는 내용이다.
콧병을 곧바로 치료한 학생의 미래와
그렇지 않은 학생의 미래를 비교했다.
그림5는 전시기를 반영하여 "출세를
방해하는 콧병을 폭격하라!"라는
헤드카피를 달았다. 루스벨트, 처칠,
장개석이 폭격을 받고 있다.
신문 기사에서는 콧병에 걸리면
머리가 나빠질 뿐만 아니라
신경쇠약에 걸리기 쉽다고 했다.[155]
콧병약 광고는 '신경쇠약'도 적극
활용했다. 그림6이 그 보기다.

그림5 《신시대》 2권 4호, 1942년 4월.

그림6 《조선일보》 1925년 11월 27일.

'뇌비액'은 그 약 이름에서부터 뇌와 콧병의 관계를 강조했다. 이 광고는 '뇌병'이나 '신경쇠약'을 뿌리 뽑으려면 콧병을 치료해야 한다고 했다. '신경쇠약' 이미지가 눈길을 끈다. 그림7도 콧병과 신경쇠약의 관계를 그렸다. 이 광고는 코의 구조를 보여 주고 뇌로 연결된 가느다란 신경망을 촘촘하게 그렸다. 이러한 코에 대한 해부학적 시선은 그림8처럼 '이비약耳鼻藥' 광고에도 활용했다.

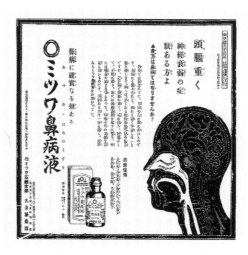

그림7 《조선신문》 1930년 4월 2일.

그림8 '콧병과 귓병' 광고 부분, 《조선일보》 1938년 4월 13일.

콧병약 광고는 매우 많았지만, 이상하게도 귓병약 광고는 찾아보기 힘들다. 귓병약은 그림9에서 보듯이 콧병약과 연관해서만 등장한다.

이 약은 면봉에 묻혀서 귀나
코에 바르라고 했다.[156]

그림9 《경성일보》 1925년 1월 29일.

치통을 다스리는 약,

광고 속의 치과

선교사들의 보고에 따르면, 한국인은 치아가 건강했다고 한다. 한국인의 전통적인 식사법과 조리법은 치아 건강에 매우 유리하고, 굵은 소금으로 치아를 관리해서 살균 효과와 함께 치석 침착을 방지했기 때문이다. 그러나 일제강점기 경성 사람들은 치아 질환(34.6퍼센트), 이비인후 질환(25.3퍼센트), 외과 질환(17.3퍼센트), 소화기 질환(14.0퍼센트) 순으로 고통을 받았다. 남녀노소 할 것 없이 충치(치아우식증)가 많았다. 20세기 한국인의 치아 건강이 위협받게 된 것은 개항 뒤의 설탕 유입과 보급에 따른 필연적인 결과였다.[157] 그 무렵 치과의사도 그 사실을 다음과 같이 지적했다.

> 음식물이 예부터 단조로워 별로 복잡한 가미를 넣어 요리하지 않는 습관으로 치아가 대개 튼튼하여 별로 치아 위생을 중요하게 보지 않았지만, 문명의 진운進運에 따라 음식물의 종류가 복잡해지고, 치아에 해가 될 당분糖分이 많은 과자류를 많이 먹은 관계로 근래에 와서는 치아 환자가 전인구의 50퍼센트를 차지하게 되고 또한, 치아 위생의 필요를 인정하게 되면서 치과의사가 속출하게 되었습니다.[158]

광고에서도 설탕과 충치의 관계를 그림1처럼 삽화로 설명했다.

그림1 광고 부분, 《동아일보》 1939년 6월 11일.

이 광고에서 도시의 아이들이 농촌 아이들보다 충치가 많은
것은 설탕 때문이라고 했다.

충치가 생기면 이가 아프다. 치통이 얼마나 아픈지, 앓아 본
사람은 안다. "치통이란 이가 닳고 떨어져서 신경이 밖으로
나오거나 겉으로는 아무렇지 않지만, 속이 곪아서 생기는
신경통이다. 이것은 차마 견디기 어려운 아픔이다. 이앓이
병이란 얼마나 고통스러운지 미운 사람이 있으면 "너도 이나
앓아라" 하고 욕을 한다.[159]

치통약은 이앓이의 고통을 이미지로 재현하는 광고 전략을
자주 썼다.

그림2 '치통', 《조선일보》 1940년 6월 15일.

그림3 《동아일보》 1931년 7월 22일.

이 광고에서처럼 "못 견디게 괴롭고 짜릿짜릿 아픈" 모습을
보여 주거나, "견디기 어렵고 지지리 아픈"[160] 모습 등을
삽화로 그린 광고가 이어졌다. 그러나 치통이라 해서 다 같은
치통이 아니다. 그림4를 보자.

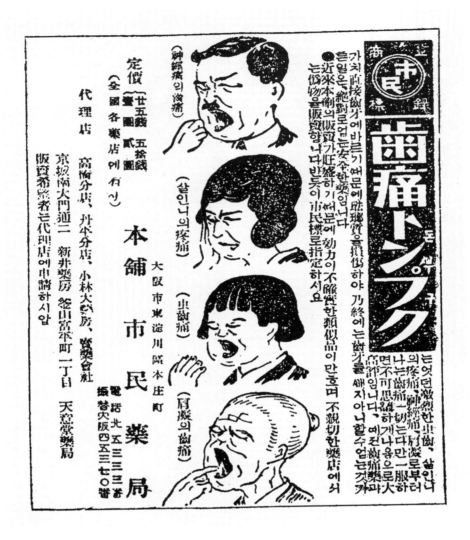

그림4 《동아일보》 1926년 6월 25일.

이 광고에 따르면, 신경통에서 비롯되는 치통 '살인니(사랑니)' 즉 어금니가 다 난 뒤
성년기에 맨 안쪽 끝에 새로 나는 작은 어금니 때문에 몹시 쑤시고 아픈 것, 충치에서
비롯되는 아픔, 어깨통에서 오는 치통 등이 있었다. 이러한 이앓이를 다스리는 약이 바로
그림5에서 보는 '치약'이다.

바르면 곧바로 낫는 '치약齒藥'이라고
했다. 그리고 '치약'이라는 단어 옆에 "이
아픈 데 바르는 약"이라고 설명했다.
오늘날의 치약과는 다르다. 이 닦을
때 쓰는 치약을 일제강점기에는
'치마齒磨'라고 했다는 것은 이미 앞에서
말했다.

이 책의 주제와는 조금 다르지만,
내친김에 초기 치과에 관련된 광고를
소개한다. 첫째, 그림6처럼 이와 잇몸을
크게 그리고 '이 해 박는 집'을 강조한 광고다.

그림5 《조선일보》 1926년 8월 19일.

그림7에서는 '입치入齒', 즉 이 해 넣는 것이 전문이라고 했다. 한국에서 '입치사'
또는 '치술사'는 치과의사가 배출되기 전까지 과도기적으로 근대의학을 수용한 치과
의료인이었다.[161]

둘째, 그림8처럼 '이 해 박는 집'이라는 용어를 전혀 쓰지 않고 '치술원'이라고만 적은
광고다.

그림6 《동아일보》 1923년 10월 9일.　　　　그림7 《청춘》 1호, 1914년 10월.

그림8에 비친 1920년대의
'치술원'은 초라하다.
그러나 그림9에서
1940년대 '치마齒磨' 광고
속의 치과는 오늘날과
비슷해 보인다.

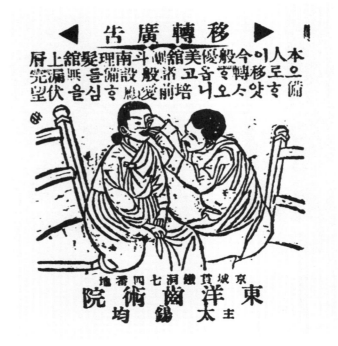

그림8 '치술원' 이전 광고, 《조선일보》 1920년 5월 20일.

그림9 "치과 질환 예방에", 《매일신보》 1941년 9월 20일.

전염병이 온다,

돌림병이 돈다

호열자 또는 콜레라

콜레라는 19세기 질병의 챔피언이었다. 아주 빠르게 전파되었고 치명률이 높았기 때문이다. 10년, 20년 동안 아무런 소식이 없다가 느닷없이 나타나 눈 깜짝할 사이에 온 세상을 휩쓸고 다시 어디론가 사라졌다.[162] 인도의 풍토병이었던 콜레라는 19세기에 들어서면서 세계로 퍼져나갔다. 교통수단이 발달하면서 교류가 활발해졌기 때문이다. 조선에서도 1821년에 처음으로 콜레라가 발병했다.[163] 인도의 갠지스강에서 시작하여 중국을 거쳐 조선에 들어왔다. 콜레라에 걸린 사람은 다리에서 경련이 일어나기 시작해 온몸이 비틀리고, 입으로는 모든 것을 토하고 설사는 멈추지 않는다. 심장이 약해지고 사지가 차갑게 식고 정신이 오락가락하다가 이윽고 숨을 거둔다.[164] 탈수증이 심하면 모세혈관이 파괴되어 피부색도 검고 푸르게 변했다.[165] 박경리가 쓴《토지》에서는 콜레라에 걸린 사람의 피부를 '푸르다 못해 잿빛'이라고 표현했다.[166] 20세기 이후에도 대부분 지역에서 콜레라 치사율은 50퍼센트가 넘었다.[167] 콜레라가 처음 침입했을 때 정체를 알 수 없는 낯선 병이라는 뜻에서 '괴질怪疾'이라고 불렀다. 민간에서는 '쥐통'이라고 했다. 이 병의 증상이 "쥐가 발을 물어 근육에 쥐가 오르는 것" 같다고 보았기 때문이다. 사람들은 '쥐귀신'을 막으려고 고양이 그림을 대문에 붙였다고 한다.[168] 다음 신문 기사는 처음 '쥐통'을 당했을 때 민간에서 어떻게 대응했는지를 잘 전해 준다.

옛날에도 '쥐통'이라는 병이 있었습니다. 이것은 지금 말로 하면 '호열자'인데 옛날에 이것이 한번 동네에 들어와 유행하기 시작만 하면 그 형세가 맹렬히 퍼져 그칠 줄 모르고 혹은 한 동네 혹은 한 마을을 모조리 쑥대밭으로 만들었다 합니다. 이때 사람들은 어떻게 막을 방도와 치료 방침을 몰랐으며 오직 미신적으로 바가지들을 긁고 앉아 쥐란 놈을 쫓는다고 해서 집집이 바가지를 긁노라고 잠을 자지 않았다고 합니다.[169]

콜레라는 괴질, 쥐통, 쥐병, 호열자, 호역 등으로 불렀다. 호열자虎列刺는 콜레라의 일본식 음역어로 "호랑이가 살점을 찢어 내는 것과 같이 고통스럽다"라는 뜻도 가지고 있다. "1900년을 앞뒤로 호열자가 콜레라를 대표하는 용어로 자리 잡으면서 민간의 대표적인 용어가 되었다."[170] 초기 중국에서 들어오던 호열자는 1876년 개항 이후에는 주로 일본에서 들어왔다. 호열자는 개항 이후 1879년 부산으로 유입되어 전국으로 퍼졌으며, 1895년에 이어 1902년, 1907년, 1909년, 1912년, 1916년에 발병했다. 콜레라는 1919년과 1920년에 대규모로 유행했다. '광복' 이듬해인 1946년에도 크게 유행했다.[171] 콜레라는 얼마만큼 피해를 주었을까. 자료마다 다르다. 경기도 위생과 의사가 쓴 다음 글은 꽤 믿을 만하다.

호열자라 하는 병은 소화기 전염병 가운데 제일 전염성이 강하고 그 증상도 극렬하여 일단 병에 걸리면 24시간에서 2~3일 안에 사망하고 그 사망률도 65퍼센트에 이르는 급성전염병이다. 이 호열자는 우리나라에 해마다 유행하는 것은 아니다. … 가장 유행이 심했던 때는 1916년, 1919년, 1920년인데 1916년에는 환자 2066명 가운데 사망자 1253명, 1919년에는 환자 1만 6915명 가운데 사망자 1만 533명, 1920년에는 환자 2만 4299명 가운데 사망자 1만 3568명이라는 비참한 일을 연출하였다.[172]

광고는 콜레라를 어떻게 반영했을까. 1916년 콜레라의 경우를
보자.

그림1 "호열자 예방", 《매일신보》 1916년 9월 28일.

콜레라는 전염력이 강하고 치사율이 높았다. 그 콜레라에
걸리면 어떻게 손을 쓸 수가 없었다. 예방하는 것 말고는 달리
길이 없었다. 위생 당국에서는 콜레라 예방을 위한 계몽을
했다. 1916년 9월에 콜레라 방역 '노상 강연회'가 열렸다.
강연자는 콜레라 예방을 위한 여러 행동 지침을 말했다.
신문에서는 그 내용을 "콜레라는 경계하되 무서워하지
말라"는 것으로 요약하면서 3면 전체를 콜레라 특집으로
꾸몄다. 바로 그 지면 하단에 그림1과 같은 '호열자 예방'
광고가 실려 있다. 광고주가 치밀하게 계산한 것으로 보인다.
광고 콘셉트가 돋보인다. 긴급히 전단지를 돌리는 모습을
그려서 많은 사람이 그 약을 하루라도 빨리 사 먹도록
유도하고 있다. 전단지에는 "살균력이 강대한 '오리무'를
식후마다 복용하여 호열자를 예방하시오"라고 적었다.
그림2도 보자.

그림2 "콜레라, 적리, 기타 악역惡疫", 《부산일보》 1916년 9월 10일.

이미 이 책 1장에서 현미경을 설명할 때 인용했던 광고를 콜레라에 초점을 맞추어 다시
해석해 보자. 이 광고는 1916년에 "콜레라와 '적리(이질)', 그 밖의 전염병이 곳곳에서
유행하고 있다"라고 했다. 그리고 이 약은 "살균력을 강력하게 하여 여러 감염병의
전염을 방지한다"라고 적었다. 약효를 '과학적'으로 뒷받침하려고 현미경으로 콜레라균을
보는 서양 의료과학자를 그려 넣었다.

1916년 콜레라 유행은 가정상비약이 필요하다는 인식을 퍼뜨리는 계기가 되었다.
"두렵고도 위태로운 호열자와 적리 등이 유행할 듯하면 효력이 있는 약을 각 가정에서
가정상비약으로 미리 갖추어야 한다"라는 기사가 신문에 실리기도 했다.[73]

1919년에 콜레라가 더욱 기승을 부렸다. 이것을 틈타 '인단' 광고가 활개를 쳤다. 그때의
'인단'이란 오늘날로 치면 '은단'이다. '은단'을 씹으면 화한 맛이 나서 입 냄새 제거제나
금연 보조제로 쓴다. 그러나 그때의 '인단'은 만병통치에 가까운 효능이 있다고 선전했다.
'인단'은 특정한 질병에 대한 치료제가 아니었기 때문에 오히려 모든 질병에 적용할 수
있다는 역설적인 논리를 폈다.[74] 그러한 '인단'이 콜레라를 놓칠 까닭이 없다. '인단'은
1919년 콜레라를 다음과 같이 상품 판매에 이용했다.

그림3 "경고, 호역虎疫 습래", 《경성일보》 1919년 9월 3일.

그림3에서는 원 안에 콜레라균을 그려 넣었다. "콜레라가
습격해 오고 있다. 시시각각으로 위급함이 닥쳐오고 있다.
위를 아주 튼튼하게 하고 살균력이 절대적인 '인단'을
준비하라고 했다. 그림4에서는 원 안에 콜레라 깃발을 든
도깨비가 '인단' 때문에 죽어 가는 모습을 그렸다. "콜레라를
예방하는 데는 위를 튼튼하게 하는 것과 살균력이 긴급한
문제다"라고 적었다. 이 광고 속의 사람들은 '인단' 앞에
무릎을 꿇었다. 약의 '신화', 또는 약에 대한 숭배다.

그림4 "콜레라 예방의 긴급문제",
《경성일보》 1919년 10월 2일.

그림5 "무서운 콜레라가 맹습",
《경성일보》 1920년 9월 14일.

그림5처럼 1920년에도 '인단'은 어김없이 콜레라를 광고의 소구로 삼았다.
이 광고에서는 무서운 콜레라가 맹렬하게 습격해서 매우 심하게 유행하고
있다고 했다. "가장 안전한 예방책으로는 무엇보다 위장을 강하게 하는
것이다. 튼튼한 위장은 곧바로 콜레라균을 박멸한다"라고 했다. 이와
엇비슷한 논리로 위장약을 호열자 예방약으로 선전하기도 했다.[175] 그림6처럼
파리약도 콜레라를 활용했다.

그림6 "콜레라 병을 매개하는 파리를 절멸하자", 《경성일보》 1920년 8월 12일.

"호열자 예방법은 음식을 모두 끓여 먹고 파리가 음식에 붙지 않게 주의하는
것"이었다.[176] 이 광고에서는 "콜레라 병을 매개하는 파리를 절멸시키자고
했다." 파리약 광고판을 짊어지고 파리를 죽이는 모습을 과장해서 그렸다.
1920년 이후에도 일부 지역에서 콜레라가 발병했다고 신문은 보도했다.
특히 1926년에는 규모가 컸다.[177] 이렇게 들려오는 콜레라 소식은 사람들을
긴장시켰을 것이다. "호열자가 돌 때는 마늘이 약이라고 해서 마늘 값이
올라갔다."[178] '인단'은 사람들의 불안 심리를 이용했다. 먼저 콜레라를
'호역'이라고 부르면서 삽화에 호랑이를 등장시킨 '인단' 광고를 보자.

그림7 "호역은 인단을 무서워한다", 《경성일보》 1921년 7월 28일.

위에서 보듯이 1921년 '인단' 광고부터 콜레라 광고에 호랑이가
등장한다. 그에 걸맞게 콜레라를 '호역'으로 적었다. 광고 문안에
"사람은 호역을 무서워하고 호역은 인단을 무서워한다"라고 썼다.[179]
그림8·9에서도 "호역에는 인단"이라면서 나자빠지는 호랑이나
도망가는 호랑이를 그렸다. 그림10은 콜레라와 '과학'에 대한
호기심을 결합했다.

그림8 "호역에 인단", 《동아일보》 1925년 10월 8일.

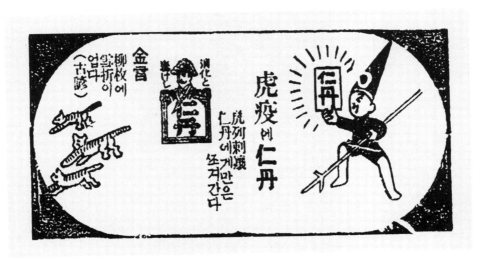

그림9 "호역에 인단, 호열자양 인단에게만은 쫓겨간다", 《동아일보》 1925년 10월 9일.

그림10 '살균광선', 《조선일보》 1924년 7월 15일; 《경성일보》 1924년 7월 16일.

이 광고에서는 '인단' 비행기에서 '살균광선'을 쏘아 콜레라 비행기와
장티푸스 비행기를 격추한다. 이 무렵 살인광선 무기를 발명했다는
기사가 신문에 실려 뭇사람의 호기심을 불러일으켰었다.[180]
이 광고(그림10)에 써넣은 '살균광선'이란 '살인광선'에서
따온 말이었다. "살균광선은 위장을 튼튼하게 하며 유행성
전염병을 전멸시킨다"라고 했다. 이 무렵 '인단'의 과장 광고는
그림11·12에서도 잘 드러난다.
"의사가 없을 때 '인단'만큼 효력 있는 약은 없다." 이 광고에
따르면, 몸져누운 사람이나 갑자기 쓰러진 사람도 '인단'이면 모두
낫는다.

그림11 《조선일보》 1924년 8월 15일.

그림12 "급한 병에 인단이 오면 곧 낫습니다", 《동아일보》 1925년 6월 24일.

1918년 인플루엔자와 마스크

인플루엔자는 상당히 오랫동안 존속해 왔다. 전파 속도가 빠르고 면역 기간이 짧으며 병원 바이러스가 불안정하다는 특징이 있다.[181] 인플루엔자는 "세상에서 가장 고약하지만, 가장 두려움을 덜 일으키는 살해자"였다.[182]

1918년에서 1919년에 걸쳐 미국과 유럽, 아프리카의 군대가 북부 프랑스에 집결했던 것이 화근이 되어 인플루엔자가 역사상 유례없는 규모로 유행했다. 발병 원인은 숙주인 인간에게 무서운 파괴력을 발휘하는 신종 바이러스였다. 유행은 전 세계로 퍼져 지구의 거의 모든 사람을 감염시켰다.[183] 제1차 세계대전에 휘말렸던 유럽의 다른 나라와는 달리 스페인에서는 이 독감을 크게 보도했다. 이 탓에 이 인플루엔자는 원산지와는 관계없이 '스페인 독감'이라는 별칭을 얻었다. 인플루엔자 때문에 죽은 사람을 2000만 명으로 추산하지만, 실제로는 3000만 명 또는 4000만 명에 다다랐을 것이다. 제1차 세계대전 4년 동안의 사망자 수는 1500만 명이었지만, 인플루엔자는 고작 6개월 만에 그 수의 2배에 이르는 사람을 죽였다. 흑사병조차도 그렇게 많은 사람을 빠르게 죽이지는 않았다.[184]

이 유행성 독감은 1918년 가을 중반에 조선을 습격했다. 처음에는 병세가 가볍고 전파 속도가 느렸지만, 겨울이 되면서 맹렬해졌다. "삼사일 동안을 시름시름 앓다가도 별안간 병세가 변하여 하루 사이에 그만 죽어 버리는 일이 많았다."[185] 총환자 수 758만 8000여 명에 사망자 14만 명에 이르렀다. 인구의 거의 과반수가 감염되었고 그 가운데 1.85퍼센트가 사망했다.[186] 일본에서도 45만 명이 희생되었다.[187]

이 독감에 대해 뜻밖에도 의약품 광고는 둔감했다. 그다지 눈에 띄는 광고가 없다. 다만 그림1은 전국에 '악성 감기'가 퍼지고 있음을 명확하게 보여 준다.

그림1 "악성 감기, 전 도에 만연, 주의 긴요", 《경성일보》 1919년 12월 30일.

"악성 감기가 전도에 만연한다. 반드시 주의"하라고
헤드카피를 달았다. "하늘에서 말하기를 감기 열에 가장 잘
듣는다"라고 어설프게 광고 문안을 썼다. 감기 열에 시달리며
머리를 감싸거나 누워 있는 일본 여성을 그렸다.
그림1이 주로 조선에 사는 일본 사람을 겨냥했다면 그림2는
조선 사람을 표적으로 삼았다.

그림2 "악성 감기 유행 경고!" '순기해열산',
《매일신보》1919년 12월 13일.

"지금 세계 인류를 죽음에 이르게 하려고 곳곳에 악성 감기가 다시금 습격해 온다"라면서 '순기해열산'을 준비하라고 했다. '순기해열산'이란 기氣를 순하게 하고 열을 풀어 준다는 뜻이다. 이 약 말고도 다른 한방 매약이 '유행성 독감약' 광고를 조그맣게 냈다.[188] 1918년 인플루엔자에 대한 특별한 치료제는 없었다. 모든 약이 해열제였을 테지만 마치 치료제인 것처럼 과장 광고를 했다.

1918년 인플루엔자와 관련하여 마스크의 역할을 지적하고 싶다.

1348~1349년의 흑사병 대유행 때 어떤 의사들은 자신들을 그 병으로부터 보호하려고 마스크와 가운을 고안했다. 하지만 그 복장은 야유와 풍자의 좋은 대상이 되었다. 1910~1911년 만주를 엄습했던 페스트 유행과 1918~1919년의 인플루엔자 대유행 때에는 마스크가 예방 효과를 톡톡히 입증했다.[189]

미국의 경우, "마스크를 착용하세요, 그러면 당신의 목숨을 구할 수 있습니다!"라고 홍보했다. 미국에서는 머리 뒤쪽으로 끈을 돌려 입과 코에 딱 맞게 조이는 수술용 마스크의 착용은 일상이 되었다. 특히 의료계에서는 1918년 인플루엔자가 처음 발병했을 때부터 계속 마스크를 썼다.[190]

1918~1919년 인플루엔자 대유행 때 일본에서도 일반 사람들에게 마스크를 쓰라고 권장했다. 그림3의 일본 포스터는 그때 상황을 보여 준다.

일본 전차 안에서 한 사람이 마스크를 쓰지 않은 채 입을
벌리고 있다. 그의 주위엔 세균이 우글우글하다. 포스터
상단에는 "무서운 유행성 독감의 세균!"이라고 적었다. 포스터
하단에는 "마스크를 쓰지 않는 것은 목숨을 거는 짓!"이라고
적었다.

식민지 조선에서도 마스크를 썼을까. 이 땅에서도 1919년이
되면 마스크가 등장했다. 유행성 독감 이전의 전염병은
콜레라처럼 대부분 수용성, 곧 물이나 음식물로 전염되었기
때문에 마스크가 필요하지 않았다. 국내 신문 가운데
《매일신보》가 1919년에
처음으로 예방을 위해 양치질과
마스크 착용을 권했다.
마스크를 '호흡 보호기'라고
했다.[191] 실제로 그 무렵 이
땅에서 마스크를 쓴 사람이
있었을까. 신문에서는 "악성
감기를 예방하고자 입을 막은
병정들"의 사진을 실었다.[192]
1919년의 삽화(그림4)에서도
마스크를 쓴 사람이 나온다.

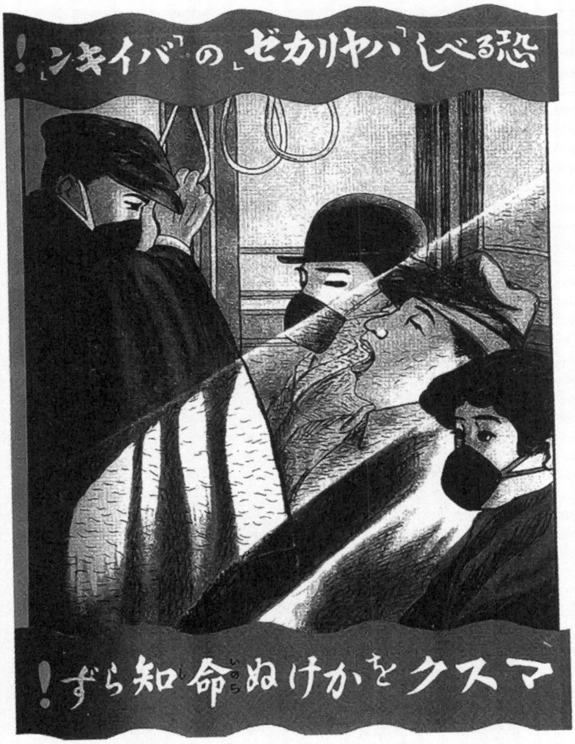

그림3 内務省衛生局, 《流行性感冒: 〈スペイン風邪〉大流行の記録》, 平凡社,
2008(=1922), 159쪽.

시절만화

입코덮기

선사물품사가지고가기에분주혼ㅣ엄코덮기라ㅣ덕악감예방용의「마스크」션문에숨이더헐떡헐떡

그림4 "입 코 덮개",《매일신보》1919년 12월 26일.

연말을 맞이하여 "선물을 사서 가기에도 바쁜데 '악감(악성 감기)' 예방용 '마스크' 때문에 숨이 더 헐떡헐떡한다"라고 적었다. 이 삽화에서는 마스크를 '입 코 덮개'라고 했다. 그러나 일본보다는 마스크를 쓰는 사람이 훨씬 적었다. 일본에서는 일반에게 싼값으로 마스크를 제공하려고 힘을 기울였지만, 식민지 조선의 총독부와 경무 총감부에서 그다지 신경을 쓰지 않았기 때문이다.[193] 약 광고에서 마스크가 등장하는 것은 한참 뒤의 일이다.

1916년의 콜레라, 1918~1919년의 '악성 감기', 1919~1920년의 콜레라, 1920년 봄부터 발생한 두창(천연두). 이렇게 전염병이 잇달아 습격하니 사람들은 불안했을 것이다. 이 불안한 심리를 노린 광고도 등장했다.

그림5 "불안 소멸", 《경성일보》 1921년 8월 25일.

'불안 소멸'이라고 헤드카피를 달았다. 잔뜩 겁먹고
불안해하면서 약을 먹고 있다. 그림부터가 공포 마케팅이다.
"전염병이 도는 지금" 위장병의 특효약이자 질병 예방에
이상적인 약인 자기 제품을 사서 먹으라고 했다.

'염병'할 장티푸스

장티푸스腸typhus는 "한국 전염병의 왕좌를 차지하는 전염병"이었다. 장티푸스는 일제강점기 동안 거의 해마다 유행해서 '상재병常在病'과 같다는 평가를 받았다.[194] 장티푸스란 티푸스균이 장에 들어가 일으키는 전염병이란 뜻으로, '장'과 '티푸스'를 합친 말이다. 장티푸스의 음역어는 '장질부사腸窒扶斯'다.

장티푸스는 발열과 복통·구토·설사 또는 변비 등의 다양한 증상을 보이는 전신 질환이다. 거의 모든 환자가 열이 나기 때문에 상한傷寒, 열병, 염병으로 불렀다. '염병'이라는 말은 "염병에 걸려라!", "염병할 놈", "염병에 땀을 못 낼 놈" 등 남에게 욕을 할 때 썼다.[195] 장티푸스는 불결한 위생환경에서 비롯되는 수인성 질환으로 "문명에 반비례하는 병"이었다.[196] 그때 의사들은 장티푸스가 "사시사철 늘 유행할 수 있지만 주로 8월~10월까지 여름철에 많이 생긴다"라고 진단했다.[197] 장티푸스는 여름철 전염병의 왕자였다.[198] 따라서 장티푸스와 관련된 광고도 여름에 집중되었다. 먼저 '입안 살균제'인 '인단'과 '가오루'가 장티푸스를 어떻게 마케팅에 활용했는지를 보자.

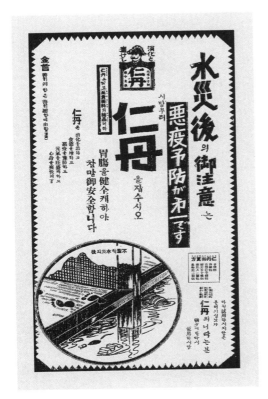

그림1 "수재 뒤에 주의", 《조선일보》 1923년 8월 20일.　　그림2 "3인의 마녀", 《조선일보》 1923년 9월 11일.

왼쪽 광고는 수재水災 뒤끝을 조심하라고 했다. 물난리로 위생이 나빠진 것을 그려서
수인성 전염병인 장티푸스 등을 경고했다. 오른쪽 광고에서는 '인단'을 가진 사람은
"제1마녀: 장티푸스, 제2마녀: 이질, 제3마녀: 호열자"와 영원히 이별한다고 했다.
'마녀'들이 울고 있다. '인단'의 경쟁 제품인 '가오루'는 장티푸스를 직접 겨냥했다.

그림3 구중口中살균제 '가오루' 전면광고, 《조선일보》 1931년 7월 7일.

이 광고에서는 장티푸스가 아닌 장질부사로 적었다. "무서운
장질부사균은 반드시 입으로 들어오니 이 약 두세 알을 입에
머금어 입속 병균을 살균"하라고 했다. '위장을 건강하게 하는
인단'이나 '구중口中 살균제 가오루'가 장티푸스 예방에 큰
효과가 있었을지 의심스럽다.

 1910년대 말부터 장티푸스 예방주사를 시행하고 있었다.
예방주사는 여러 가지 문제점이 있어서 이를 대체할 수 있는
내복약 제조를 시도했다. 마침내 1932년부터 예방 내복약을
제조하기 시작했다.[199] 바로 그해에 그림4·5와 같은 장티푸스
내복약 광고가 쏟아졌다.

그림4 장티푸스 예방약 '비리와구진', 《경성일보》 1932년 7월 22일.

그림5 장티푸스 예방약 '비리와구진', 《경성일보》 1932년 7월 6일; 《조선신문》 1932년 7월 9일.

두 광고 모두 "마셔서 장티푸스를 예방할 수 있다"라고 했다. 중국에서 장티푸스가
침입하여 유행하고 있다는 것을 한반도가 '마귀'의 손아귀에 들어간 것으로 묘사했다.
다른 광고에서는 '비리와구진'이 '경구經口 면역시대'를 열었다고 선전했다.[200] 또한,
세계에서 내복 예방제의 시조始祖로서 한 번 마시면 1년 동안 장티푸스에 걸리지
않는다고 했다.[201] 예방주사가 완전히 면역력을 생성시키는지 의문이었지만,[202] 내복약의
효과도 모든 사람을 다 만족하게 하지는 못했다. "내복약의 효과는 주사보다 열등하므로
나는 추천하고 싶지 않다"라는 기사도 있다.[203]
장티푸스를 근본적으로 예방하려면 상하수도 설비를 개선해야만 했다. 장티푸스는 주로
물을 통해 전파되었기 때문이다. 그러나 조선에서 깨끗한 물을 공급하기 위한 상수도
부설은 늘 예산의 벽에 부딪혔다. 일제의 전염병 예방대책은 비용이 덜 들고 즉각 효과를
볼 수 있는 예방접종에 집중되어 갔다.[204]

닥쳐온, '문명병',

백색
페스트,

결핵

결핵은 하이델베르크에서 발견된 기원전 5000년 선사시대 사람의 뼈에 그 흔적이 남아 있을 만큼 오래된 질병 가운데 하나다. 결핵이 사회문제가 되기 시작한 것은 19세기 산업화와 관련이 있다. 도시화·집단화 속에서 결핵이 널리 퍼졌다. 지나친 노동, 불결한 주거, 부적절한 음식물, 갖가지 스트레스가 결핵이 유행할 조건을 제공했다. "폐결핵은 노동의 과로로 피곤하거나, 또는 영양이 부족하면 걸리기 쉽고 한번 걸리면 쉽게 낫지 아니한다."[205] 다음 광고는 산업화와 폐결핵의 관계를 보여 준다.

그림1 "결핵균을 절멸하는 네오스 A", 《조선일보》 1939년 10월 13일.

이 광고는 공장지대에서 호흡기병과 결핵이 다른 곳보다 더 많이 발생했던 현실을 반영한다.[206] 이 약은 결핵균을 절멸시킨다고 광고했지만, 사실은 비타민이었다. 이 약은 "과격한 일 때문에 피로한 몸을 튼튼하게 만들고 산뜻한 정신을 갖게" 하는 보조제에 지나지 않았다. 일제강점기 내내 뚜렷한 결핵 치료제는 없었다.

한반도에서도 적어도 기원전 1세기~0세기 사이에 결핵이 시작되었을 것으로 추정된다.[207] 결핵에 해당하는 말로 '폐병', '부족증', '뇌점충병'이라는 용어를 썼지만, 1900년 무렵부터 일본 의학용어인 결핵結核이라는 단어를 쓰기 시작했다.[208]

중세기에 페스트가 온몸을 검푸르게 변하게 하면서 죽음에 이르게 한다고 하여 흑사병黑死病이라 불렸던 것에 빗대어 19세기의 결핵은 '백색 페스트'라는 별칭을 얻었다. 20세기 결핵은 더욱 무서웠다. 주요 사망 원인으로 결핵이 1위 또는 2위를 차지했기 때문이다.

결핵의 원인균인 결핵균은 1882년 코흐가 발견했다. 코흐는 미생물학의 황금기였던 19세기 후반에 발견한 최대의 걸작일지도 모를 성과를 1882년 3월 24일 베를린에서 개최한 의학학회에서 발표했다. 그 뒤 3월 24일은 '세계 결핵의 날(결핵 예방의 날)'로 지정되어 해마다 폐결핵에 대한 경각심을 일깨우고 있다. 여전히 전 세계 많은 지역에서 유행성 전염병인 결핵과 맞서 싸우고 있다.[209]

결핵균은 공기를 타고 감염되며, 환자와 접촉하거나 태내에서도 감염이 된다. 결핵에 걸리면 미열과 기침, 가래가 있다. 잠잘 때 식은땀이 흐르고 체중이 줄며 피로, 식욕부진, 호흡곤란, 객혈 등의 증상이 있다.[210] 다음 광고(그림2)는 그러한 결핵의 증상과 위험 요소를 지적했다.

그림2에서는 "식욕감퇴, 미열과 식은땀, 신체의 쇠약", 이 세 가지가 결핵 환자의 적이라고 했다.

일제강점기에 결핵은 다른 전염병보다 위험했다. 쉽게 전파되고 뚜렷한 치료제가 없었기 때문이다. 결핵 치료 방법이 마련되지 않았기에 예방은 그만큼 더 중요했다. 조선총독부가 결핵에 대해 맨 처음 시행한 대책도 바로 '예방책'이었다. 1918년 '폐결핵 예방에 관한 건'이라는 법령에서는 학교, 병원, 극장 등 사람이 많이 모이는 곳에 '타호唾壺', 다시 말하면 가래나 침을 뱉는 그릇을 둘 것, '타호'에는 소독약이나 물을 넣어 둘 것 등이 주요 내용이었다. 그러나 전염의 매개체로 여겼던 가래를 규제했던 이 법령은 전혀 효과를 거두지 못했다.

그림2 "결핵 환자의 3대의 적", 《경성일보》 1939년 8월 30일.

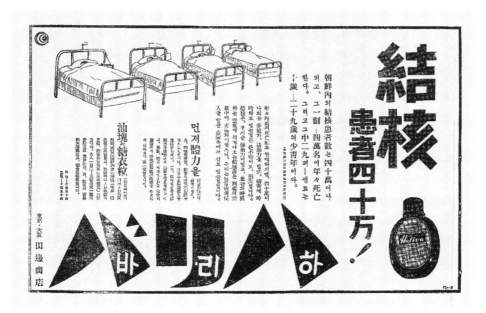

그림3 "결핵 환자 40만", 《매일신보》 1941년 5월 30일.

1930년대부터 관이나 언론에서는 대체로 40만 명의 결핵
환자가 있고, 연간 4만 명이 사망하는 것으로 추정하고
있었다.[211] 그림3은 그 내용을 반영했다.

이 광고 문안에는 "조선 내의 결핵 환자 수는 40만이나
되고, 그 1할, 4만 명이 연년 사망한다. 그리고 그 가운데
29퍼센트는 10~29세의 소청년少靑年이다. (결핵예방협회 조선
지방 발표)"라고 적혀 있다. 그러나 다음 광고(그림4)는 결핵 환자
수에서 크게 차이가 난다.

그림4 광고 문안에는 "결핵병은 해마다 만연되어 현재
전국적인 통계를 보면 환자 150만이라는 실로 두려운 현상을
보인다"라고 적었다. 이 광고 헤드카피에 적힌 "무서운
결핵병 환자 백만 이상"은 일본의 경우일 것이다. "일본에서는
한 해에 결핵 사망자 수가 약 13만 명이며 환자 수가 백
수십만이었다"[212] 아니면, "조선에서 40만 명이니 50만
명이니 하지만, 실제로는 그 수효보다도 훨씬 많아서 백만
명이 될는지도 모른다"[213]라는 식의 추정치일 수도 있겠다.
그림3·4 모두 결핵 치료제가 아닌 '결핵 예방약'이었다.
그림3 광고는 청년기 남녀가 결핵에 많이 걸렸다는 사실과
'결핵예방협회'라는 중요한 정보를 전해 준다. 왜 청년기에
결핵에 잘 걸릴까. 신문 기사에서는 "청년기가 육체적
생리적으로 큰 변화가 있는 때로 체력이 크게 소모되고
신경계통이 과민하고 과로 탓"이라고 했다.[214] "청년학도의
사망 원인 가운데 40퍼센트가 폐결핵 때문이다"라는 신문
기사도 있다.[215]

그림4 "무서운 결핵병 환자 100만 이상", 《조선일보》 1939년 11월 16일.

그림5 "결핵 예방과 위장병", 《매일신보》 1939년 11월 8일.

이 광고(그림5)에서는 방독면을 쓴 사람을 모델로 그렸다. '방공훈련' 때는 썼겠지만,
늘 이렇게 방독면을 쓰고 살 수는 없다. 광고에서는 다음과 같이 적었다. "현재의
사회생활에서 결핵균의 오염을 완전히 방지하기는 불가능하다. 그렇다면 결핵 예방의
핵심은 저항력의 증강에 의한 발병 방지가 아니면 안 된다." 이렇게 주장하면서 자신의
제품이 위장약이지만 결핵 예방에도 효과가 있다고 주장했다. 이 광고 도표에 나오는
1936년 나이별 결핵 사망자 수에서는 15~29세 사이의 남녀가 매우 높은 비중을
차지하고 있다.

이제 그림3 광고에 등장하는 '결핵예방협회'를 좀 더 자세하게 살펴보자. 총독부가
주도하여 1936년에 '조선결핵예방협회'를 창설했다. 총독부의 태도 변화는 일본 국내
정책과 맞닿아 있었다. 1936년 일본 내무성에서는 '결핵예방국민운동진흥'을 위한
계획을 세웠다.[216] 이에 따라 일본에서는 해마다 '결핵예방국민운동 진흥주간'을 두어서
대규모 선전 활동을 했다.[217] 일본과 마찬가지로 1936년 조선에서도 '무서운 망국병'인
결핵을 예방하는 선전을 시작했다. '결핵예방협회'는 각 지역에 지부를 두고 해마다
열리는 결핵 예방주간 때 홍보 활동을 했다. 보기를 들면, '결핵 예방 7칙'을 인쇄해서
배포했다. 그 내용은 ① 일광욕을 하라 ② 대기에 친근하게 ③ 기분은 명랑하게 ④
운동은 적당하게 ⑤ 주거는 명랑하고 청결하게 ⑥ 수면은 충분하게 ⑦ 조기에 진단

조기에 치료였다.[218] 그동안 별다른 대응을 하지 않았던 조선총독부가 1930년대 들어
결핵에 신경을 쓰기 시작했다. 결핵 환자가 빠르게 늘었기 때문이기도 했지만, 무엇보다
국민의 체력을 유지하여 전쟁을 원활하게 치르려는 뜻이 컸다.[219] 그러나 조선총독부는
'결핵 예방 데이' 등 계몽과 홍보 활동을 하는 것 말고 적극적인 조치를 하지 못했다.[220]
'결핵예방협회'가 했던 관제 홍보보다 어쩌면 상업적인 '결핵약' 광고가 더 대중에게
영향력이 컸을지도 모른다. 허파를 시각화하고 결핵을 이미지로 전달하는 의약품 광고가 그 보기다.

그림6 《조선일보》 1938년 9월 12일.

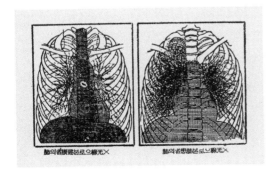

그림7 "X광선으로 본 폐" 광고 부분, 《동아일보》 1934년 6월 3일.

그림6에서는 처음으로 결핵균이 침입하는 과정부터 병이 퍼지는 과정을 그림으로 그렸다. 늘 그렇듯이 현미경을 보는 의료과학자는 세균설에 따라 '과학적' 약효를 돋보이게 하는 역할을 한다. 그림7에서는 "X광선으로 본 건강한 사람의 폐(왼쪽)와 폐환자의 폐(오른쪽)를 비교했다. 결핵에 대한 유력한 대책으로 떠오른 것은 결핵 요양소 건립이었다. 요양소는 환자를 격리하여 전염의 우려를 차단할 수 있을 뿐 아니라 신체 저항력을 높여 자연 치료를 할 수 있다는 점에서 많은 사람의 관심을 끌고 있었다.[221] 광고에 나타난 요양의 모습을 살펴보자.

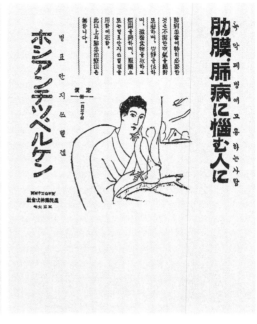

그림8 《조선일보》 1936년 7월 29일.　　　　　　　그림9 《조선일보》 1924년 7월 15일(권창규, 《상품의 시대》,
　　　　　　　　　　　　　　　　　　　　　　　민음사, 2014, 196쪽).

그림8에서 '결핵성 체질자'는 아주 한적하고 아름다운 곳에서 요양하면서 '보혈강장제'로
영양을 보충해야 한다는 메시지를 전달한다. 그림9에서는 폐병에 걸린 '창백한
미남'이 편안하게 요양하는 모습을 그렸다. 그런데 환자가 담배를 피우는 것이 참
이상하다. "담배는 폐결핵 환자에게 해로우니 끊어야 한다"[222]라는 것은 상식 아닐까.
"담배를 피우면 결핵에 걸리지 않는다고 믿는 사람이 있지만, 이것은 바보 같은
이야기다"[223]라는 신문 기사를 보면, 이 광고를 이해할 수도 있겠다.
어찌 되었든, 광고에 비친 '요양'의 모습은 참으로 평온하고 이국적이다. "식민지에서
'요양'이라는 말 자체가 사치스럽고 현실과 동떨어진 아름다움이나 비일상적 평화를
강조하는 것이었다."[224] 광고에서 보는 '폐결핵 요양'의 모습이 딱 그러했다.

화류병 또는 성병

흔히 폐결핵, 신경쇠약, 화류병을 '3대 문명병'이라고 했다.[225] '화류병'이란 성병을 일컫는다. "화류병이라는 명칭은 가장 적당한 듯하다. 즉 이 병은 대다수가 화류계에 출입하는 남녀에게 발병하는 까닭이다."[226] 이 설명에서 보듯이 화류병이라는 명칭엔 "성이 문란하다"라는 뜻이 담겨 있다. 화류병을 '문명병'이라고 한 것은 도시화 과정에서 비롯된 것으로 보거나 이 병이 외부에서 유입된 것으로 파악했기 때문이다.[227] 정말 화류병이 많으면 문명한 나라일까.

> 화류병은 문명한 나라일수록 비율이 증가한다고 한다(프랑스 30퍼센트). 조선에는 12.5퍼센트라 한다. 그러면 우리 사회는 이미 문명한 사회며 우리 가정은 이미 문명한 가정이며 우리의 생활은 이미 문명한 생활이냐? 만약 이를 부인한다면 우리의 문명은 화류병적 문명이 아닌가?[228]

화류병이 심각한 사회문제가 되었던 식민지 조선에서 성병약 광고는 어떠했던가. 한 연구에 따르면, 의약품 광고 가운데 성병 치료제가 가장 많았고(15.6퍼센트), 자양강장제(13.5퍼센트), 소화기(8.8퍼센트)가 그 뒤를 이었다.[229] 그토록 많은 성병약 광고를 다 설명할 길이 없다. 여섯 개 유형으로 나누어 성병약 광고의 성격을 간략하게 설명하려고 한다. 그 유형은 ① 전쟁과 성병 ② 매독의 '독' ③ 성병의 '비밀 치료' ④ '혐오와 공포'의 마케팅 ⑤ '과학'과 성병약 ⑥ '잠재적 보균자로서의 여성' 등이다. 첫 번째 유형인 '전쟁과 성병'의 관계를 보여 주는 광고를 보자. 다음 광고(그림1)는 아주 소중하다.

그림1에서 "일본은 세계 제일의 화류병국!"이라고 했다. 어떻게 그렇게 되었을까. 매독의 역사를 잠깐 살펴보자. 매독은 1494년 이탈리아와 프랑스의 전투 과정에서 갑자기 발생해서 유럽, 아시아, 아프리카 등으로 전파된 것으로 알려져 있다. '새로운 병'이 생겨난 까닭이 무엇일까. 이에 대해서는 크게 두 가지 설이 맞선다. 첫째, 아메리카 전래설이다. 1492년 콜럼버스 원정대가 자신들이 '발견'한 카리브 제도(서인도제도)에서 유럽으로 가져왔다는 설이다. 둘째, 원래 유럽에 있던 매독이 여러 사회적·자연적 조건이 바뀌면서 맹위를 떨쳤다는 설이다. 기원이야 어떻든 유럽에서 출발한 매독은 1498년 인도, 1500년 무렵에는 벌써 중국에 이르렀다고 한다. 일본은 1512년부터 매독에 대한 기록이 나타나며, 조선에도 1515년쯤에는 상륙했을 것으로 추정한다. 그 무렵 교통수단을 생각하면 매우 빠른 전파였다.[230] 일본에서 매독은 에도시대에 '국민병'이 될 만큼 크게 유행했다.[231]

이 화류병 광고(그림1)는 총을 멘 일본 군인을 그렸다. 전쟁 때 군인을 통해 성병이 퍼진다는 것을 정확하게 인식한 광고다. 19세기 말 20세기 초 한반도에서 성병이 만연하게 된 직접적인 계기는 개항과 전쟁이었다. 성병은 일본인 개항장을 중심으로 번지기 시작했으며 《제중원 일차년도 보고서》에서 외래환자 가운데 18.3퍼센트를 차지할 만큼 만연한 질병이었다.[232]

그림1 "일본은 세계 제일의 화류병국!", 《경성일보》 1918년 8월 21일.

한국에서 성병은 일본인 거류지에서 그리고 청일전쟁과 러일전쟁 때 매춘업이 성행함에 따라 일본인 매춘 여성을 시작으로 확대되어 나갔다.[233] 청일전쟁 때 한반도는 3개월 남짓 전쟁의 소용돌이 속에 휩싸였다. 이때 이질과 콜레라 같은 급성전염병과 함께 성병도 크게 유행했다. 군대 주둔 지역의 매매춘 때문이었다. 러일전쟁 때 한반도에 있는 일본군 주둔지에서 매춘업이 더욱 성행했다. 러일전쟁 뒤에는 각 지방에 일본인회나 거류민단 등이 주도하여 유곽을 설치했다.[234]

戰爭과梅毒

梅毒의 治療를 그릇치면 싸우지안코도 亡함

位 神 의 爭 戰

그림2 "전쟁과 매독" 광고 부분, 《동아일보》 1938년 3월 17일.

중일전쟁 뒤부터 다시 성병이 주요한 문제가 되었다. 그림2는 그 내용을 반영한다. 이 광고에서는 "매독의 치료를 그르치면 싸우지 않고도 망한"다고 했다. 성병의 확산은 확실히 전투력을 약화할 터였다. "전쟁과 화류병은 예부터 밀접한 관계가 있고 그 전염 계통이 이른바 공창 사창으로부터 중계되는 것은 일반적인 상식"이기 때문에, 총독부에서 특별 방역 대책을 생각했다.[235] 일제는 성병 예방법을 제정하려는 움직임을 시작했다.[236] 일본에서 법안이 통과된 지 12년 뒤인 1939년이 되어서야 한국에서도 '화류병예방법'을 실시하기로 했다. 이 법안의 실시를 앞두고 1938년에 본격적인 조사를 한 결과 한국의 성병 환자가 50여만 명이라는 통계가 나왔다. 이 법안의 뼈대는 공공단체에 성병 치료소를 설치하고 그 경비의 2분의 1 또는 6분의 1을 국고에서 대 주는 한편, 성병 환자가 매음하면 체형體刑을 가한다는 것이었다. 또한, 의사는 환자에게 전염 방지 방법을 반드시 알려야 하고, 매약업자도 약품 용기나 포장에 성분, 분량, 제조법 등을 반드시 기록하도록 했다.[237] 총독부는 전쟁 때에 '인적자원'을 보호하려고 1940년 8월 '화류병예방법'을 실시하고자 하였다가, 다음 해로 연기하였다. 그러나 이 법은 실효를 거두지 못하였다. 억압적인 법률은 성병을 눈에 띄지 않는 곳으로 숨어들어 가게 할 뿐이며 이렇게 되면 성병의 통제는 더욱 어려워질 수밖에 없었다.[238]

이제 성병약 광고의 두 번째 유형인 매독의 '독'에 관해서 살펴보자. 그림3은 매독의
'독'을 제거한다는 '독멸毒滅'약 광고다.

일찍부터 성병약이 일본에서 들어왔다. 대표적인 것이 매독약 '독멸'이었다.
'모리시타진탄森下仁丹주식회사' 창업자인 모리시타 히로시森下博는 1900년에
발매한 매독약 '도쿠메츠(독멸毒滅)'와 5년 뒤에 발매한 '인단'의 극적인 성공으로
일본의 매약업계를 이끌었다. 또한 그는 적극적인 광고 전략으로 '일본의 매약왕',
'일본의 광고왕' 등의 이름을 얻었다. 이 회사는 창업할 때부터 해외 시장을 의식했다.
1907년부터 중국을 비롯하여 조선과 대만, 남양, 인도 등으로 시장을 개척해 나갔다.
그 결과 '인단'의 수출은 총 매상의 50퍼센트 남짓을 차지했으며 1921년에는 일본

그림3 '독멸', 《매일신보》 1910년 12월 7일.

매약 수출의 60퍼센트를 차지하기에
이르렀다.[239] 독멸은 인물 초상을 상표로
썼다. 그리고 어깨에 '비스마르크'라고
적었다. 그 무렵 이름이 높았던 독일 재상
비스마르크였다.[240]
독을 없앤다는 '독멸'은 생약 성분의
약이었다. 독을 청소한다는 '독소환'도
생약 성분이었다.[241] 다음 광고에서
보듯이 '독소환'은 일제강점기 내내 꾸준히
광고했다.

그림4 '독소환', 《동아일보》 1923년 3월 10일.　　그림5 '독소환', 《조광》 2권 6호, 1936년 6월.

그림4에서는 '독소환'이 육체를 정화하고 정신을 미화하는 효과가 있다고 적었다.

그림5에서는 매독 환자인 남편이 유서를 쓰고 있는데, 부인이 웃으며 '독소환'을 권하고 있다. "체독體毒을 깨끗이 배설하는 독소환"이라고 헤드카피를 달았다. 그리고 "청정하고 독이 없는 체질로 만들어 준다"라고 설명했다. '독멸'이나 '독소환'과 비슷하게 매독 때문에 생겨나는 '부정한 혈액'을 깨끗하게 해 준다는 약 광고가 적지 않았다.[242]

이제 성병약 광고의 세 번째 유형인 '성병의 비밀 치료'와 관련된 광고를 살펴보자. "화류병은 돈을 들여서 사는 질병"이자[243] 부끄럽다고 숨기는 '비밀 병'이었다.[244] 성병은 의사의 치료를 받는 것보다 약국이나 우편을 통하여 약을 구매하여 복용하는 것이 일반적이었다. "의사를 찾아가더라도 일본 사람은 조선인 병원에 오고 조선 사람은 일본인 병원으로 갔다."[245]

성병약에서 '비밀 치료'가 인기 있는 광고 문안이었다. "가정 치료로서 온전히 이상적", "자택에서 단독, 간단 비밀히 치료된다." 우편 통신을 통한 주문 방식도 비밀 치료를 물리적으로 뒷받침했다.[246] 다음 광고를 보자.

그림6 "화류병 치료의 가정의사", 《조선일보》 1923년 1월 20일; 《조선시보》 1923년 1월 20일.

그림6에서는 "가정 사정상 또는 멀리 떨어진 곳에 있어서 전문의의 치료를 받을 수 없는 사람은 스스로 가정 의사가 되어 임질과 매독을 하루빨리 치료"하라고 했다. 그러나 약값은 매우 비쌌고 오랫동안 치료해야 했기 때문에 성병 감염자의 경제적 부담은 무척 컸다.[247]

그림7에서는 임질과 매독을 완전히 낫게 하는 것을 보증하며, 효과가 없으면 돈을 돌려준다고 했다. 이런 종류의 광고는 1910년대부터 아주 흔했다.[248] 이와 같은 광고를 사람들이 얼마나 믿었을까. 다음 글을 읽어 보면 이 광고를 보고 약을 사는 사람들의 심리를 알게 된다.

어림잡아 한 주일만 먹으면 완전히 낫는다는 절대 보증약, 무효면 돈을 돌려 드린다는 광고에 많은 사람이 넘어가는 모양이다. 한 집에서 성공하는 것을 보고는 너도나도 덤벼들어 지금은 여러 집이 조선의 많지 못한 신문지의 좋은 광고면을 쟁탈하고 있는 현상이다.…병에 붙들리면 신문광고만 눈에 띄는 것도 무리가 아닐 듯하다. 속는 줄 알면서도 행여나 하고 좇아가게 되는 것이다. 원시인의 미신은 모르고 믿는 것이었으나 지식계급의 미신은 알고도 속아보는 것이다.[249]

그림7 "임질과 매독", 《조선일보》 1927년 7월 10일.

이제 성병약 광고의 네 번째 유형인 '혐오와 공포'의 마케팅을 살펴보자. 성병 특히
매독은 악을 지칭하는 은유, 소름이 끼치는 병, 위신을 떨어뜨리는 상스러운 병, 공포가
가득한 병으로 규정되곤 했다.[250] 광고에서도 매독을 독사보다도 무서운 병이라면서
독사를 크게 그려 넣기도 했다.[251] 그리고 다음에서 보듯이 매독의 증상을 보여 주어
혐오와 경각심을 불러일으킨다.

그림8 《매일신보》 1914년 11월 23일.

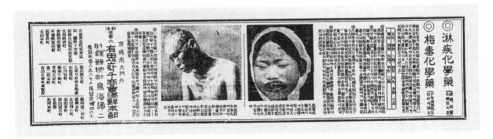

그림9 《동아일보》 1922년 12월 4일.

그림8에서는 "어떠한 절대가인絶代佳人이라도 무서운 화류병에 걸리면 추부醜婦로
변한다"라고 적었다. '추한 부인'은 이마가 꺼지고 코가 뭉개졌다. 그림9의 오른쪽 사진은
"부모의 매독이 자손에게 유전되어 성인이 되어도 정신발육이 불완전하고 신체 허약하여
가련한 모습"이다. 왼쪽 사진은 매독 3기로 뼛속까지 균이 침입한 모습이다. 이 광고들은
사진의 '시각적 증거'를 활용했다. 다음 광고는 공포와 함께 "유전이라는 천형天刑의
이미지"[252]를 덧씌운다.

그림10에서는 "임질균은 자손에까지 유전되는 줄은 모르는가?"라고 했다. 일본에서는 1920년대부터 성병이란 '우생결혼'을 위협하는 사회적 질병으로 비판받았다.[253] 유전을 걱정했기 때문이다. 이 광고(그림10) 문안에서는 일본에서 "후생성이 신설되고 우생학에 따라 단종 배심법이 시행된 이때"를 맞이하여 임질에 걸린 사람은 빨리 치료하라고 했다. 일본에서 '국민우생법'이 시행되는 것에 맞춘 광고였다. 일본에서 '국민우생법'은 1940년 5월 제정해서 1941년 7월부터 시행했다. 그리하여 정신이상자나 유전질환자를 대상으로, '우생수술' 즉 단종을 시행하기 시작했다.[254]

이제 성병약 광고의 다섯 번째 유형인 '과학'과 성병약의 관계를 보자.

그림10 《매일신보》 1941년 7월 11일.

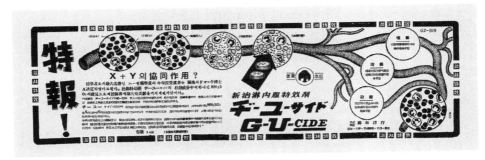

그림11 《조선일보》 1940년 3월 24일.

그림12 "과학전 시대의 임질약", 《동아일보》 1940년 7월 14일.

그림11을 보자. 맨 왼쪽 원에 건강한 백혈구와 적혈구가 있다. 두 번째 원에는 임질균이
침투하고 세 번째 원에서는 임질균이 왕성하게 활동한다. 네 번째 원에서는 'G-U' 약이
들어가자 백혈구를 증식하여 살균작용을 하고 마지막 다섯 번째 원에서는 백혈구와
적혈구로 가득 차게 된다는 내용이다. 그림12에서는 바야흐로 과학전의 시대를 맞이해서
화학요법을 완성한 약이라고 했다.

이제 성병약 광고의 여섯 번째 유형인 '잠재적 보균자로서의 여성'과 관련된 광고를
살펴보자. 일제강점기 내내 성병 전파의 온상은 이른바 '화류계'였지만, 성병 전파의
주체는 남성들이었다. 식민지 조선에서 성병의 비극은 남성이 가정으로 병독을
옮겨 유전 등으로 영구화한 비극이었다.[255] 그런데도 성병약 광고에서 여성은
희생자이기보다는 유혹자의 모습을 띠는 경우가 많다.

그림13에서는 술과 여자, 그리고 임질을 한데 묶었다. 성병이
곧 '화류병'임을 증명하려는 듯하다. 무덤덤해 보이는 남자를
여자가 유혹하고 있다.

그림13 "술, 여자, 임질", 《경성일보》 1934년 7월 19일.

그림14는 '보균자로서의 여성'을 강조한다. "아름다움
뒤에 임질균이 숨어 있다"라고 했다. 그림15에서는 성병을
잠복하고 있는 여성이 남성에게 성병을 확 뿌려 버리는
모습이다. 세 광고 모두 성병의 전파자와 감염원을 여성이라고
규정했다.

그림14 《동아일보》 1926년 9월 21일.

그림15 《조선일보》 1924년 4월 14일.

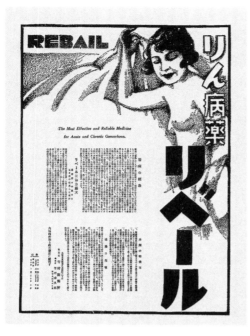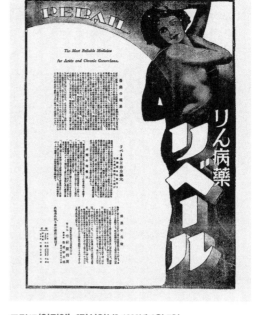

그림16 '임질약', 《경성일보》 1932년 7월 16일.　　　그림17 '임질약', 《경성일보》 1932년 6월 7일.

위의 광고는 설명이 필요 없는 포르노그래피의 성병약 광고다. 두 광고 모두 철저하게
여성을 타자화했다. 성병, 특히 매독은 여성 혐오와 밀접한 관련이 있으면서 많은 예술
작품에서 여성을 타자화하는 기제가 되기도 했다.[256]

'시대의 병',
신경쇠약과
히스테리

이상이 쓴《날개》는 "'박제가 되어 버린 천재'를 아시오?"라고 첫 문장을 시작한다. 그리고 "한 번만 더 날아 보자꾸나"라는 강렬한 암시로 끝맺는다. 수많은 해석과 평론이 뒤따르는 《날개》에서 '아스피린'과 '아달린'도 큰 관심을 끈다. 그 문장은 다음과 같다.

> 그러나 다음 순간, 실로 세상에도 이상스러운 것이 눈에 띄었다. 그것은 최면약 아달린 갑이었다. 나는 그것을 아내의 화장대 밑에서 발견하고 그것이 흡사 아스피린처럼 생겼다고 느꼈다. 나는 그것을 열어 보았다. 꼭 네 개가 비었다. …나는 아스피린으로 알고 그럼 한 달 동안을 두고 아달린을 먹어 온 것이다.[257]

아내가 감기약이라고 준 약이 아스피린이 아닌 '최면약' 아달린이었다. 아스피린은 해열진통제였지만 '최면약'이란 무엇일까. 아달린과 아스피린을 함께 광고한 그림1을 보자.

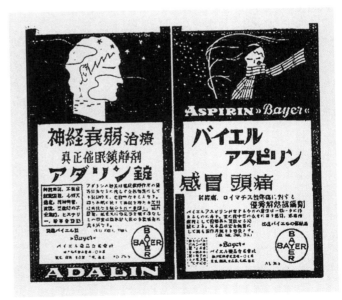

그림1 "신경쇠약 치료 아달린과 감기 두통약 아스피린", 《경성일보》 1938년 3월 3일.

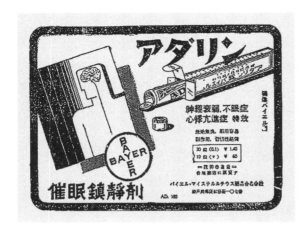

그림2 '최면 진정제' 아달린, 《경성일보》 1933년 1월 7일.

'아달린'은 1929년에도 광고를 했다.[258] 문안으로만 된 그 광고에서는 "신경쇠약과 불면증 특효"라고 헤드카피로 달았다. 그리고 신경쇠약, 심계항진증, 신경성 불면, 히스테리 등에 효과가 있다고 했다. 독일 바이엘 회사 상표도 있다. 그림1 · 2도 그 내용은 엇비슷하다. 두 광고 모두 '최면진정제'라는 말을 강조하면서 신경쇠약 이미지를 삽화로 제시했다. 《날개》에서 아내가 '나'에게 준 아달린은 '최면진정제', 즉 '신경성 불면'에 먹는 약이었다. 신경쇠약이란 무엇인가. 신경쇠약(neurasthenia)이란 병의 원인이 명확한 질병이라기보다는 20세기 초의 여러 정신적 질병을 포괄하는 개념이었다. 신경쇠약은 1869년 뉴욕 의사 조지 밀러 비어드George Miller Beard가 처음 진단명을 사용한 질병이다. 그에 따르면 '진보와 문명'의 대가로 인간 신경력이 고갈되었으며, 그 결과로 신경과민과 신경쇠약을 얻었다.[259] 비어드는 두통이나 불면, 미주 신경통, 소화불량, 빈맥 등을 신경쇠약 증상으로 지목하고 지식층이나 두뇌 노동자들이 이 질환에 가장 취약하다고 보았다. 즉, 서구에서도 신경쇠약은 도시 중상류층의 질병이었다. 그러나 서구의 경우 신경쇠약이 제1차 세계대전 뒤에는 진단명으로는 차츰 소멸했으며 끝내는 과학적 가치가 없는 것으로 판단했으나, 일본과 동아시아에서는 오히려 서구에서보다 더 주목받았다.[260] 약 광고에서는 신경쇠약이란 뇌에 무언가 문제가 있는 것임을 다음과 같은 이미지로 표현했다.

그림3 '신경 영양 강장제', 《동아일보》 1935년 4월 20일.

그림4 '신경쇠약 치료제', 《조선일보》 1936년 1월 17일.

신경쇠약은 'nervous breakdown'을 일본에서 번역한
단어로, 동아시아 지역에 급속히 전파되어 크게 유행했다.
서구의 신경쇠약 증상이나 치료법과 다른 경향을 보이면서
동아시아의 문화적, 사회적 상황에 맞게 전파되었다.[261]
1910년대부터 '뇌신경병', 즉 신경쇠약이라는 병리적 용어가
광고에 나타났다. 광고에서 말하는 '뇌신경병'에는 근대와
마주치는 긴장감이 배어 있다. 잡지 글도 그러했다. "근대정신
가운데 하나인 과학적 정신은 물질주의를 만들고 물질주의를
고취한다. 근대인은 이 물질주의에 휩싸이면서 피로라는
병적인 상태에 빠져든다."[262] "현대 일본 청년 가운데 7할이
신경쇠약"이라는 신문 기사도 실렸다.[263] 다음에서 보듯이
1910년대의 '뇌병'약 광고는 도시에 사는 근대 지식인과
학생을 겨냥했다.

그림5 "뇌가 피곤하면 신체가 약해진다", 《매일신보》 1916년 2월 6일.

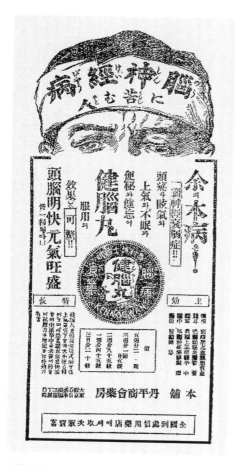

그림6 '뇌신경병', 《매일신보》 1914년 10월 21일.

그림5에서는 "뇌를 많이 쓰면 뇌근腦筋이 쇠퇴하여 정신이 혼미하며 전신全身에서 힘이 빠진다"라고 적었다. '뇌근', 즉 뇌의 힘줄이란 뇌 신경을 일컫는 말이었다. 그림6 '건뇌환' 광고에서는 머리띠에 '뇌신경병'이라고 적었다. 그리고 '뇌신경병'의 본명은 '뇌신경쇠약증'이라고 따로 써넣었다. 이 광고에서는 신경쇠약증의 증상으로 두통, 현기증, 얼굴 붉어짐, 불면증, 변비, 건망증 등을 꼽았다. 이 '건뇌환'은 일제강점기 내내 광고를 많이 했다. '건뇌환'과 같은 '뇌병' 매약은 처음 등장하기 시작할 때는 특정 질병에 대한 치료를 강조하다가, 시간이 흐를수록 특정 질병이 아닌 두통을 없애 주고, 기억력과 이해력을 증진해 준다는 증상 완화와 뇌 기능 보조 역할을 강조하는 쪽으로 바뀌었다.[264] '건뇌환'은 조선에서도 병자 또는 환자로 한정한 것이 아니라, 공부나 일을 제대로 수행하지 못한다고 느끼는 사람, 사색과 번민을 하는 사람 등으로 소비 대상을 확대해 나갔다.[265] 다음 광고가 그 보기다.

그림7 "머리가 무겁다", 《조선일보》 1937년 4월 18일.

그림8 "발랄한 원기, 명쾌한 두뇌", 《동아일보》 1929년 6월 21일.

그림7을 보면 '건뇌환'은 신경쇠약에 효과가 있다고 했지만, 그림8에서는 '건뇌환'을 먹으면 "발랄하고 명쾌한 두뇌"가 된다고 했다. 그 밖에도 '건뇌환'은 "이해력과 기억력을 좋게 하며,[266] 권태를 없애고[267] 활력을 주며,[268] 일의 능률을 향상한다"[269]라고 광고했다.

신경쇠약은 새로운 병이었다. "예전에는 신경쇠약이라는 병명을 쓰지 않고 이것을 뇌짐부족증 또는 화병이라고 불렀다."[270] 이 '새로운 병'은 "청춘남녀의 대다수가 고민하는"[271] 하나의 "시대병이 되고 말았다."[272] 왜 그런가. 무엇보다 생존경쟁이 격렬해진 것을 그 원인으로 꼽았다.[273] 다음 광고는 학생들의 생존경쟁과 신경쇠약의 관계를 짚었다.

그림9 "시험지옥과 신경쇠약" 광고 부분, 《조선신문》 1930년 2월 2일.

그림10 "시험이다", 《조선일보》 1938년 3월 16일.

좋은 직업을 가지려면 높은 학력을 가져야만 했다. 학생들은 입학시험 과목에 시간과 노력을 집중했다. 근대 시험제도는 학생 개개인의 능력을 숫자로 표시하고 줄을 세우는 기능을 했다. 공식 통계에서는 중학교 입학경쟁률이 3 대 1 남짓했지만, 수험생이 현장에서 느끼는 경쟁의 벽은 훨씬 높았다. 신문은 치열한 입시경쟁에서 떨어진 학생이 큰 충격을 받아 가출하거나 자살을 시도했다고 자주 보도했다.[274] 그림9에서는 "시험지옥과 신경쇠약은 국가의 중대

문제"라고 했다. 그림10에서는 시험을 앞둔 학생의
불안과 긴장을 그렸다.

신경쇠약이란 "현대의 생활고와 사상적 혼란"에서
비롯된 것이라고 진단하기도 했다.[275] 또한
"신경쇠약증이란 문명이 진보할수록 많아지는
것,"[276] 또는 '도시병'이라고 했다.[277] 도시의 소음과
불빛이 문제였다. 특히 도시의 소음이 신경쇠약의 큰
원인이라고 했다. "자동차 바퀴, 톱니바퀴, 경적의
소음이 심하다. 라디오와 레코드까지 가두로 진출하여
서로 고성을 다투고 있다. 도시인은 미쳐 날뛰는
음향의 범람 속에 빠져서 업무의 집행도 곤란할
지경이며 각종 질병 특히 신경계의 질환이 생긴다."[278]
신경쇠약의 증상은 무엇인가. "머리가 무겁고 온몸에
권태倦怠를 느끼며 무엇이든지 싫증이 나고 기억력이
둔해지고 공연히 감정이 생기며 식욕이 늘지 않는
것이다."[279] 신경쇠약과 '정신병'은 무엇이 다른가.
신문 기사에서는 신경쇠약과 정신병(이른바 '미쳤다')은
세 가지 점에서 다르다고 했다. 첫째, 미친 사람은
자기가 병이 있는지 없는지를 몰라서 병을 고칠 생각이
없지만, 신경쇠약에 걸린 사람은 자기 병을 고치려고
애쓴다. 둘째, 미친 사람은 언동이 보통 사람과 다르고
환각에 시달리지만, 신경쇠약은 언동에 모순이
없다. 셋째, 미친 사람은 혼자 웃고 혼자 말을 잘하나
신경쇠약은 그런 증세가 없다.[280] 그렇지만 광고에
나타난 신경쇠약의 이미지는 정신병 못지않다.

그림11 '신경병' 광고 부분, 《동아일보》 1933년 10월 13일.

그림11에서 신경쇠약은 매우 혼동되고 괴로운 모습이다. 그림12에서는 뇌의 뚜껑을 열고 핀셋으로 신경쇠약과 불면증을 뽑아내고 있다. 그러고는 "두뇌의 개조!"를 외친다. 이 광고는 1917년 러시아혁명과 제1차 세계대전 뒤에 불어닥친 '세계 개조'의 분위기를 반영하고 있다. 이때 '세계 개조'란 민주와 평등을 지향하는 개혁을 뜻했다. 시간이 흐를수록 '신경쇠약'이라는 말을 너나없이 자주 썼다. "내가 혹시 신경쇠약이 아닐까 하고 걱정해

보지 않은 사람은 거의 없다"라고 했다.[281] 마치 신경쇠약을 문화인의 자랑으로 여기는 듯하기도 했다.[282] 신경쇠약은 과학적으로 엄밀하게 규정된 병이라기보다는 불안과 스트레스의 문화적 징후에 가까웠다. 따라서 그 치유책도 의학의 이름으로 제안되었지만 실은 도덕적 처방의 성격을 띠었다.[283]

히스테리는 신경쇠약보다 훨씬 더 부정적인 의미로 사용했다. 신문에서는 히스테리를 다음과 같이 설명했다.

그림12 "두뇌의 개조", 《동아일보》 1930년 4월 6일(권창규, 《상품의 시대》, 민음사, 2014, 106쪽).

히스테리는 정신병도 아니고 신경쇠약도 아니다. 히스테리란 독립된 병이다. 히스테리라는
어원이 자궁에서 나왔다고 해서 반드시 부인에게만 있는 것이 아니고 남자들에게도 있는데,
부인 환자가 많은 것은 사실이다. 히스테리는 선천적인 것과 후천적인 것이 있다. 후천적인
것은 '채울 수 없는 욕망'이 있을 때 생기기 쉽다. 그 증상으로는 감정의 과장이다.[284]

히스테리란 "감상적 기분으로 신경이 흥분된 것"이었다.[285] 일반적으로 히스테리는
심리적 갈등이 신체로 드러난 것을 뜻한다. 남성 히스테리도 정신적인 외상이나
무의식이 육체적으로 발현되는 것이다. 광고에서 히스테리는 주로 여성에게 적용했다.

그림13 "혈액의 길, 히스테리", 부인병약 광고
부분, 《부산일보》 1925년 11월 17일.

그림14 "기분이 안절부절, 히스테리에",
《경성일보》 1939년 5월 2일.

그림13에서는 히스테리는 혈액의 길이 막힌 탓이라고 했다. 또한, 히스테리의 증상을
뿔 달린 괴팍스러운 도깨비에 빗댔다. 그림14에서는 불안하고 초조한 여성의 모습으로
히스테리를 표현했다.

같은 신경증도 남성과 여성에 따라 신경과민과 히스테리로 나뉜다. 남성의 신경증은
때때로 예술 창작 동기가 된다고 여기거나 사회적이고 역사적인 차원에서 어떤
상징을 담고 있기도 했다. 그러나 여자의 히스테리는 일종의 짜증·결핍·질투와 같은
주관적이고 사적인 감정의 표출일 따름이었다. 신경증을 바라보는 시선의 주체는
남성이었다.[286]

소화와 배설

들끓는 위장

음식물을 먹으면서부터 소화작용이 이루어진다. 씹고 침을 섞고 삼킨다. 위와 대장에서 소화하고 마지막으로 배설한다. 소화관의 길이는 대략 10미터에 이른다고 한다. 한국인에게 소화기 질환이 많았다. 조선총독부에 신고된 사망 원인을 빈도수로 보면 소화기계가 줄곧 상위를 차지했다.[287] 왜 소화기 질환이 많았을까. "과음 과식하기 때문이다"라는 진단은 일부 상류층에게 해당할 수 있을지 몰라도 서민에게는 터무니없는 이야기였다. 위산과다증의 원인은 맵고 짠 것을 많이 먹는 데 있다.[288] "자극적인 향료를 많이 쓰는 탓이다."[289] "고추와 소금을 많이 사용하기 때문에 위산을 많이 분비한다. 묵은김치와 깍두기는 산성이 강하여서 위산을 더욱 많이 분비해서 다른 나라보다 소화기 병이 많다."[290] 그러한 진단이 이어졌다. 어찌 되었든 거친 음식을 소화해야 했던 서민 대부분은 만성 소화불량이나 위장장애를 많이 겪었다.[291] 그 고통을 광고에서는 다음과 같이 표현했다.

그림1 '만성 위장병', 《경성일보》 1930년 2월 6일.

그림1은 위장병의 고통을 표현하고 있다. 속쓰림의 고통은 겪어 본 사람은 다 안다. 자기 제품이 "만성 위장병에 절대적이고 가장 좋은 약"이라고 했다. 소화제 시장이야말로 최대 시장이었고, 매약업자들은 소화기 질환자를 겨냥한 광고를 쏟아냈다. 어느 광고 문안처럼 "위장에 휴업 없다."[292] 소화제 시장에서 활명수가 대표적인 매약으로 자리 잡아 갔다. '목숨을 살리는 물'이라는 뜻의 '활명수'는 고종이 대한제국 황제로 즉위한 1897년에 동화약품의 전신인 동화 약방에서 만들었다. 활명수는 "궁중에서만 복용하는 생약의 비방을 일반 국민에게 널리 보급한다"라는 목적으로 개발했다. 활명수는 한약 처방에 서양 의약의 장점을 더했다. 달여 먹는 한약밖에 몰랐던 사람들에게 복용하기 편한 활명수는 큰 인기를 끌었다.[293] 활명수는 속이 답답하거나 급체할 때 먹는 약이었다.[294] 처음에 활명수는 '부채표' 상표만을 그려 넣은 초라한 광고를 했지만,[295] 시대의 흐름에 따라 세련되어 갔다. 잡지에 실린 두 개의 활명수 광고를 보자.

그림2 《조광》 2권 1호, 1936년 1월, 128쪽.

그림3 《신가정》 38호, 1936년 1월, 94쪽.

그림2에서는 "기사회생, 구급 위장약 활명수"라고 적었다. '기사회생'이라고 과장한 것은 "목숨을 살리는 물"이라는 뜻의 '활명수'의 상품명을 극대화하려는 상술일 것이다. 또한 두 광고(그림2·3) 모두 소화만이 아니라 술 먹고 난 뒤의 기분이 불쾌한 데에도 효과가 있다고 했다. 새벽 숙취를 상징하는 닭과 술 마시고 춤추는 파티장을 그렸다. '활명수'가 유명해지자 여러 유사 상품이 생겨났다. 그리하여 '활명수'는 다음과 같은 광고도 했다.

그림4 《조선일보》 1929년 7월 10일.

이 광고에서도 활명수는 '기사회생의 영약'이라고 적었다.
그리고 눈에 확 띄게 "이 약을 사실 때 반드시 부채표를
주의하시오"라고 적고 화살표로 상표를 가렸다. 활명수를
괴롭혔던 유사 상표 가운데 '활명회생수'는 포장 라벨에
'회생'이라는 글자를 아주 조그맣게 써서 마치 활명수처럼
보이게 만들었다. 또한 일본계인 '나카무라 약관'에서 상호를
바꾼 재생당再生堂약방은 '활명액'을 발매하면서 활명수와
구별하기 어렵게 만들었다.[296] 그러면서 '활명액'은 유사
상품의 굴레를 벗어나려고 광고에 더욱 신경을 썼다. 그
광고를 보자.

그림5 《반도시론》 2권 9호, 1918년 9월; 《조선일보》 1920년 6월 18일.

그림6 《조선일보》 1927년 11월 21일.

그림5에서는 "약효가 전신전화보다 빠르다"라고 했다. 그림6은 매우 선정적이다. "전기를 재생하는 활명액"이라는 터무니없는 문안을 적었다. 전기에 대한 대중의 관심을 이용한 광고였다.

재생당再生堂과는 전혀 다른 제생당濟生堂약방은 서울 태평로에서 일본 매약 가운데 가장 인기가 있었던 '인단'을 모방한 '청심보명단'을 주로 생산했다. 제생당 건물을 이용한 광고를 보자.

그림7 제생당약방 건물, 《신문계》 2권 4호, 1914년 4월.

그때로서는 웅장한 건물을 보여 주며 제생당이 믿음직한
'약방'이라고 광고했다. 건물 위에 '청심보명단'을 옥외
간판으로 큼지막하게 세웠다. '청심보명단'은 큰 제약업체로
발돋움하고 있던 제생당의 대표 약품이었다. 날개 달린
천사의 모습을 그린 것으로 보인다. '청심보명단'은 소화제의
일종이었다. 일본의 매약 중에서 '인단'의 인기는 대단했는데
값은 10전이었다. 이와 싸우기 위해 '청심보명단'은
5~6전으로 팔았다.[297] 멋들어진 '청심보명단' 광고를 더 보자.

그림8 광고 문안을 보면 이 약은 "꽃보다 더 향기가 있다"라고 했다. '인단'은
은박이었으나 '청심보명단'은 빨간색으로 용뇌와 박하 등을 넣어 맛이 더욱 향긋했다.[298]
'청심보명단'은 특유의 향취와 복약의 편리함, 효험의 신속함 때문에 많이 팔렸다. 그러자
유사 상품이 나왔다. 자혜약방의 '청신보명단'이었다. 이름마저 비슷했다. 두 제약업체는
자사 약품의 신용과 권위를 획득하려는 논쟁을 벌였다.[299]
이 밖에도 여러 위장병약이 시장으로 쏟아져 나왔다. 1910년대 위장병 광고에서는
양복을 입은 근대인을 모델로 그려거나 '박사'를 내세워 자기네 약이 빼어나다고
설득했다. 위장 해부도를 그려 넣고 '과학적'인 약이라고 주장하기도 했다. 그러한 광고
기법은 그 뒤에도 계속된다. 신경과 위장의 관계, 혈액순환과 위장의 관계를 삽화로
보여 주는 것이 그 보기다.[300] 그러나 1920년대부터 광고 기법이 크게 발전했다. 대중의
정서를 고려하여 감성적으로 접근한 광고(그림9·10)가 그 보기다.

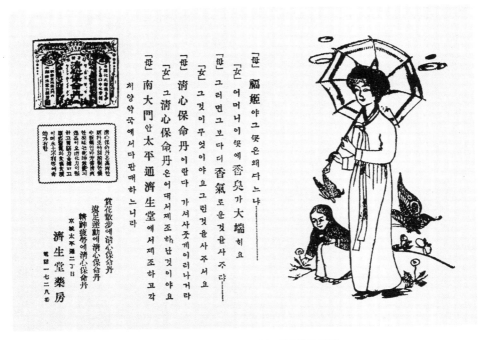

그림8 《동아일보》 1920년 4월 14일(김병희, 《광고로 보는 근대문화사》, 살림, 2014, 52쪽).

그림9 《동아일보》 1923년 6월 1일.

그림9는 식후에 담배 피우는 모습을 그린 듯하다.
주머니에는 '영신환'이라는 약을 지니고 있어서
"사시사철 늘 지녀야 할, 위장을 튼튼하게 하는
소화약"임을 보여 준다. 그림10은 신여성을 모델로
삼았다. 종아리가 드러나는 '깡동치마'를 입었다.
치마에 굵은 통주름을 잡아 서양의 스커트와
비슷한 모습이다. 구두가 이채롭다. "병정들이나
신을 구두의 끈을 꽁꽁 묶어 올려 신었다. 끝은
어찌 뾰족한지 도라지 캐러 갈 때 쓰는 꼬챙이
같다."[301]
위장병 광고는 난데없이 남자의 나체를
등장시키는 충격적 전략도 썼다. 그림11을 보자.

그림10 《조선일보》 1923년 5월 11일.

그림11 "충량한 위장의 청소 역할", 《조선신문》 1929년 7월 16일.

일제강점기에 여자의 신체를 낯 뜨거우리만치 노출한 광고는
흔하다. 오늘날에도 도저히 공개적인 매체에 싣기 어려운 수준의
노출이다. 그렇지만 그림11처럼 남자 몸을 실오라기 하나 걸치지
않은 채 그린 광고는 없다. 마치 모든 것은 다 버려도 이 약만큼은
꼭 지켜야 한다는 메시지로 읽힌다. 모든 광고에는 시대상이 담겨
있다. 다음 광고도 그러하다.

그림12 《조선일보》 1939년 5월 14일.

톱니바퀴 안에 사람이 들어 있다. 톱니바퀴는 산업화와 기계화를 뜻한다. 그리고 "공장병이라고까지 하던 호흡기 질환을 대신해서 위장을 앓는 이가 최근 급속하게 증가되었습니다. 과로와 잘 먹지 못하는 것이 위장을 약하게 합니다"라고 적었다. 전시체제기의 식량난과 과로, 그리고 산업화에서 비롯되는 스트레스가 위장병의 근원이라는 지적이다.

소화기 질환과 관련해서 '정로환'은 특별한 사회·역사적인 의미가 있다. '정로환'은 배가 아프거나 배탈 설사로 고생할 때 먹는 약이다. '정로환征露丸'에서 '露'자는 러시아를 뜻하는 말이다. 따라서 '정로환征露丸'이란 러시아를 정벌한다는 뜻이다. 정로환 광고에 따르면, "정로환은 일로전역日露戰役(러일전쟁)을 기념하기 위하여 창제 발매된 위장, 폐, 늑막 등의 묘약"이라고 했다.[302] 약의 기원을 두고 두 가지 설이 있다. 첫 번째는 1902년 오사카에서 약종상을 하던 나카지마中島佐一가 충용忠勇 정로환征露丸을 개발했다는 설이다. 두 번째는 1903년 육군군의학교 교관이었던 도츠카戸塚機知가 크레오소트가 살모넬라균에 탁월한 효능효과가 있다는 것을 발견해서 러일전쟁 때 사용했다는 설이다.[303] 정로환이 조선 땅에 전해진 시기는 정확한 기록이 남아 있지 않다. 그러나 1907년 7월 15일 《황성신문》에 정로환을 둘러싼 불미스러운 사건이 기록되어 있는 것으로 보아 일제강점기 이전에 전해진 것으로 보인다.[304] 이제 1920년대 정로환의 광고를 보자.

그림13 《독매신문読売新聞》 1923년 12월 24일(Hoi-Eun Kim, "Cure for Empire: The 'Conquer-Russia-Pill', Pharmaceutical Manufacturers, and the Making of Patriotic Japanese, 1090-45," *Med. Hist.*, Vol. 57, No. 2, 2013, p.261).

그림14 《경성일보》 1924년 7월 22일.

그림13은 정로환이 일본에서 1923년부터 군인을 등장시키면서 '애국 일본 만들기'를 광고 전략으로 삼기 시작했음을 알려 준다. 그러나 비슷한 시기에 나온 그림14는 그와는 분위기가 완전히 다르다. 이 무렵 식민지 조선에서는 정로환이 아직 '군인과 전쟁'을 광고 전략으로 삼지 않았음을 보여 준다. 중일전쟁 뒤부터 정로환은 이 땅에서도 호전적인 군인을 등장시켰다.

肺・肋膜・胃腸病に

征露丸

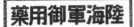

陸海軍御用薬

皇軍將士の
慰問品として大歡迎！

本舗 中島佐一藥房

頌春

戰地からの
たよりの一節

主治効能

癖買膓カタル・肺結核
肺尖肋膜炎・枯疫鎭咳
消化不良・健胃強壯
胃弱食慾・嘔吐
下病腹痛・水傷食傷

図15 《경성일보》 1939년 1월 13일.

그림16 《동아일보》 1938년 9월 21일.

칼을 뽑아 들고 돌진하는 일본군이 섬뜩하다. 또한
그림15는 일본군의 위세가 세계로 뻗친다는 제국주의의
야욕을 욱일기의 상징으로 표현했다. 정로환을 만들어 내는
나카지마약방은 1938년 일본의 신체제운동에 발맞추어
'건강의 신체제'를 깃발로 내세웠다.[305] 그 뒤로 정로환이
침략주의적이며 반공적이고 반러시아적인 상징 조작을
이어 갔다. 그렇게 정로환은 전시 프로파간다와 상업적
이익을 교묘하게 연결했다.

무서운 변비, 소중한 항문

한때 학생들 사이에 "설사를 조금 하면 뇌가 민첩해진다"라는 이야기가 돌아 중학생들이 시험 때에 일부러 설사를 유도하기도 했다고 한다.[306] 설사도 변비도 좋을 까닭이 없다. 의사는 "변비란 상류층과 부인, 앉아서 일하는 사람과 정신 작업자, 그리고 불규칙 생활자가 많이 걸린다"라고 지적했다.[307] 잡지에서는 부인들의 변비에 대해 다음과 같이 적었다.

장내腸內에 뭉쳐 있는 해로운 물질이 쉬지 않고 장벽腸壁으로부터 흡수됨으로 나중에는 중독의 결과까지 보게 되는 것이니 주의할 것입니다. 부인에게 변비증이 많은 것은 일반으로 아침에 일어나서 두 시간 내외에 배변排便하는 것인데 이 시간을 부인들은 밥 짓고 어린이들 시중하고 분주하게 지내기 때문에 적당한 시간에 변소에 갈 수 없어서 생기는 일이 많습니다. 일반 변비의 원인은 음식물과 생활상태 때문에 생기는 것입니다.[308]

그림1 "쾌변과 쾌식", 《경성일보》 1941년 1월 8일.

그림1은 "위장의 갱생은 묵은 변을 배설하는 데 있다. 무서운 변비의 독을 없애야 한다"라고 했다. 다음 글에서 보듯이 의사들도 변비에서 비롯되는 독소는 여러 증상을 일으킨다고 경고했다.

대변이 사흘 만에 있었다, 또는 닷새 만에 있었다는 것은 흔히
듣는 일이다. 변비가 계속되면 대변이 장내腸內에 정체停滯되어
차츰 독소毒素가 생기며 그것이 장벽障壁으로부터 흡수吸收되는
때에는 이것이 전신에 퍼져 일종의 자가중독自家中毒 상태에
이르게 된다. 그때에는 우선 두통이 오고 다음으로 수면 부족,
소화불량, 무력·권태감 등이 와서 항상 불만과 불유쾌를 느끼며
다른 사람과 말도 하기 싫게 되면 침울하기 한이 없게 되나니
이것이 소위 신경쇠약증이다.[309]

그림2는 위에 인용한 글에서 말하는 '자가중독' 현상을
그림으로 보여 준다.

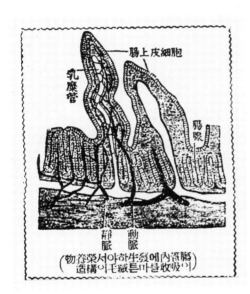

그림2 광고 부분, 《동아일보》 1935년 5월 24일.

이 광고는 변비가 영양분의
흡수를 가로막고 장내에
독소를 만들어 내는 것을 장
조직을 그려서 설명했다. 다른
광고에서도 "변비로 장내에
독소가 생기면 권태, 피로,
조로, 두통, 불면이 되고
부인의 미용이 쇠퇴한다"라고
했다.[310] 광고에서 말하는
이러저러한 변비의 증상을
모두 모아 보면 결국 명이
짧아질 수밖에 없다는 결론이
나온다. 그래서 다음과 같은
광고가 나타났다.

그림3 "변비는 단명할 징조", 《동아일보》 1931년 8월 23일.

그림4 "간편한 관장", 《경성일보》 1928년 9월 5일.

"변비는 단명할 징조"라고 했다. 왜냐하면 변비에 걸린 사람은 "장내에서 발효된 유독물이 혈액으로 옮겨 가 혈액을 혼탁하게 해서 온몸의 조직에 해로운 작용을 일으키기 때문이다." 세계사에서 20세기 전반에는 변비와 거기서 비롯되는 장애를 다루는 저작물이 많이 나왔다. 그 무렵 사람들은 변비가 신경통, 두통, 이 갈기, 야간 공포증, 신경쇠약, 그리고 현기증의 근원이라고 믿었다.[311]

이렇게 무서운 변비에 걸리면 약에 의존할 수밖에 없다. 사흘이나 "뒤를 보지 못한" 사람에게는 '건통환'이 있고,[312] 달리는 기차처럼 '쾌변'이 되는 약도 있다.[313] 그리고 다음과 같은 관장약도 있다.

그림4에 따르면 변비는 신체에 여러 가지 장해를 일으킨다. 또한 어린이의 경련과 발열은 부인에게 큰 두통이라고 했다. 이러한 때 간편한 관장을 하라고 했다.

일제강점기 변비약은 얼마나 효과가 있었을까. 신문에서는 "약은 그때뿐이니, 채소와 과일 많이 먹고 운동하고 물을 많이 마시라"라고 했다.[314] 변비는 여전히 미묘해서 완전하게 해명하기 어려운 문제로 남아 있다. 변비는 음식물 섭취 습관, 각 개인의 생리적이며 심리적인 상황, 일상생활의 피로와 억압, 긴장과 관련된 병이라는 점은 분명하다.[315]

항문과 관련된 질병으로 치질이 있다. 많은 병이 그렇듯이 치질도 고통스러울 뿐만
아니라 일상생활에 큰 불편이 따른다. '살아 생지옥'이라고 할 만큼 치루의 고통은
컸다.[316] 그림5·6은 치질의 고통을 보여 준다.

바닥에 앉거나 의자에 앉거나 어쨌든 괴로운 치질 환자의 모습을 그렸다. 얼마나 많은
사람이 치질의 고통을 겪었을까. 항문과의사의 말에 따르면, "열 사람 가운데 4~5인은
치질 환자다. 여자가 남자보다 많고 앉아서 일하는 사람, 중류 이상의 생활을 하는
사람에게 치질이 많다."[317] 치질약 광고에 따르면, "치질은 인류 공통의 병으로서 100명
가운데 88명까지는 이 병으로 신음하기 때문에 치질은 국민병"이라고 주장했다.[318]
치질은 왜 생길까. 일제강점기 의사의 말을 들어 보자. 그 의사는 직립 자세가 직장
정맥에 상당한 압력을 주게 되어 직장 정맥을 부풀게 하기 때문이라고 했다. 그 밖에도
치질에는 다음과 같은 요인이 작용한다. 첫째, 항문과 직장 정맥의 환류를 방해하는
여러 일. 다시 말하면 상습 변비, 직장염, 임신, 일본과 조선의 좌식 문화, 동양식 변소,
혈행血行 장애, 앉거나 배에 압박을 많이 주는 직업(승마와 자전거, 자동차 운전, 제화공 등).
둘째, 술·담배·고추 등의 남용에서 비롯되는 충혈. 셋째, 개인과 민족에 따라 다르다.[319]
이러한 치질의 모습을 광고에서는 그림7과 같이 표현했다.

그림5 기사형 광고 가운데 삽화,
《부산일보》 1917년 11월 21일.

그림6 "의자에 앉아 있기가 괴롭다" 광고 부분, 《조선일보》 1939년 6월 25일.

그림7에서는 치루·치핵·탈항 등을 그림으로 그렸다. 그리고 《치질 환자의 복음》이라는 책을 원하는 사람 모두에게 무료로 준다고 했다. 약 판매를 위한 '선전책'이었음은 말할 나위 없다. 다음 광고는 치질의 원인과 치료법을 적었다.

그림7 치질약 광고 부분, 《동아일보》 1924년 7월 4일; 《조선신문》 1924년 6월 23일.

그림8 "치질의 금물과 필수사항", 《조선신문》 1935년 2월 21일.

그림8에서 치질을 악화시키는 '금물禁物'은 다음과 같다. 첫째 추위였다. 추위는 치질의 대적이다. 항문부에 울혈을 만들어 치질의 원인을 제공한다. 둘째, 술·커피·후추·고추냉이 등의 자극적인 음식은 충혈의 원인이 된다. 셋째, 자극을 피해야 한다. 자전거나 승마 등은 국부를 직접 자극해서 충혈을 일으키기 쉽다. 넷째, 의자 생활을 하는 사람은 한 시간에 한 번 5분 동안 서 있기를 한다면 큰 효과가 있다. 그리고 치질을 고치려면 간단한 운동법과 함께 자기 약이 '필수'라고 주장했다. 이어서 다음 광고를 보자.

그림9 "치질의 스피드요법", 《동아일보》 1932년 7월 8일.

그림9에서 유선형의 자동차가 고통 → 치질약 → 경쾌 → 환희의 길을 '스피드' 있게
질주한다. 마치 1930년대가 '스피드의 시대, 유선형의 시대'라는 것을 증명하려는
듯하다. 오늘날 아주 익숙한 '스피드'라는 단어가 1930년대에는 낯선 말이었다. 그래서
신문에서는 '스피드'라는 신어新語를 다음과 같이 해설했다.

> 스피-드: 영어의 Speed, 속도라는 말이다. 과학의 발달은 공간적으로 해륙공海陸空 3계三界를
> 정복해 가지만, 다시 시간을 단축하는 방향으로 전력을 다해 간다. 기차·전차·자동차·항공기
> 등의 당면 문제는 최단기간에 장거리를 돌파하자는 것이다. 이리하여 1930년대는 확실히
> 스피-드의 시대를 이루어 간다.[320]

'스피드'와 유선형은 서로 짝을 이루었다. "자동차·기차·비행기 등 스피드 만능시대의
동체動體는 모두가 유선형으로 바뀌는 모양이다. 빠르게! 빠르게! 그러나 유선형은
빠르다는데 뿐 아니라 현대인의 시각에 미의 초점이 되는지도 모른다."[321] 유선형
시대가 되면서 약을 담는 용기가 유선형으로 바뀌는 등의 영향을 주었다.[322] 그보다는
주로 약효가 빠르다는 것을 강조할 때 광고에서 '유선형'을 많이 활용했다. 보기를 들면
'두통약계의 유선형'[323]같은 광고가 그것이다. 그림9의 광고처럼 정말 치질은 유선형
자동차가 달리듯이 '스피드'하게 나을 수 있을까.

그림10 "치료의 장기 항전", 《경성일보》 1939년 7월 22일.

그림10에서는 '장기항전'의 자세로 치질을 치료해야 한다고 했다. 전쟁을 일찍 끝낼 수 있을 것이라는 일제의 예상과는 달리 중일전쟁이 길어지면서 '장기항전'이 하나의 시대적 용어가 되었다. 이 광고는 그 시대 상황을 반영했다. 그러나 '스피드요법'이라고 했던 지난날의 광고와는 완전히 어긋난다.

강장과 정력,

호르몬과 비타민

강장과

'정력'의
신화

강장제強壯劑(tonic)란 곧 정력제다. 이때 '정력'은 ① 심신의
활동력, ② 남자의 성적性的 능력을 뜻한다.[324] 먼저
정력이라는 용어를 '심신의 활동력', 즉 활력과 에너지라는
뜻으로 쓴 약 광고를 보자.

그림1 "정력과 체력", 《경성일보》 1932년 5월 4일.

이 약은 '정력'과 체력이 소생하는 약이라고 했다. 이때
'정력'이란 곧 활력이었다. 이 약에서 말하는 활력이란
무엇인가. "붙이면 곧 강력한 약효가 환부에 침투하여 곧
기분 좋게 하는" 그런 활력이었다.[325] 이 밖에도 음료수[326]와
조미료[327] 등의 광고에서도 '정력'을 활력과 에너지의 의미로
쓴 사례는 많다.

정력제 광고는 세 개의 유형으로 나뉜다. 제1유형: "피가
되고 살이 된다"라는 보혈강장제, 제2유형: 성 기능 강화제.
제3유형: 최음제. 그러나 세 유형은 서로 넘나들면서 그
경계가 모호한 경우가 적지 않았다. 다음 광고는 그 모호한
경계를 드러낸다.

그림2 광고 부분, 《매일신보》 1935년 10월 24일.

그림2는 보혈강장제가 "병후 쇠약 회복, 생식기능 회복,
노화 방지, 식욕부진과 권태 극복" 등에 효과가 있다는 것을
그림으로 표현했다.

이제 제1유형 '보혈강장제' 광고를 좀 더 자세하게
살펴보자. 이 유형은 "체질을 개선하고 신체를 강하게 하며
병중·병후·산후에 좋은 보약"을 뜻했다. 이 경우 광고에서는
정력이라는 용어보다는 강장强壯 또는 자양滋養이라는 용어를
더 즐겨 썼다. 강장 즉 몸을 강하게 하고, 자양 즉 영양을
보급한다는 뜻이다.

그림3에서는 체질을 개조해서 '정력'을
제공한다는 메시지를 전한다. 그림4는
만주사변을 모티프로 삼았다. 신체
세포를 개조하는 최급속 강장제라고
했다. '급속'이라는 말을 넣은 것은
1930년대에 '스피드'라는 말이 유행했기
때문이다.

'보혈강장제' 광고는 근육질 남성으로
강건한 이미지를 제시하는 것을
전형으로 삼았다. 이 경우 그림5·6처럼
서양인의 육체가 모범이 되곤 했다.

그림3 "정력소, 체질개조제의 일인자", 《경성일보》 1922년
11월 2일.

그림4 '인체세포개조', 《조선신문》 1932년 2월 21일.

그림5 '강장제',《조선일보》1937년 8월 5일.

그림5는 "An Appreciation to Doctors!" "의사 제현에게 사례함!" 병약자 일반에게 네오톤 토닉을 처방하고 투약해 주는 의사 여러분께 감사드린다는 내용이다.[328] 실제로 병원과 서양인이 이 약을 많이 사용했다고 한다.[329] 영어 문구와 어우러진 서양 사람의 몸매가 참으로 우람하다. 그림6도 서양인을 모델로 내세워 이 약이 "피와 살을 만들고 정력과 활력을 제공"하여 체력을 충실하게 한다고 했다.

드물기는 하지만 근육질의 온몸을 보여 주기 위해서 '과감하게' 남성의 누드를 그리기도 했다.

그림6 '체력충실',《조선신문》1934년 9월 22일.

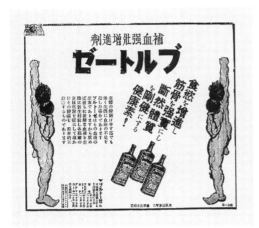

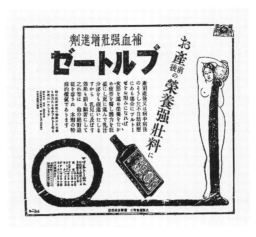

그림7 '보혈강장증진제', 《경성일보》 1930년 5월 10일.

그림8 《경성일보》 1930년 5월 17일.

그림7은 투포환을 하는 남성의 측면 나체화다. 이 '보혈강장증진제'를 먹으면 "식욕이
증진하고 근육과 뼈가 튼실해지며 체질이 강건해져서" 몸이 이처럼 된다는 뜻이다. 전통
회화에서 누드의 남성은 춘화에서 드물게 다루어졌을 뿐 상의를 벗은 상태도 거의 없다.
전통 시대 의학서나 양생법의 삽도로 남성의 인체가 간략하게 묘사된 적은 있지만, 근대
서구의 이상적 남성의 인체와는 거리가 멀다. 근대기 신문광고에서 상의를 벗은 모습이
나타나지만, 전신의 남성 누드가 그려진 것은 드물다.[330]

그림8은 그림7과 같은 제품으로 광고도 한 세트로 만들었다. 산전·산후 영양과
강장強壯의 약이라고 했다. 이 약은 다른 지면에서 "혈구소와 적혈구를 증가시켜 체내의
모든 조직을 자극하고 신진대사를 왕성하게 해서 식욕을 증진시킨다. 피로에 대한
저항력을 키우며 혈색을 붉게 해서 늘 활기 넘치게 한다"라고 광고했다.[331] 이처럼 보혈
강장제는 남녀공용이었다. 그것이 자양 또는 보약의 개념이라면 어린이 약이 될 수도
있다. 다음 광고가 그것이다.

그림9에서는 병후 허약과
신경쇠약, 식욕부진, 원기
부족 등에 효과가 있으며
어린아이에게도 좋다고 했다.
이제 정력제 제2유형인 성
기능 강화제를 살펴보자.
성 기능 강화제는 활력은
활력이되, 오로지 '생식기
활력'만을 강조하는
광고였다.³³² 때로는 생식기능

그림9 《동아일보》 1924년 3월 9일.

영양제라고 주장했지만,³³³ 천박하고 민망한 광고가 많았다.
다음 광고는 그나마 품격을 지켰다.

그림10은 생식기능이 쇠퇴하는 슬픔에서 벗어나 정력을
증진하고 출세한 사람을 거인의 이미지로 그렸다. 그림11은
성=정력과 씨름하는 남성을 근육질로 표현했다. 뇌와 성의
관계가 깊다면서 '뇌 기능' 강화와 성 기능 강화를 함께
겨냥하는 광고가 많았다. 그림12도 그 가운데 하나다.

그림10 《동아일보》 1926년 11월 24일.

그림11 《동아일보》 1930년 10월 31일.

그림12에서는 남자의 성기 부분에 성능性能, 즉 성 능력이라고 쓰고 하트를 그렸다. 광고에서 하트가 나온 것으로는 이것이 처음이다. 한국에서 정확히 언제부터 하트 문양이 사랑의 상징으로 사용되기 시작했는지는 알 수 없지만, 1920년대 신문 소설 삽화에서 나타나곤 했다. 서양

그림12 광고 부분, 《매일신보》 1925년 6월 9일.

미술에서 하트는 사랑을 상징하는 도상으로 오랫동안 사용되었다. 그러나 하트는 본래 사랑의 이미지가 아니라 기독교에서 포도주를 넣은 성스러운 그릇의 성배를 상징하는 것이었다. 중세 사람들은 성배의 상징적 이미지를 심장과 닮았다고 생각했고, 심장을 사랑의 근원으로 여기면서 자연스럽게 하트 문양은 사랑의 상징이 되었다. 해부학의 발달로 심장의 모양이 하트 문양과는 다르다는 것이 밝혀졌으나, 도상 관습이 그대로 유지되었다.[334]

성 기능 감퇴와 관련하여 이러저러한 '불로장생 회춘' 약이 광고에 등장했다. 다음 광고를 보자.

그림13 "불로 회춘 정력 증진", 《조선신문》 1935년 5월 21일.

약 이름이 '청춘지천靑春之泉', 즉 '청춘의 샘'이다. 약효에 대한 아무런 설명 없이 "불로 회춘, 정력 증진 비약"이라고만 적었다. 또한 중년과 노년의 정력 감퇴자가 마음으로 복종할 수 있는 성스러운 약이라고 주장했다. 화려하게 꾸민 미인을 그려 넣어 남성의 호기심을 자극했다. 1930년 전매국에서 발매했던 '홍삼정'도 정력제로 선전했다. 다음 사진과 광고를 보자.

그림14는 '홍삼정' 실제 제품을 찍은 사진이다. 전매국에서 만든 이 제품에 대해서 《매일신보》는 사진(그림14)과 함께 홍삼정을 다음과 같이 홍보해 주었다.

> 홍삼은 예부터 만병에 명약이라 하여 자못 세간에 그 이름이 높아 모를 사람이 별로 없다.
> 그중에서도 신경쇠약, '히스테리', 성욕 감퇴 등에 제일 효과가 많은데, 총독부 전매국에서는
> 그것을 가루로 만들어 판매하던 것을 … 일반이 가지고 다니기 편리하도록 홍삼정을 만들어
> 판매한다고 한다.[335]

이 기사에 따르면 '홍삼정'은 성욕 감퇴에 좋은 정력제였다. 그림15의 '관제 홍삼정' 광고에서도 정력을 강화하는 비약秘藥이라면서 주요하게 성욕 감퇴와 초로기 정력 쇠약에 효과가 있다고 했다.

이제 정력제 제3유형인 최음제를 살펴보자. 최음제 광고에서는 '정력 없는 남자'의 위기의식을 부추겼다. '킹오브킹즈'가 대표적이다.

그림14 "전매국 제조 홍삼정",
《매일신보》 1930년 11월 29일.

그림15 "관제 홍삼정", 《조선신문》 1931년 5월 17일.

그림16 '킹오브킹즈' 광고 부분, 《동아일보》 1939년 4월 20일.

그림17 "성의 위기", '킹오브킹즈' 광고 부분, 《매일신보》 1940년 7월 13일.

그림16에서는 "어이쿠! 정력 없는 저 남자 골칫덩어리야"라고 말하는 듯하다. 정력이
없는 남자는 여성에게 모멸의 대상이 된다는 뜻이다. 그림17에서는 '성性의 위기'라고
했다. 샤워를 끝낸 여인에게 잔뜩 겁을 내면서 남자가 '킹오브킹즈'를 먹고 있다.
모멸감과 '성의 위기'를 벗어나려면 약을 먹어야만 한다는 메시지다. 다른 지면에 실린
광고에 따르면, '킹오브킹즈'는 "1회에 단 다섯 알만 먹으면 청춘의 기분이 솟아 나는
강정소強精素"였다. 그 약은 생식기능 강화보다는 '성애性愛의 증진제', [336] 다시 말하면 '성
흥분약'이었다. 다음 광고를 더 보자.

그림18에서 '킹오브킹즈'는 "30분이면 흥분 상태에 빠지는 성욕 촉진제"라고 분명하게 밝혔다. 그림19에서는 중국에서 내려오는 비법을 적용한 약이라면서 '킹오브킹즈'를 먹으면 "반절은 깨어 있고 반절은 취한 상태"가 된다고 했다. 이러한 '킹오브킹즈' 광고가 큰지막한 '에로 삽화'와 함께 신문에 자주 실렸다.

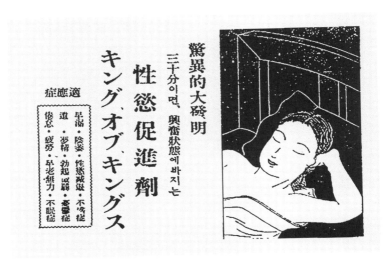

그림18 '킹오브킹즈' 광고 부분, 《매일신보》 1937년 10월 16일.

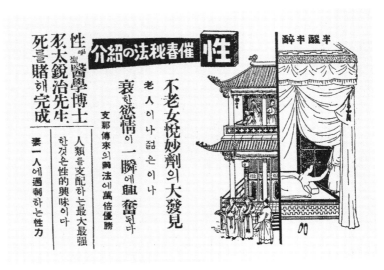

그림19 '킹오브킹즈' 광고 부분, 《매일신보》 1937년 3월 13일.

신비한 호르몬

호르몬이란 무엇인가. 의사는 다음과 같이 소개했다.
"호르몬이란 사람 몸의 내분비기관에서 산출하는 내분비물을
가리켜서 하는 말인데 희랍말 '홀마오'라는 원어에서 시작된
것입니다. 그 뜻은 각성·흥분·자극 등의 의미입니다. 그 후
영국의 대 생리학자 스탈링 씨가 이를 '호르몬'이라 명명하여
오늘까지 이 말로 통용이 되고 있습니다."[337] 그렇다.
호르몬이라는 용어는 1905년 영국의 생리학자 스탈링Ernest
H. Starling이 처음 도입한 뒤부터 남녀의 생식기에서 분비되는
호르몬을 각각 남성 호르몬과 여성 호르몬이라고 불렀다.
다음 글에서 보듯이 이 호르몬이라는 용어가 늦어도 1910년대
중반에 이 땅에 소개되었다.

> 호르몬이라 하면 독자 제씨 중에는 아마 처음 듣는 이가
> 많을까 합니다.…호르몬이란 일종의 화합물化合物이나 혈액에
> 혼수混隨하여 각처로 순환하다가 그 고유한 화학적 작용으로
> 미묘한 조화를 부리는 것입니다.[338]

남성 호르몬과 여성 호르몬이라는 용어는 성호르몬이
'남성성'과 '여성성'을 만들어내는 화학적 근원이라는 성적性的
이원론二元論으로 이어졌다. 일본에서도 1920~1930년대에
걸쳐 여성 호르몬이 여성의 특징과 아름다움을 결정짓는다는
인식이 널리 퍼졌다.[339] 다음 광고가 그것을 반영했다.

그림1 '강력 남성 호르몬', 《조선일보》 1940년 7월 20일.

그림2 '여성 호르몬', 《동아일보》 1939년 9월 30일.

그림1에서는 "남성 호르몬이란 모든 남성의 남자다운 특징과 건강을 유지하며 증진하는
데 불가결한 것입니다. 다시 말하자면 남성 호르몬이 결핍되면 남자다운 특징을
상실하게 됩니다"라고 했다. 그림2에서는 "여성 호르몬은 여성의 성 기능을 발휘시킬
뿐 아니라 여성미의 심볼인 아름다운 자태, 육체적으로 또는 정신적으로 유순한 특징을
나타내게 합니다"라고 했다.
의약품 광고에서는 1920년대 중·후반부터 호르몬이 생식기 장애, 신경쇠약의
특효약으로 광고에서 선을 보였다.[340] 그 뒤부터 "성력이 왕성해진다"[341]라는 식의

'성호르몬' 광고가 줄을 이었다. "남성 호르몬은 체력 우세, 두뇌 현명으로 영웅호걸이 되게 하며, 영웅호걸은 주색을 즐긴다"[342]라는 식의 남근주의와 '에로'를 결합한 광고였다.

1920년대부터 의약품 광고에서 대중의 시선을 끄는 수단으로 나체 삽화를 사용한 사례가 적지 않게 등장했다. 광고에서 보여 주는 나체 삽화는 성적 관심을 환기했다.[343] 이러한 나체 삽화는 성기, 성욕, 정력, 성호르몬 등의 용어와 결합하면서 '에로'의 분위기를 강렬하게 내뿜었다. 1930년대에는 일본의 유행어였던 '에로 그로 넌센스'라는 말이 식민지 조선에서도 곧바로 유행했다. 여기서 '에로'란 에로티시즘이고 그로란 그로테스크(기괴)를 뜻했다. '그로'는 '에로'와 짝을 이룬 것으로서 외설성의 극한까지 근접하는 잔인하고 자극적인 감각의 매개물이다.[344] 잡지에서는 '에로'라는 '모던어'에 대해 다음과 같은 해설을 했다.

> 에로Eroticism : 영어. 영어로 '에로티시즘'인데 그것을 약略하여 그냥 '에로'라고 부른다. 몹시 유행하는 말인데, 곧 '연애 본위' 혹은 '색정 본위'라는 뜻으로 일진一進하여 '음탕'하다는 뜻으로 널리 쓰인다. "현대인은 에로를 좋아한다" "요새 잡지들은 급속히 에로화한다" 등으로 쓸 수 있다. 형용사는 '에로틱'이다. 그러므로 "B군 그리 에로틱해서는 못써" 하거나 "그 영화는 너무 에로틱하다" 등으로 쓸 수 있다.[345]

이 인용문에서 제시한 '에로'의 보기를 광고에 적용해 본다면, "1920년대 특히 1930년대 이후 의약품 광고는 급속히 에로화했다"라고 말할 수 있다. 1930년대에 "에로란 성적 자극"이었고,[346] "진지한 연애보다도 흔히 '오입'의 뜻으로 쓰였다."[347] 포르노 사진과 인쇄물이 1920년대 초반부터 일본에서 들어오기 시작했다.[348] 또한 1920년대에 포르노그래피와 과학(sexology) 사이에 있는 '새로운 지식' 또는 문화가《도해연구 남녀생식기 전서》,《남녀 성욕과 성교의 신연구》같은 책을 통해 유포되었다.[349] "생식기는 생리학·성학·생물학 등의 새로운 자연과학과 당대에 급속하게 변하던 성 풍속, 당대의 보건 상황이 교차하는 몸의 좌표"가 되었다.[350] 그러나 이미 1910년대부터 그러한 '에로'의 경향이 식민지 조선에 유포되고 있었다는 사실을 놓쳐서는 안 된다. 다시 말하면, '1920년대 현상'이 어느 날 갑자기 하늘에서 뚝 떨어진 것은 아니었다. 그림3의 1910년대와 그림4의 1920년대 광고를 겹쳐 보면 그 사실을 알 수 있다.

그림3 《병적 성욕과 생식기 전서》, 《경성일보》 1916년 2월 23일.

그림4 《도해연구 남녀생식기 전서》,
《조선신문》 1924년 1월 17일.

"호르몬 할 것 같으면 직감적으로 생각되기를 혹 남녀 생식선에 대한 무엇을 의미하는
것이 아닌가? 이렇게 상상하는 이들도 계실는지 모를 것"[351]이라는 지적에서 '성호르몬'
광고가 대중에게 미친 영향력을 알 수 있다. 약 광고가 호르몬과 성욕의 관계를
파헤치면서[352] 성호르몬 광고는 에로의 감각과 어우러졌다. 다음의 성호르몬 광고를
보자.

그림5 《조선일보》 1939년 8월 23일.

그림6 《동아일보》 1939년 1월 28일.

그림5는 '고개 숙인 남자'가 정력 감퇴로 고민하고 있다. 그림6은 정력이 없는 사람, 즉 썩은 고목나무에서 꽃이 피게 하는 성호르몬제라고 했다. 성호르몬제 '단Dan'은 다음과 같은 '에로' 분위기의 광고를 계속 쏟아내었다.

그림7에서 이 약은 '정력 보급 자원'이라고 했다. 전시기의 총동원체제에서 '자원 확충', '자원 애호', '인적자원'처럼 '자원'이라는 말이 '시국어'가 되었을 때를 반영한 광고였다. 이 밖에도 이 약은 "정력을 샘솟게 하는 강력적 성호르몬"이라는 헤드카피를 즐겨 사용했다.[353]

아시아–태평양전쟁기에도 성호르몬 광고는 전혀 위세를 잃지 않았다.[354] "호르몬은 전선에 있는 병사에게 불가결한 과단·용기·강건 등등의 남성다운 특징, 여성의 경우에는 유순한 여성다운 특징을 발현시킨다"라고 했다.[355] '호르몬 정치'라고 부를 수 있는 이러한 성 역할 규범은 전쟁을 계기로 더욱 폭력화할 수 있다. 또한 "남성주의적 결속을 통해 제국주의를 정당화하는 논리"[356]로 나아갔다.

호르몬은 성性에만 한정된 것은 아니었다. 광고 문안에서도 다음과 같이 강조했다. "종래 호르몬이라면 곧 성에만 관련시켜서 생각해 왔으나 이것은 이 외에 전신의 기능을 조화 통일시키며 건강을 증진하는 것입니다."[357] 그림8을 보자.

그림7 "정력보급 자원, 활성 호르몬제", 《동아일보》 1940년 4월 12일.

그림8에서 "피와 살과 뼈가
된다"라는 골수骨髓 호르몬은
철갑을 두른 듯 강력하다. 이
약은 임신한 부인을 비롯하여
모든 여성이 먹는 약으로도
선전했다. 빈혈약이자[358]
동물성 칼슘을 배합한
약이었다.[359] 그림9는 갑상샘
호르몬이 온몸의 혈관을 돌며
만병통치약의 기능을 한다고
주장했다. 그러나 의사들은
"회생한다, 불로장생한다"라는
말은 호르몬 광고의 '헛된
장난'이라고 지적했다.[360]
그 무렵의 호르몬제는 식물성과
동물성이 있다고 광고했다. 두
광고를 견주어 보자.

그림8 '골수 호르몬 철제제', 《조선일보》 1934년 9월 16일.

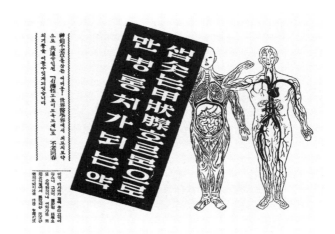

그림9 《조선일보》 1938년 2월 24일.

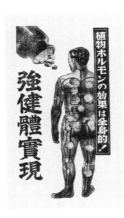

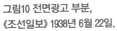

그림10 전면광고 부분,
《조선일보》1938년 6월 22일.

그림11 '장기臟器 호르몬제', 《매일신보》1943년 4월 6일.

그림10에서 식물 호르몬이란 식물에 있는 비타민과는 다른 것이라면서 식물 호르몬의
효과는 '전신적'이라고 했다. 그림11에서 '담신'이라는 '장기臟器 호르몬제'는 곰 쓸개나
소의 쓸개 그리고 인삼을 섞은 약이었다.[361] 정말 이런 것들을 호르몬약이라고 할 수
있을까? 다음 기사를 보자.

최근 '홀몬'이라는 것이 비상히 유행하고 있다. 신약은 물론 매약買藥이라도 '홀몬'을 함유한
것이라면 비상한 세력으로 팔리게 된다. 그 밖에 화장품에도 '홀몬 크림'이라는 것이 발매되고
있다. 이렇게 약은 물론 '크림'까지 홀몬이 함유되어 있다고 하면 일반의 구매력이 향상되는
현상을 보여 준다. 그러나 일반 세인은 '홀몬'에 대한 지식이 적은 까닭에 내용이 의심스러운
홀몬제라도 하등의 음미를 가하지 않고 곧 그의 효력을 과신過信하는 경향이 있다. 심지어
음식점에서도 '홀몬'의 유행을 이용하여 소위 '홀몬' 영양식이라는 명칭하에 식품을 선전하면
아무리 고가高價라도 대단히 잘 팔린다고 한다.[362]

여성 호르몬이 들어간 약은 '생식기능의 왕성' 뿐만 아니라 여성미를 갖추는 데 꼭
필요하다고 광고했다. "넘치는 건강과 미", 이것이 여성 호르몬 광고의 핵심이었다.[363]
한방약인 '중장탕'마저도 호르몬 붐을 이용했다. 다음은 호르몬의 효과를 내세운 '중장탕'
광고다.

그림12 "여성 호르몬은 중장탕으로부터", 《조선일보》 1936년 4월 11일.

그림13 "여성 호르몬, 여성미", 《조선일보》 1936년 5월 14일.

"여성 호르몬은 중장탕으로부터." 마치 호르몬의 원조처럼 보이게 한다. '위대한 여성미'라고 적어서 그 어느 화장품보다 이 약이 더 미용에 좋다는 인식을 심어 준다. 두 광고 모두 모던 여성을 앞세운 당대의 화장품 광고와 똑같은 화면 구성을 했다.[364] 일제강점기에 호르몬이라는 말을 입에 담지 않는 사람이 없을 만큼 호르몬약은 사람들의 관심을 끌었다.[365] 그러나 그 무렵 호르몬은 과학적으로 검토되고 있는 단계여서 호르몬에 대한 지식은 "아직 어두운 밤중이라고 할 수밖에 없었다."[366]

알게 된
비타민

1912년에 풍크Casimir Funk는 각기병을 예방하는 현미에 질소 함유물인 아민amine이 들어 있는 것을 발견하고 'vital amine' 즉, 'vitamine'이라고 이름 붙였다. 일제강점기에 비타민을 활력소라고 번역한 글도 있지만,[367] 사람들은 '서양 언문諺文' 그대로 비타민이라고 했다.[368] 이 땅에서 비타민이 언제부터 사람들 입에 오르내렸는지 분명하지 않다. 1925년 신문 기사에 따르면 "요새 음식 광고에는 '비타민'이란 말이 한참 유행이다. 약에도 비타민, 우유에도, 과자에도 보리차에도 그것이 아니면 안 될 형편"[369]이라고 했다. 생각보다 일찍 비타민이 일상생활 속에 뿌리내렸음을 알 수 있다. 그 무렵의 비타민 광고를 보자.

건장한 남자가 '이연 비타민A' 선전 문구를 펼쳐 들고 있다. 이 광고의 남성은 옷을 벗어 건강미를 뽐내고 있다. 이 광고에 따르면 비타민A는 정력 증진과 결핵 질환, 각기 예방, 류머티즘, 신경통 등 그 약효가 매우 넓다. 매체는 비타민에 관련된 '의학상식'을 자주 실었다.[370] 대개 다음과 엇비슷한 내용이다.

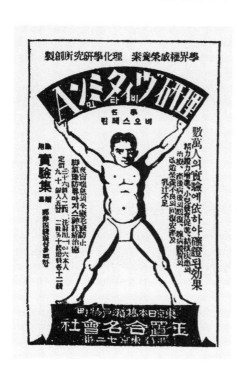

그림1 '이연 비타민A', 《동아일보》 1925년 5월 14일.

만일 우리가 비타민A를 먹지 못하면 야맹증夜盲病, 밤눈쟁이가 되고 비타민B를 먹지 못하면 각기脚氣가 되고, 비타민C를 먹지 못하면 혈류병流血病, 피 썩는 병에 걸리고 비타민D를 먹지 못하면 구루병이라 하여 뼈가 굳지 않는 병 다시 말하면 곱사등이 같은 병에 걸리고, 비타민E를 먹지 못하면 생식生殖하는 작용이 준다고

합니다.[371]

또 매체는 음식물 안에 있는 비타민 함량, 미용과 비타민의 관계 등의 기사를 즐겨 실어 오늘날 못지않은 비타민 열정을 보여 주었다. 비타민 광고는 의약품 광고에서 꽤 높은 비중을 차지했다. 대부분 비타민이 광범위한 효과가 있다는 내용이었다. 그 가운데는 비타민을 강장제로 선전한 것도 적지 않다. 다음 광고가 그 보기다.

그림2 "강장제의 대왕", 《조선일보》 1940년 1월 18일.

그림2에 따르면 비타민A는 '강장제의 대왕'으로서 비타민 한 알은 달걀 15개, 우유 석 되와 같다고 했다. 다음 광고에서 보듯이 비타민A는 특별히 감기 예방에도 좋다고 했다.

그림3 "감기 예방에", 《조선일보》 1927년 12월 19일; 《조선신문》 1927년 12월 14일; 《경성일보》 1927년 12월 14일.

그림3은 사랑스러운 자제가 감기에 걸리지 않게 하려면 "입을 막기 전에 이연 비타민A를 주시오"라고 했다. 그림3에서는 "마스크를 쓰다"라는 말을 "입을 막다"라고 번역했다. 그 밖에도 비타민A는 신경쇠약,[372] 폐결핵 요양[373]에 좋다면서 특정 환자를 겨냥하는 광고도 했다. 비타민A는 전시체제가 되면서 크게 주목받았다. 비타민A를 먹은 사람이 눈이 좋아서 적의 비행기와 배를 잘 볼 수 있고 전투를 잘할 수 있다는 이유에서였다.[374] 이제 비타민B에 관련된 광고도 보자.

그림4 '각기脚氣', 《경성일보》 1929년 5월 6일.

그림5 "맛있는 비타민, 비타민 비스킷", 《경성일보》
1939년 3월 14일.

그림4는 다리가 붓고 마비되는 각기의
증상을 그렸다. 각기는 지나치게 많이
찧은 쌀이나 밀을 주식으로 하는 사람에게
많이 생겼다. 비타민B1을 함유한 곡물
껍질을 다 깎아 낸 탓에 생긴 병이다.[375]
비스킷 광고(그림5)는 비타민B2를 '발육
촉진의 영양'이라고 규정했다. 광고
문안에는 "비타민은 체내에서 생성될 수
없으므로 어떻게든 외부에서 공급해야
한다. 이 비타민B2는 발육 촉진성
영양이라고 부르며 어른만이 아니라
특히 발육기의 유아에게 필요하다"라고
적었다. 비타민CDF는 주로 화장품
광고에서 활용했다. 그 내용은 3장 '약이
되는 화장품'에서 다루겠다. 전시체제기의
비타민은 시대의 요구에 맞게 광고 전략을
세웠다. 그 내용을 보자.

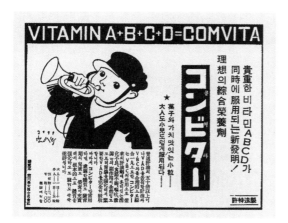

그림6 "비타민ABCD", 《조선일보》 1940년 1월 25일.　　　　그림7 '비타민AD', 《매일신보》 1942년 3월 3일.

그림6 종합비타민 광고에서는 어린이가 진군나팔을 분다. 그림7 비타민AD 광고에서는
어린이가 철모의 끈을 동여맨다. 어린이를 모델로 삼아 전쟁을 미화하고 일본군에 대한
환상을 퍼뜨리는 광고 전략이다.

그림8 광고 문안에서는 "바쁜 산업전선에서 활약하는 공장인 가운데 병 환자가 격증하고
있으니 건강과 영양에 특히 조심하십시오"라고 적었다. 전시체제기의 '경제전'에 내몰린
노동자가 산업재해와 함께 온갖 질병에 시달렸던 것은 숨길 수 없는 사실이었다.
식량부족으로 영양에도 문제가 생겼으니 더욱 질병에 취약할 수밖에 없었다. 이 틈을
노려 제약회사는 비타민 광고를 하고 있다. 그런데 '산업전선의 공장인'은 비싼 비타민을
사서 먹을 수 있었을까. 그림9를 보면서 함께 생각해 보자.

그림8 "근력을 창조하는 영양", 《만선일보》 1940년 9월 26일.

그림9 "도회의 남녀와 비타민ABC", 《조선일보》 1934년 4월 30일.

나물 캐는 여자아이와 도회의 남녀를 그렸다. 농촌 아이가 맨발로 나물을 캐러 다닌다.
보릿고개에 식민지 자식의 목숨을 이어 줄 나물이다. 나물 바구니를 보며 도회의 남녀가
말한다. "아이고 이것이 나물일세? 비타민ABCDEF가 있는…" "시골 사람은 쌀밥을 못
먹고 소를 부리고도 쇠고기를 못 먹으면서도 '비타민'을 먹어서 오래 살지?" 삽화에 실린
글에서 그렇게 적었다. 도회 남녀의 '상판'과 차림새가 참 얄밉다.
나는 다음 글을 옮겨 적으면서 길었던 이 책 2장을 마무리하려 한다. '약의 잔치'에
초대받지 못했던 많은 식민지 민중을 생각하면서.

비타민ABC! 흙으로라도 주린 창자를 채우려는 이에게 비타민이 다 무엇인고? 음식을 대하면
영양 가치를 논하는 자들의 상판이 다시 한 번 쳐다보인다. 호박, 가지, 무잎 이것도 허락 없이
가지지 못하였음을 어쩌랴?[376]

건강을 팝니다

약에 버금가는 것

약이
되는
술,

맥주와
포도주

"태초에 술이 있었다", "신은 물을 만들고 인간은 술을
빚었다"라는 말처럼 술과 인간의 삶은 서로 떼려야 뗄 수
없는 관계다. 어떤 사람에게는 술 한 잔이야말로 다시없는
위안이요 오락이고 강심제요 활력소가 된다. 그러나 술은
설령 정신 건강에 좋다 하더라도 흔히 몸 건강에는 좋지
않다고 한다. 그러나 단호하게 술이 몸에 좋다고 선전했던
광고가 있다. 1903년 한자투성이로 쓴 일본 맥주 광고
문안을 요즈음 글로 옮겨 보자. "마셔라, 마셔라, 맥주.
맥주를 마시지 않는 사람은 개화하지 못한 사람이다. 세상에
술은 몇백 가지가 있지만, 맥주처럼 몸에 해롭지 않고
오히려 효험이 많은 것이 없다. 개화한 국민은 다 마신다."[1]
1910년대에 들어서면 맥주는 자주 여름철 청량음료나,[2]
'자양강장음료'[3]로 광고했다. 여러 방법으로 자양강장의
이미지를 전파했다. 무엇보다 맥주에 영양이 많다고
선전했다.

그림1 "맥주의 영양가", 《경성일보》 1924년 8월 20일.　　그림2 "맥주의 영양가", 《동아일보》 1931년 6월 2일.

위의 광고에서는 맥주 한 병 또는 한 잔에 쇠고기 얼마만큼의 영양가가 있다고 설명했다. 어디 쇠고기만 영양가의 기준이 될까. 그림3에서는 "세상에서 가장 간단하고 영양가 많은 음식물은 빵, 치즈, 맥주 이 세 가지"라고 했다.

그림3 "빵, 치즈, 맥주", 《동아일보》 1936년 6월 18일.

그림4 "말하지 마라", 《조선일보》 1938년 8월 12일.

정말 맥주가 영양가가 많을까. 그러한 의심을 누그러뜨리는 광고도 있다.
그때마다 '권위자'의 말을 빌렸다. 어느 검사소 소장이 말했단다. "맥주는
술이 아니다. 그러면 무엇이냐. 자양품이다."⁴ 또 '영국주조시험소'가
발표했단다. "맥주는 첫째, 신체조직의 구조를 유지하게 한다. 둘째, 체온과
힘을 발생한다. 셋째, 체내 기관의 작용을 조절한다."⁵ 그림4는 "맥주가
건강에 좋다는 것을 모르고서는 맥주에 대해서 이러쿵저러쿵 말하지
말라"라고 했다. 그림5에서 맥주를 즐겨 먹는 사람은 무거운 역기도 거뜬히
든다.

그림5 《매일신보》 1938년 4월 7일.

그림6 "급속히 정력이 된다", 《동아일보》 1938년 10월 23일.

와인, 또는 포도주 광고는 거의 모두 '건강한 술'을 표방했다. 특히 남성을
겨냥해서 '정력 강화'를 내세우기도 했다.

포도주를 마시면 "아주 빠르게 정력이 된다"라고 했다. "포도주에
들어 있는 포도당과 과당은 몸으로 그대로 흡수되어 체력을 빠르게
고무시킨다"라는 내용이다. 그 밖에도 포도주는 전염병 예방에 좋다고도
했다. 위생경찰을 모델로 등장시키면서 "전염병에 걸린 사람은 포도주를
먹지 않은 사람"이라고 경고했다.[6] 포도주 광고는 여기서 더 나아가 마치
만병통치약처럼 선전했다. "아침저녁으로 한 잔씩 마시면 불로장생"한다.[7]
포도주는 "피와 살이 되는 백약百藥의 으뜸"[8]이라도 했다. 포도주는
다음에서 보듯이 여성 소비자도 겨냥했다.

그림7 《동아일보》 1939년 11월 10일.

그림8 "식전의 한 잔, 만약萬藥이 무용無用", 《매일신보》 1938년 9월 15일.

위의 광고를 보면 여성이 포도주를 마시자 온천을 하는
것처럼 온몸이 따뜻해지면서 냉증이 사라진다. 또 "밥
먹기 전에 한 잔을 마시면 모든 약이 필요 없다." 또한
포도주는 "위장병, 신경쇠약, 정력 감퇴, 빈혈 허약,
산전 산후, 병후 회복"에 잘 듣는 '보혈강장주'였다.[9]
전시체제가 되어 내핍 생활을 강요할 때도 포도주
광고는 이어졌다. 주로 포도주를 많이 마셔서 건강하게
나라에 봉사하라는 논리였다.[10] 다음 전시체제기의
포도주 광고를 보자.

그림9 "구급상자에 적옥 포트와인", 《동아일보》 1939년 8월 30일.

그림9에서는 여러 증상에 포도주가 좋으니까 아예 구급함 위에 포도주를 놓아두라고
했다. 그림10에서는 "격무로 신체를 혹사하는 모든 사람"이 포도주를 마시고 "건강으로,
건설로 나아가자"라고 했다. 이 무렵 다른 포도주 광고에서는 "일장기, 애국 헌금함,
폐품 정리함, 비상 방화放火 용구와 함께 '체위향상의 음료'인 포도주를 전시 가정의
필수품으로 준비하라"라고 했다.[11]

그림10 "자 출정이다, 건강으로 건설로!", 《경성일보》 1939년 3월 5일.

그림11 "건강을 지키는 일상공작",《매일신보》 1939년 10월 8일.

그림11의 포도주 광고는 거대한 공장을 배경으로 해머를
든 '산업전사'를 그렸다.
파시즘의 분위기가 짙게 담겨 있는 이 광고의 문안은
다음과 같다.
"하늘의 용사가 공격을 마치고 기지로 돌아오면 기체를
꼼꼼하게 정비하듯이 사람의 몸도 그와 같이해야 한다.
밀어닥치는 작업으로 피로할 때에는 '하찌はち(蜂)'
포도주를 마셔서 기운을 회복하고 건강을 상하게 하지
않는 일상공작이 꼭 필요하다." 이 광고는 기계-신체를
정비하는 '일상공작'에서 포도주가 꼭 필요하다고
말했다.

영양 많은 기호품

여러 기호품은 사람의 입맛만이 아니라 건강까지를 마케팅 전략으로 삼았다. '가장 모던한 과자'인 초콜릿은 '사랑을 낚는 미끼'로 소개되곤 했다.[12] 또한, 초콜릿은 "미각의 여왕이자 영양의 대왕"이기도 했다.[13] 그림1은 초콜릿을 '활동의 가솔린'이라고 했다.

초콜릿 광고는 "주머니에 넣을 수 있는 호화로운 식탁"이라고도 했다.[14] 광고에 따르면, 전쟁 때에 초콜릿은 "싸우는 활력"이었다. "전선에 있는 용사들 사이에서

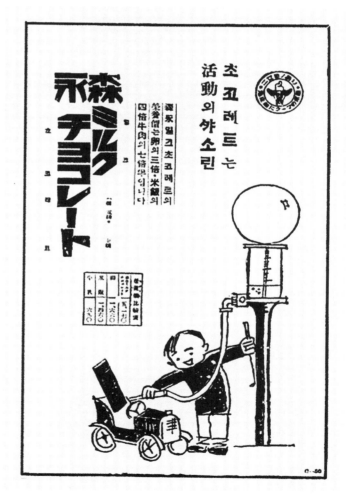

그림1 "초콜릿은 활동의 가솔린", 《동아일보》 1929년 11월 9일.

초콜릿은 '전력 축적환戰力 蓄積丸'이라고 부릅니다. 적당한
자극과 풍부한 영양이 전투 활력을 높입니다.'"[15]
일본에서는 20세기에 들어서면서 과자 붐이 일어났다.
1920년대 일본에서는 '영양입국'을 실현하는 운동이 있었다.
강하고 건강한 나라를 만들려면 '영양 섭취'가 중요하다는
생각이었다. 오늘날과 매우 다르게 설탕은 건강 증진에 아주
중요한 요소였고, 과자는 필요한 칼로리를 제공하는 것으로
여겼다.[16] 캐러멜과 과자가 영양과 건강을 내세우는 광고를
싣는 것은 당연했다.

그림2의 캐러멜 광고는 의약품 광고에서 흔하게 이용하는
근육질의 남성을 등장시켰다. "힘은 근육이다. 운동과 영양의
근육." 그렇게 캐러멜 광고는 강장제의 이미지를 끌어왔다.
그림3은 "일생에서 현명함과 어리석음은 7~8세 무렵에
결정된다"라면서 이 '영양과자'를 아이에게 먹이라고 했다.
어린이를 표적으로 삼았던 캐러멜은 그림4·5에서 보듯이
영양이 풍부해서 살찌게 한다.

그림2 "힘은 근육이다", 《경성일보》 1922년 11월 27일.

그림3 '영양 과자', 《경성일보》 1938년 4월 3일.

그림4 "먹으면 살찌는", 《동아일보》 1925년 6월 19일.

그림5 "한 개마다 영양이 가득", 《동아일보》 1931년 3월 7일.

그림6 "어린이는 내일의 일본 군인이다",
《조선일보》 1937년 10월 10일.

그림6·7처럼 중일전쟁 뒤에는 '강인한 군인'
이미지와 캐러멜의 영양을 겹치게 하는 광고를 자주
했다.

영양이 풍부해서 어린이를 뒷날에 '무적 황군'으로
만들어 준다는 내용이나 병정놀이하는 어린이를
그린 것이 눈에 띈다. 사실 일본 군인은 단음식과
가공식품을 먹으면서 중국 본토와 태평양에서
전쟁을 했다. 특히 중일전쟁 때 일본 병사들은
과자나 단 음식을 많이 요구했다. 후방에 있는
사람들은 머뭇거림 없이 위문대에 캐러멜 상자를
넣었다.[17]

'목으로 넘기지 않는 특별한 과자'인 껌은 1920년대
중반까지만 해도 광고로 '사용법'을 설명해야 할
만큼 신기한 먹을거리였다.[18] 초창기 광고에서 껌은
"효과가 크고 씹는 취미가 많은 과자"였다. 그 무렵 껌의 효능을 다음과 같이 적었다.
껌은 "이를 건강하게 할 뿐만 아니라 소화를 돕고 갈증을 억제하며 호흡을 상쾌하게
한다. 또 기차나 배의 취취(멀미)를 예방한다"라고 했다.[19] 한발 더 나아가 '씹는 과자'인
껌이 '전염병의 파수꾼'이라는 광고도 있다.

그림7 "기운이 나는 맛난 과자", 《조선일보》 1938년 5월 21일.

그림8 "입을 청결하게, 위의 소화를 돕는다", 《조선일보》 1925년 6월 12일.

그림8에서는 세균에 맞서 껌이 총을 들었다. "모든 병은
대개 구강계통을 통해 침범하기 때문에 껌을 씹어서 입안을
청결하게 하라"는 내용이다. 또한 "호열자, 장질부사 등
모든 소화기성 전염병은 어름과 물을 많이 먹을 때 인체에
들어온다. 갈증이 날 때 껌 하나를 10분이나 20분 정도
씹으면 물이 필요하지 않다"라고도 했다.[20]

먹을거리를 팔면서 건강에 나쁘다고 하는 일은 어디에도
없다. 청량음료도 예외는 아니다. 그림9는 자신의 제품이
영양이 풍부한 '자양강장' 음료이며 체력을 북돋우기 때문에
환자에게 좋다고 한다.

그림9 "병문안에 칼피스", 《조선일보》 1939년 7월 5일.

중일전쟁 뒤에 이 땅에 모습을 드러낸 특별한
기호품이 있다. 건빵이다. 일본은 1931년에 크기가
컸던 칸멘포乾麵麭에서 독일군 식량인 '하드
비스킷'을 참고로 하여 건빵을 작게 만들었다. 거기에
콘페이토金平糖(별사탕)를 함께 넣었다. 일제는 1937년
중일전쟁 뒤에 군용 식량을 봉지로 포장하여 모든
국민에게 보급하려 했다. 식민지 조선에서도 건빵을
'국방식품', [21] '비상식량', [22] '국민의 휴대식'[23]으로
선전했다. 광고 문안은 다음과 같다.

> 휴대식이란 가지고 다니기에 편리하고 굽고 지지는 수고가
> 없고도 상당히 맛이 좋고, 영양가 높고, 배가 부르게 되는
> 것을 조건으로 한다. 건빵은 군대의 휴대식인 만큼 이
> 조건을 완비하고 눈과 입을 즐겁게 하는 金平糖(별사탕)이
> 들어 있다. [24]

건빵을 '절호의 휴대식량'이자 새로운 주먹밥이라고
소개한 그림10을 보자.
이 광고에는 건빵이 "만주사변 뒤에 소형이 되었다"라는
중요한 정보가 담겨 있다. 또한, 이 광고는 "단단하지
않고 입에 붙지 않는다. 영양가가 쌀밥의 세 배다. 잼을
바르면 더욱 맛있다"라고 적었다. 일제는 전시체제에서
어린 학생을 비롯한 각층의 대중을 근로봉사에
동원했다. 주린 배를 움켜쥐고 힘겨운 노동을 해야 했다.
그때를 놓치지 않고 건빵은 다음과 같은 광고를 했다.

새 로 운 주 먹 밥

新握飯

★ 쨤을바르면더욱맛이잇게된다
★★ 榮養價가米飯의三倍나잇다
★★★ 단단치안 코口中에붓지안는다
★ 滿洲事變以來小型이되엿다

絶好의携帶食糧！

軍用型

森永乾パン

森永製菓株式會社　一圅十錢　百그람三九二카로리一

그림10 "건빵, 새로운 주먹밥", 《조선일보》 1939년 4월 11일.

그림11 "근로봉사의 휴대식", 《경성일보》
1939년 9월 29일.

그림12 "근로작업의 식량", 《조선일보》 1938년 10월 30일.

건빵 광고의 문안을 요약하면 건빵은 체력과[25] 힘을 길러[26] 총후를 준비하고[27] 장기전에 대비하는 식품[28]이었다. 그 밖에 일제는 쌀 절약 운동을 할 때 "점심에는 건빵을 먹자"라는 캠페인을 하기도 했다.[29]

일제강점기에 화학조미료 아지노모도가 음식에 감칠맛을 낸다면서 엄청난 광고를 퍼부으며 식민지 조선으로 진출했다. '경제적이고 합리적으로' 좋은 맛을 내려면 자기 제품을 쓰라는 것이 주요한 광고 전략이었다. 그림13에서 보듯이 아지노모도를 쓰면 건강해진다는 전략도 많이 썼다.

그림13 "식욕을 증진시킨다", 《경성일보》 1935년 2월 8일.

그림14에 따르면 아지노모도를
쓰면 식욕을 증진하고 위액
분비를 촉진하여 신체를
튼튼하게 한다고 했다.
"아지노모도로 양념해서 건강을
챙기라"고 의사가 권고하는
광고도 있다.[30]

그림14 "위액 분비를 촉진", 《조선일보》 1939년 9월 9일.

그림15 "병을 고치는 것은 늦다", 《경성일보》 1935년 8월 18일.

그림16 "건강은 나라에 봉공", 《경성일보》 1932년 1월 7일.

그림15는 병원 기구와 부엌을 견주었다. 병을
치료하려면 이미 늦다. 그 전에 조미료를 써서 맛있는
음식을 먹고 소화를 잘하라는 뜻이다. 아지노모도 광고
하나를 더 보자. 그림16은 화학조미료를 넣은 음식으로
건강해져서 일본에 봉사하라는 내용이다. 그림17에서
보듯이 아지노모도 말고도 '영양보국', 즉 영양을
국민에게 제공해서 나라에 보답한다는 내용은 식품
광고에서 많이 활용했다,

그림17 "영양보국의 신제품", 《경성일보》 1934년 10월 11일.

이처럼 '영양보국' 등을 내걸면서 건강과 국가주의를 연결하는
기호품과 음식물 광고는 전시체제기에 부쩍 많아졌다.

약이 되는 화장품

"미의 극치인 여성미, 먼저 피부미로부터"[31] 온갖 매체와 광고에서 이렇게 말했다. 신문과 잡지에서는 '피부과학으로 본 화장법' 같은 기사도 심심찮게 실렸다.[32] 화장품 광고는 피부 건강만이 아닌 여성의 당당함이라는 정신 건강까지도 겨냥했다. 화장품 광고는 자외선 차단, 비타민 함유, 피부 호르몬, 영양 크림, 발모 효과 등에서 보듯이 의학적인 접근을 시도하면서 건강하고 싶은 인간의 마음에 다가가려 한다. "구라부 미신 크림의 위대한 의학적 효과",[33] 이 광고 문안은 화장품의 숨은 전략을 잘 드러낸다.[34] 초창기 화장품 광고를 보자.

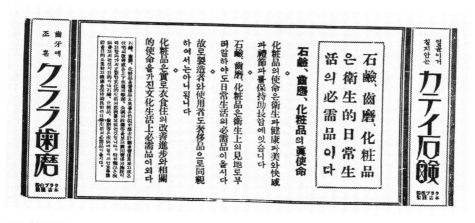

그림1 "화장품은 위생적 일상생활의 필수품", 《동아일보》 1924년 8월 26일.

"비누·치약·화장품은 위생적 일상생활의 필수품이다." 이
광고에서 화장품의 사명은 미적 가치뿐만 아니라 위생과
건강에 있다고 강조했다. 이 밖에도 "미와 위생을 겸하는
화장품"이라는 것을 전면에 내세운 광고도 있다.[35] "살결을
튼튼하게 하고 예쁘게 한다", "피부 속부터 젊고 희게
만든다"라는 광고가 아주 흔하다.

피부를 튼튼하게 한다는 화장품은 의약품과 겹치는 광고
전략을 쓰는 일이 많았다. 그림2·3이 그 보기다.

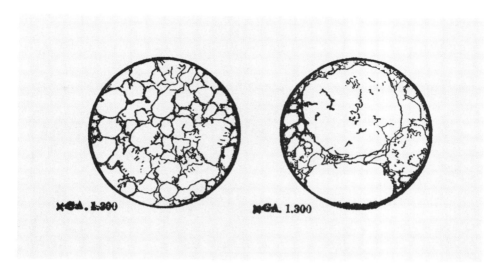

그림2 화장품 광고 부분, 《조선일보》 1936년 11월 25일.

그림2는 1300배 현미경으로 본
피부를 그렸다. 왼쪽은 자기 회사가
만든 화장품을 쓴 피부이고 오른쪽은
불량한 크림을 쓴 피부다. 그림3은
피지 분비선을 현미경 그림과 함께
제시했다. 피부 크림 화장품이지만
의약품 광고 기법과 완전히 일치한다.

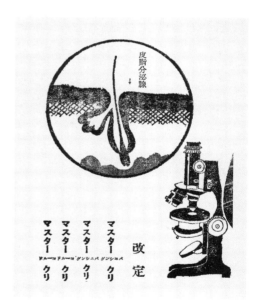

그림3 광고 부분, 《조선일보》 1936년 7월 16일.

그림4 "비타민C, 미용과 영양에 우수한 효과", 《조선일보》 1939년 6월 16일.

화장품에서는 비타민C, 비타민D, 비타민F를 활용한 광고전을
펼쳤다. 차례대로 그 사례를 살펴보자.
그림4는 "비타민C가 미용과 영양에 우수한 효력이 있다"라고
카피를 달고 파파야부터 바나나까지 비타민 함유량을 표시했다.
모든 과일 가운데 파파야가 비타민C가 가장 많다. 그 파파야로 만든
'파파인 효소'를 미용 크림에 넣었다고 선전했다. 같은 상품의 다른
광고에서는 "일본의 생명선인 남양南洋에서 나는 '파파인'이야말로
미의 생명선"[36]이라고 했다.
1930년부터 비타민D가 신문 기사 등에 실리기 시작했다.[37] 그림5는
'비타민D의 피부 효과'를 헤드카피로 삼은 광고다.

이 화장품은 "햇볕에 쏘이면 비타민D로 변하는 성분이 들어 있다"라고 선전했다.[38] 이 제품 말고도 "피부의 영양과 보호 약으로 학계에 정평이 있는 비타민D를 넣었다"라는 화장품 광고가 있다.[39]

그림5 "비타민D의 아름다운 피부 효과", 《조선일보》 1938년 3월 18일.

그림6 "비타민F 배합제", 《경성일보》 1938년 1월 31일.

비타민F는 포마드 광고에서 적극적으로 활용했다. 포마드는
'정발양모료整髮養毛料'로 선전하곤 했다.[40] 머리를 단정하게
하고 머리카락을 나게 한다는 뜻이다. '양모養毛'와 관련해서
포마드는 비타민F를 활용해서 마치 의약품처럼 광고했다.

그림7 "비타민F 배합제", 《조선일보》 1938년 6월 16일.

그림6은 비타민F 배합제를 일본에서 비로소 성공해서 만든 포마드이며 대머리가 되기 전에 바르라고 했다. 그림7은 비타민F의 효과를 힘 있게 내려치는 주먹에 빗댔다. 모발이 강한 자극을 받았다. 그리고 비타민F에 대한 설명을 마치 의학서처럼 꼼꼼하게 적어 놓았다.

화장품은 "여성을 가장 곤란하게 하는 피부 이변"[41]을 바로잡겠다고 나섰다. 피부를 건강하게 하면서 아름답게 하는 것을 일컬어 광고에서는 '이중화장'이라고 했다.[42] "숙녀계의 유행어는 이중화장 작용"이라고 했다.[43] 특히 건강미를 강조했던 전시체제기에 '약용 크림'이 '이중화장'에 앞장섰다.

그림8 "비타민과 호르몬" 광고 부분, 《조선일보》 1939년
7월 23일.

그림9 '약용 크림', 《춘추》 18호, 1943년 1월.

피부의 단면도를 그리고 비타민과 호르몬을 넣었다고 설명하는 약용 크림, 그리고
살결이 거칠어지는 것을 막는 약용 크림 광고다.

화장품의 기능성을 강조하는 데 호르몬이 동원되었다. 일반적으로 신체의
내분비기관에서 생성되는 화학물질들을 통틀어 호르몬이라고 한다. 여성 화장품뿐만
아니라 면도 뒤에 바르는 크림과 포마드 등 남성용 화장품에서도 호르몬을 활용했다.

그림10 '스킨 호르몬', 《조선일보》 1936년 3월 24일.

그림10은 부인이 늘 쓰고 있는 '스킨 호르몬'이 들어간 이 화장품을 면도 뒤에 바르면 "살결에 영양을 주고 미균黴菌을 방지한다"라고 했다. 그림11에서는 "젊은이가 머리가 벗어지면 보기 흉하니까" '모생 호르몬'이 들어간 이 포마드를 아침마다 바르라고 한다.[44] 전시체제가 되면 화장품은 건강미를 강조했다. 이때의 건강미에는 '국가를 위한 신체'의 뜻이 담겨 있다. 화장의 사회적 의미도 달라졌다. 예전에는 "화장은 문화생활의 하나이자 예절이다"라고 광고했지만, 전시체제기에서는 '건강화장', '애국화장' 따위로 광고 전략을 바꾸었다.[45]

그림11 "모생 호르몬, 코레스테린 함유", 《조광》 3권 9호, 1937년 9월.

약
너
머
의
의
료
기
기

'신비로운' 전기·전파 치료기[46]

기록에 따르면 우리나라에 전기가 들어온 때는 1884년쯤이다. 우여곡절 끝에 1887년 3월에 경복궁 안에 있는 건천궁에서 처음으로 100촉짜리 전구 두 개가 불을 밝혔다. 1900년에는 한성전기회사가 종로 네거리에 전등 세 개를 달아 처음으로 가로등을 설치했다. 그보다 한 해 앞선 1899년에는 전주와 전선에서 동력을 받아 일정한 궤도 위를 달리는 전차(streetcar)가 새로운 교통수단으로 모습을 드러내었다. 이렇게 전기가 차츰 생활 속으로 파고들었지만, 1910년대까지도 전기는 대중에게 강렬한 호기심과 취미의 대상이었다. 지금 읽으면 황당한 내용이 잡지에 실렸다. "우리 신세기는 과학 만능시대다. '전기 밭'을 만들고 전기 재배를 하니 식물이 전류 때문에 현저히 빨리 자랐다. 소학교의 한 교실 천장과 4면 벽에 '감응 코일'을 장치하고 전류를 통하면서 수업을 하자 신장과 체중이 발달하고 성적이 좋아졌다. 음식물이 인체에 미치는 결과와 같이 전기가 인체 유지에 필요한 '에네르기'를 보급하게 될 것이다."[47] "평류전기平流電氣나 감전전기感傳電氣를 위부胃部에 통하면" 위장병에 좋다는 글도 있다.[48] 1939년에 "130명의 권위자가 모두 참여하여 가정의학을 집대성한《조선가정의학전서》가 있다.[49] 그 책에서는 "인체는 화학상으로 보면 전해질용액과 교질액膠質液의 혼합물이라 할 수 있고 전기적으로 본다면 미소한 축전기와 저항체의 복잡한 결합이라고 볼 수 있다. 그러므로 전자액의 작용을 받아 물리화학적 생물학적 변화를 일으킴은 상상할 수 있는 바다"라고 적었다.[50] 어떤 학자가 다음과 같이 지적했다. "19세기 말까지 전기나 자기는 인간과 자연을 매개하고 질병을 발생하거나 치유하는 힘으로 사람들의 상상력을 불러일으켜 왔다. 우리는 이런 상상력이나 신앙을 지나간 시대의 미신으로 간단히 정리해 버려서는 안 된다."[51] 이 말을 따라《대한매일신보》에 잇달아 실렸던 자택 치료 '전기대' 광고를 해석해 보자.

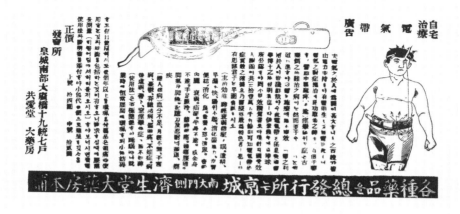

그림1 '전기대', 《대한매일신보》 1909년 5월 6일.

전기 에너지로 질병을 치료한다는 전기 치료기 광고다. 이 광고는 "무릇 전기란
인간에게 관계하는 것이 매우 많은데 모든 신체가 다 전기를 지니고 있으므로 전기를
보강해 주어야 한다"라는 논리를 펴고 있다. 허리띠와 머리띠가 있고 배꼽과 머리에
전기를 보내는 모습을 그렸다. 신경쇠약, 신경통, 뇌졸중, 반신불수, 수족냉증 등

그림2 '전기대', 《경성일보》 1910년
2월 17일.

혈관과 신경계 질병, 그리고 소화기 계통에 효능이
많으며 각종 부인병에도 효과가 크다고 했다.[52] 남성의
조루에도 효과가 있다고 적었다. 서양의 경우 1892년
《내 빈약한 성기》라는 책에 실린 광고에서 전기 벨트
형태의 의료기구가 호전시킬 수 있는 증상으로는 무력감,
류머티즘, 신경 소모, 두뇌 혹사, 정력 감퇴, 쇠약,
불면, 소화불량, 부인병, 히스테리, 간과 신장 질환 등
대부분 신경성으로 진단된 증상을 망라했다. 이는 성적
퇴화와 신경병의 밀접한 관계를 드러내고 있다.[53] 그림2도
'전기대'는 신경쇠약과 남녀 생식기 쇠약에 효과가 있다고
했다.

그림3은 강장제인 '자양환' 광고 가운데 일부다. 허리에 두른 '전기대'에서 전기 또는 전자가 나오고 건장한 남성이 강장제인 '자양환'을 들고 있다.

그림3 '자양환' 광고 부분, 《매일신보》 1914년 8월 25일.

전기에 대한 사람들의 호기심을 이용하여 아예 약 이름을 '전기환'으로 붙이거나[54] 그림4처럼 빠른 효과가 있음을 '전기 즉치수' 또는 '전기 속치수'라는 약 이름으로 은유했다.

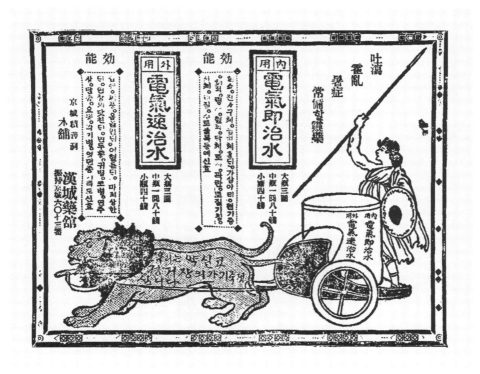

그림4 "전기 즉치수, 전기 속치수", 《조선일보》 1921년 8월 14일.

전기를 이용한 '의료기기'로 '전기 투열 치료기'가 있다. 말
그대로라면 전기로 열을 내어 치료하는 기계라는 뜻이다.

그림5 '전기 투열 치료기', 《경성일보》 1922년 6월 15일.

그림6 '자기 투열', 《부산일보》 1929년 3월 23일.

그림5에 따르면 이 '전기 투열 치료기'는 치료하기 어려운 여러 병에
1, 2회만 사용해도 효과를 본다. '전기 투열 치료기'를 어떻게 치료에
이용했을까. 위의 광고만으로는 알 수 없다. 그러나 다음과 같은 잡지
기사가 하나의 실마리가 된다.

> '디아텔미'라는 온열요법溫熱療法은 1초간에 수백만의 강전류를 전신이나
> 국부에 통하게 해서 그로 인해서 발생하는 온열로 치료하는 것이요,
> 열기요법熱氣療法이란 것은 통 속에 전깃불을 켜서 공기를 덥게 하고 그 속에
> 아픈 부분을 넣어 피부나 내장에 충혈이 생기게 하여 염증을 치료하는 것이니
> 사욕砂浴, 증기욕蒸氣浴, 증기압주법蒸氣壓注法도 다 같은 이치다.[55]

그렇다면 그림5·6에서 보이는 전깃불은 "공기를 덥게 하는 데" 썼다고
추측할 수 있다. 다음 '온구 치료기' 광고가 그 사실을 다시 보여 준다.

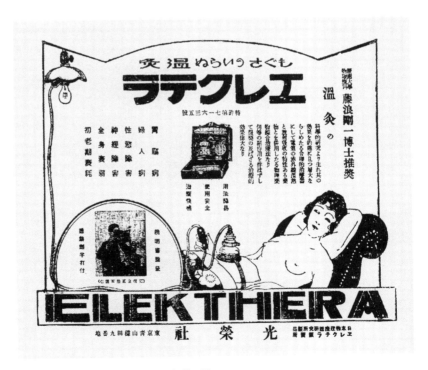

그림7 '온구 치료기', 《조선신문》 1929년 5월 15일.

그림8 "사선을 넘어 건강의 낙원으로 인도한다", 《경성일보》 1922년 1월 13일.

그림9 "모든 병에 효력이 있는 전파 치료기", 《조선신문》 1926년 11월 2일.

열을 이용한 의료기기만 있었던 것은 아니다. 그림8의 '등명대'는 빛으로도 의료기기의 역할을 한다고 주장했다. 이 '건강보전의 등명대'는 "사선을 넘어 건강의 낙원으로 인도한다"라고 했다. 이 밖에 약으로 고치기 어려운 병을 치료하려면 그림9와 같은 전파 치료기를 써야 한다는 광고가 적지 않다.

이 전파 치료기는 마치 샤워기에서 물이 쏟아지듯이 전파가 나오는 모습을 그리고 '난병을 쾌유'한다고 적었다. 전파 치료기는 1920년대 중반에 많이 실렸다.

위의 '의료기기'는 전기를 활용한 것이지만, 전기조차 필요 없는 '건강기'가 있었다. 스스로 힘을 내는 '자력自力 건강기'다.

그림10 '자력 건강기' 광고 부분, 《조선일보》 1940년 7월 25일.

그림11 "위장과 건강, 자력 건강에", 《조선일보》 1939년 5월 8일.

이 '자력 건강기'를 하루에 30분 간단하고 재미있게 사용하면 "식욕이 증진되고 변통이 잘되며 숙면하고 체중이 는다"라고 선전했다. 이 자력 건강기는 많은 광고를 했다. 그 가운데 그림12의 '자력 건강기' 광고는 신체에 미치는 영향을 해부학적 시선으로 그렸다.

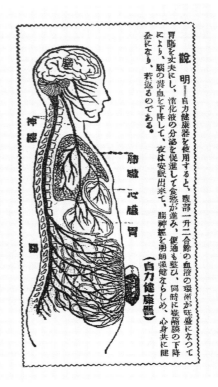

그림12 '자력 건강기' 광고 부분, 《경성일보》 1939년 4월 14일.

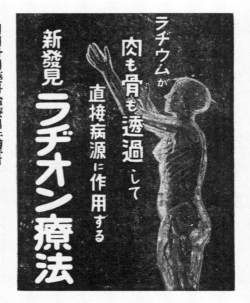

그림13 '라디온 방사선요법' 광고 부분, 《조선일보》 1939년 7월 27일.

건전지나 전기도 필요 없고 그저 몸에 대고만 있어도 치료가 된다는 '라듐요법' 광고를 보자.

그림13의 전체 광고 가운데 촘촘하게 쓴 광고 문안은 다음과 같다.

> '라디움'은 발견 후 근 40여 년에 불과하지만, 그 강력한 방사선이 불치의 업병業病이라는
> 암종癌腫과 같은 난병까지도 고칠 수 있는 것을 안 뒤로는 각국에서 모두 거액의 금을 주고
> '라디움'을 사들여서 치료계에 훌륭한 광명을 주고 있습니다. 일본에서도 제대帝大 암연구소
> 기타에 각 수십만 원의 '라디움'이 상비되어서 비상한 요법 성적을 내고 있습니다. 이 '라디움'을
> 자택요법에 적합하도록 분리 연구하여 새롭게 발견한 것이 '라디온요법'입니다.[56]

아무리 생각해도 '라듐'을 몸에 대는 것은 매우 위험할 듯한데, 이 광고는 "라듐이 살과 뼈를 투과하여 직접 병의 근원에 작용한다"라고 했다. 방사선의 '신비한 효과'를 활용한 '대일본 방사제약주식회사'의 약 광고를 더 보자.

그림14 "만병 통치, 방사능제약", 《조선신문》 1929년 3월 12일.

날개 달린 '생명의 천사'가 방사능을 방출하는 약병을 들고 있다. 그 천사의 옷깃에는 "이 약이면 어떠한 심각한 증상(완중頑症)이라도 반드시 낫소"라고 적혀 있다. "우주의 대자연이 조화를 부리는 영약靈藥", "만병통치"라는 광고 문안을 크게 썼다. 이 약이 고친다고 하는 병은 "위장병, 부인병, 폐병, 폐렴, 암종, 그 밖의 내장의 여러 병, 류마치스 신경통, 피부병, 외상" 등이었다. 뢴트겐Wilhelm Conrad Röntgen이 발견한 특이한 빛, 방사선은 그의 부인의 손을 뚫고 나와 유리판에 선명한 뼈의 모양을 보여 주었다. 그는 정체를 알 수 없는 '빛'이라는 뜻에서 X선X-ray이라는 이름을 붙였다. 현대물리학의 출발을 알린 X선의 발견은 인류 문명의 발전에 큰 공헌을 했다. 오늘날 수많은 병원에서 각종 질병의 진단 등에 쓰이는 X선 촬영장치가 바로 뢴트겐 덕분이기 때문이다.

그림15 "X광선으로 이의 사진을 박은 일이 있습니까?", 《동명》 2권 15호,
1923년 4월, 2쪽.

한국의 경우 1913년에 세브란스 병원에서 처음으로
X선 촬영기기를 도입했지만, 보급 속도는 느렸다.
총독부병원에서도 1918~1920년에야 기기를
도입했으며 1920년대 중반까지 기기를 보유한 병원은
네다섯 군데에 지나지 않았다고 한다.[57] X선과 관련한
광고로는 그림15의 '세부란쓰' 병원이 처음이었던
듯하다.

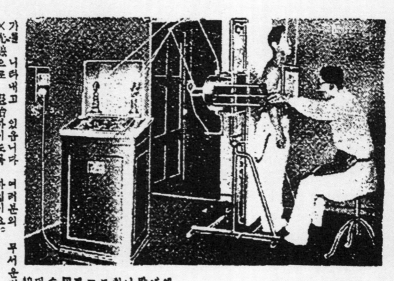

그림16 "X광선 시대", 《여성》 2권 1호, 1937년 1월, 78쪽.

‘세부란쓰’ 병원 치과에는 X광선 설비가 있어서 눈에 보이지 않는 잇속의 병을 알아낸다는 광고다. 미국과 일본에서 치과 의학사를 받은 사람이 치료한다고 했다. 신문과 잡지 등에 ‘엑스광선 이야기’[58] 등이 실리고 의약품 광고에서도 엑스광선으로 본 폐결핵 환자의 폐 등을 소재로 삼았다.[59] 그림16의 병원 광고는 X광선을 찍는 사진을 실었다.

이 병원 광고에서는 X광선이 주로
부인병 치료에 효과가 크다고
선전했다.
그림17처럼 "약물요법에 실패한
임질 환자를 위한 치료기"도 광고에
선을 보였다. 이 '임질 치료기'는
전기의 열을 이용했다. 그림18에
따르면, 임질균은 "42도의 열에서
완전히 사멸한다." '전열 스피드
요법'을 내세운 그 임질 치료기는
"가정의 전등선에서 자유롭게 전기를
끌어와 비밀스럽게 치료한다"는 것을
장점으로 꼽았다.[60]

그림17 '임병 치료기', 《조선일보》 1936년 10월 27일.

그림18 "임질 치료를 위한 전열 치료기", 《동아일보》 1939년 3월 20일.

이처럼 "약으로 고칠 수 없는 병"에 쓰거나 건강 보조기구로서 여러 전기 의료기기가 있었다. "의사와 같이 존경받고 수입이 많은 직업이 될 '전기 의료사'를 모집한다"는 '전의電醫강습원' 광고도 실렸다.[61] 정말 전기 치료는 효력이 있고 '전기 의사'는 좋은 직업이 될 수 있을까. 신문 독자가 의사에게 다음과 같은 질문을 했다. "요즈음 질병에 전기 치료가 신효神效하다고 과장한 선전이 많으며 또한 실지 강습을 하는 곳도 있으니 과연 의학상 완전한 효험이 있으며 장래 유망한 직업이 될까요." 세전世專 의학박사 이용설은 "어떤 질병에는 전기 치료가 필요한 것도 있으나 의사의 지도가 있어야 합니다. 또 유망한 직업이 될지는 의문입니다"라고 답했다.[62] 그러면서 그는 과장 광고를 절대 믿지 말라고도 했다.[63] 잡지에서는 "전기 치료에 합당한 병은 운동마비, 히스테리적 실어증, 지각마비, 소화기 이완, 만성 변비, 야뇨증, 지각과민, 동통疼痛, 심기항진, 불면증, 관절염, 동맥경화, 신경통"이라고 했다.[64]

그러나 1939년이 되면 전기 치료나 지압 치료 등 '유사 의업'을 단속하는 규칙이 발포되어 광고와 영업에 많은 제한이 따랐다.[65]

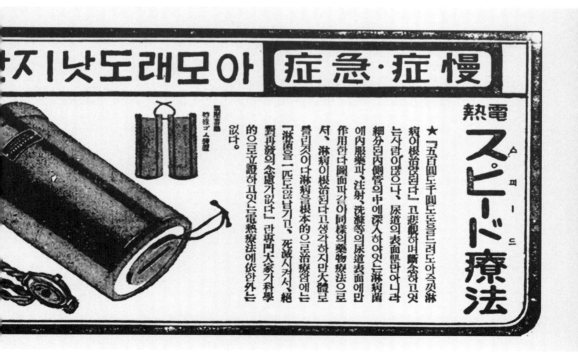

'효능 있는' 인공 태양등

일제강점기 변호사로서 민족해방운동에 크게 이바지했던 허헌, 그의 첫째 딸이 허정숙(1902~1991)이다. 운동가 허정숙은 사회주의 운동과 신간회 운동 등에 앞장섰다. 그녀가 1932년 감옥에서 나와서 좀 '엉뚱한' 사업을 벌였다. 그녀는 서울 삼청동 골목에 '태양광선치료원'을 세웠다. 이전부터 아버지와 함께 태양광선요법에 관심을 두었지만, 감옥에서 나온 뒤에 오사카에 가서 태양광선요법을 3개월 동안 더 공부했다.[66] 태양광선 치료법이 무엇일까. 그녀의 이야기를 직접 들어 보자.

> 그거요 간단히 말씀하면 태양광선으로 병을 곳치는 것이지요. 어떤 생물을 물론하고 태양광선을 받지 않고 자라는 것이 없지 않습니까? 그만큼 태양광선이란 그것이 우리들 육체에 대단히 필요한 것이랍니다. 그런데 우리들이 날마다 쪼이는 태양빛을 그대로 쪼여도 좋기는 하지만요 그것은 불충분한 점이 많기 때문에 기계를 발명하여 태양광선을 이끌어다가 치료하는 것입니다.···약으로 고치기 어려운 만성병을 근치根治하는 데 제일 좋은 줄 압니다.[67]

허정숙이 세운 '태양광선치료원'에 어떤 장비들이 있었는지 알 수 없지만, 적어도 다음 광고에 나오는 '인공 태양등'이 있었을 것임은 짐작하고도 남는다.

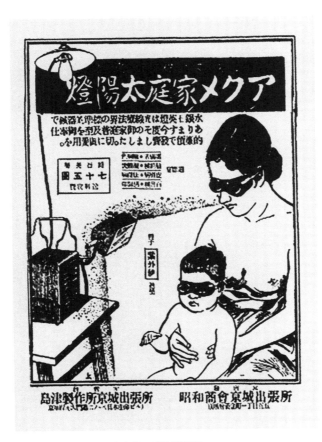

그림1 '가정 태양등', 《경성일보》 1932년 3월 6일.

그림2 '적외선 치료기', 《조선일보》 1939년 3월 19일.

그림3 "자외선과 적외선 광선", 《경성일보》 1931년 3월 27일.

'보호경'까지 쓴 '가정 태양등'(그림1)이'
이채롭다. 그림2는 큰 병원에서만 쓰는
'렌트겐 치료요법'을 일반 가정용으로
보급한다는 '적외선 치료기' 광고다.
그림3은 '고산 태양등'으로 자외선과
적외선을 몸에 쏘이는 요법이
항균·항독 작용을 한다면서 해수욕장
풍경을 그려 넣었다. 태양등은 왜
필요한가. 잡지에서는 일광과 태양등의
효과를 다음과 같이 적었다.

　햇볕이 만병의 약이라고 하는 것은
　옛날부터 있는 말이어니와 최근에 이르러
　일광욕 치료법이 많이 유행된다. 햇빛은
　전신을 개조하며 근육을 만들어 내며
　피의 순환을 좋게 하여 전신을 안마하는
　작용이 있으며 피부병에 대하여 면역을
　생기게 한다. 특별히 결핵병에 대해서는
　가장 효과가 많다 하여 이용되고 있다.
　일광의 효과는 자외선紫外線에 있다 하여
　이 자외선을 많이 발생케 하는 인조일광
　치료법이 생겼다. 인공태양등人工太陽燈,
　수은석영등水銀石英燈 같은 것이 곧
　이것이다. 결핵병, 늑막염, 구루병,
　빈혈증, 백일해, 피부병 같은 데 많이
　사용된다.[68]

보청기와 그 밖의 의료기

보청기란 난청 환자의 청력을 보조하는 기구다.

1898년 딕토그래프Dictagraph 회사가 세계에서 맨 처음 전기 보청기를 만들었지만, 1920년대와 1930년대에 이르러서야 탄소 마이크로폰을 장착하여 소음을 줄이고 성능을 개선한 보청기가 나와 본격적으로 보급되었다.[69]

일제강점기에 상품으로서 보청기가 어떻게 소개되었을까. 보청기 광고가 드물다. 광고 기대 효과가 크지 않았기 때문일 것이다. 다음에서 보듯이 1919년 첫 보청기 광고에서는 '귀머거리가 듣는 기계'라고 했다. '귀머거리'란 청각 장애인을 낮잡아 이르는 말이지만, 그때는 그렇게 썼다.

그림1 "귀머거리가 듣는 기계", 《매일신보》 1919년 7월 12일.

이 광고를 보면 잘 들리지 않는 귀 쪽에 헤드폰 같은 것을 썼다. 뒤이은 1922년 광고를 보자.

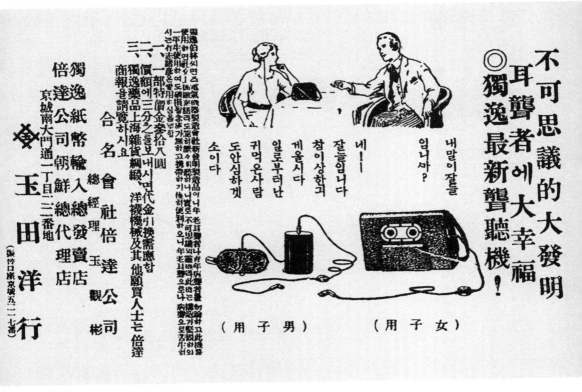

그림2 "독일 최신 농청기", 《동아일보》 1922년 7월 3일.

이 광고에서는 예전의 '귀머거리가 듣는 기계'를 '농청기聾聽機'라는 한자로 바꾸었다.
귀에 대는 장치도 헤드폰 같은 것에서 이어폰 모습으로 바뀌었다. '독일 백림씨먼즈
전기기기회사'에서 만든 것이라는 것으로 보아 '전기 보청기'임을 알 수 있다.
박태원이 1934년에 쓴《소설가 구보 씨의 일일》에도 '전기 보청기'라는 말이 나온다.

> 구보는 자기의 왼편 귀 기능에 스스로 의혹을 갖는다.…또 한편 귀의 난청 보충으로 그 기능을
> 소모시키고, 그리고 불원한 장래에 '듄케르 청장관聽長管'이나 '전기 보청기'의 힘을 빌리지
> 않으면 안 될지도 모른다.[70]

박태원 소설에 나오는 1930년대의 전기 보청기는 어떤 모습일까. 광고에는 없다.
그러나 1930년대에도 "보청기는 어느 정도 청력을 도와주기는 하지만 아주 신통한 것은
아니었다."[71]

그림3 '건뇌기 밴드' 광고 부분,
《동아일보》 1939년 8월 18일.

귀를 위한 의료기기가 보청기라면 뇌를 위한
'의료기기'로는 '건뇌기健腦器'가 있었다. 처음에는
'냉열기'[72]라고 했다가 나중에 '건뇌기'로 바꾸었다.
그림3을 보면 주요 판매 대상은 '시험지옥'에 시달리는
학생인 듯하다.

'건뇌기'는 어디에 효과가 있다고 선전했을까. '건뇌기'
광고 문안을 요약해 보자. "두뇌가 좋고 나쁨이 운명을
결정한다. 또한 '두뇌 혹사시대', '신경쇠약 범람시대'에
살면서 건전하고 명쾌한 두뇌를 가지려면 머리는

차고 발은 따뜻하게 해야 한다. '건뇌기'를 쓰면 피로와 권태가 없어진다."[73] "독일 정부
특허를 받은 이 건뇌기를 쓰면 두뇌가 명석해지며 기억을 좋게 한다."[74] 건뇌기를 그렇게
광고했다.

'생식기 장애'를 없앤다는
광고는 늘 남근주의를
부추겼다. "남자의 낙오자,
생식기 단소, 쇠약",[75] "현대의
청년병, 남자 생식기의
단소 쇠약."[76] 그렇게 압박한
다음에 "생식기를 발육하게
하는" 그림4와 같은 기기를
소비자에게 제시했다.

그림4 '진공수 치료법기', 《조선일보》 1931년 5월 17일.

남자 생식기를 "강대하게 발육시킨다"라는 이 기기는 비밀스럽고 안전하며 간편하고
효과가 빠르다고 했다. 또한, 돈벌이가 목표가 아니기 때문에 아주 싸게 이 기기를
공급한다고 적었다. 다른 지면에서 이 기기는 "진공 흡인력으로 건전하게 발육시키며, 물
치료법으로 기능을 부활하는" 기능이 있다고 광고했다.[77]
수많은 광고에서 의학 관련 광고를 추리면서 아주 뜻밖의 광고를 마주할 때가 있다. 다음
'산소흡입기'와 '습윤기' 광고가 그것이다.

그림5 "산소요법, 산소 흡입기", 《경성일보》 1920년 1월 7일.

구름 위에서 여성이 천식, 폐병, 기관지염, 백일해 등을 앓고 있는
환자에게 산소를 뿌려 주고 있다. 광고에서는 이를 '산소요법'이라고 했다.
일제강점 초기 일본인은 조선 온돌이 "에너지 효율이 낮고 위생상 좋지
않으며 사람을 게으르게 한다"라고 깎아내렸다. 그러나 한반도에 사는
일본인도 온돌을 사용하면서 그들의 주거 생활에 온돌이 깊게 자리 잡아
갔다.[78] 《조선가정의학전서》(1939)에서는 조선 온돌이 좌식 생활에 좋고
매연이 실내에 생기지 않는 등 매우 뛰어난 난방법이라고 했다. 다만 온도
조절이 쉽지 않은 것이 결점이라고 했다.[79] 그림6은 그러한 온돌의 결점을
보완할 '온돌 습윤기' 광고다.

그림6 '온돌 습윤기', 《경성일보》 1934년 5월 19일.

이 광고만으로는 사용법을 알기 힘들다. 다만 '온돌
습윤기'는 미스코시三越백화점에서 팔았다는 것,
그리고 "온돌의 결점인 실내 건조를 방지하기 위한"
가습기였다는 것은 알 수 있다.

모양내는 기기

식민지 조선에서도 근대를 맞이하여 미의 기준이 빠르게 바뀌고 다양해졌다. 그 배경이 무엇인가. '모던'이다. 모던이란 "한마디 말로 형용해서 그 의미를 표현하기가 까다롭지만",[80] '최신식'이라는 뜻으로 널리 쓰였다.[81] '모던'의 감각은 시각이 중심이다. 시각 중심사회에서 신체는 매우 중요한 자본이자 사유재산이 되었다.[82] 시각 중심사회에서는 보기와 보여 주기가 중요했다. 거울에 비친 내 신체는 쇼윈도에 진열된 상품과 다르지 않다. "지금 세상에 출세를 한다는 것은 무엇보다도 첫째 얼굴이 중요한 역할을 하게 되는 것이니 이것은 진실로 어떻게 할 도리가 없는 일입니다."[83] 이러한 신문 기사에서도 보듯이 일제 강점기에도 외모지상주의가 꽤 널리 퍼졌음을 알 수 있다. 여러 매체는 미의 기준을 제시하고 '시대에 맞는 미'를 전파했다. 매체에서는 8등신의 신체 비율과 서양인의 코가 보기 좋고 '몽고계'의 외꺼풀 눈이 아닌 서양의 쌍꺼풀 눈이 더 아름답다고 했다.[84] 오똑한 코를 만든다는 '융비기隆鼻器' 광고와 '쌍꺼풀 미인'이 되는 '미안기美眼器'가 생겨나는 문화적 토대가 생긴 셈이다.[85] 먼저 '융비기' 광고를 보자.

그림1 "융비기 무료 대여", 《동아일보》1923년 7월 15일.

코는 인생의 꽃으로서 가장 중요한 것이다. 행복과
불행이 나뉘는 지점은 실로 코의 모양 여하에 있다. … 코
모양이 좋지 못한 사람. 본 법은 구식의 주사나 융비술이
아니고 자택에서 남모르게 코가 높아지는 신안 특허의
정비기整鼻機를 희망자에게 대여함. 엽서로 신청하면
요법견본을 우송함.

이 광고문에서 말하는 '구식의 주사'란 '파라핀 주사'를
뜻한다. 신문 기사에서는 다음과 같이 말한다.
"융비술에서 제일 처음 쓰인 방법은 누구나 알다시피
파라핀 사용에 의한 정형입니다. 그리하여 이 방법은 널리
사용되는 방법입니다. 파라핀을 피하에 주사함으로써
지극히 간단하기는 하나 인체의 조직을 너무 자극함으로
완전한 정형은 곤란합니다."[86]

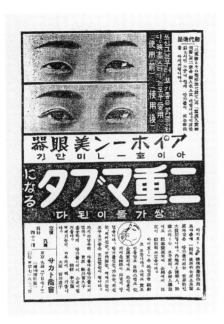

그림2 '미안기美眼器', 《조광》 5권 12호, 1939년 12월.

'미안기' 광고는 찾기 힘들다. 오직 그림2 하나만을 발견했다.

"쓰신 그날부터 보기 좋은 쌍꺼풀이 된다. 영화 스타는 모두 애용. 한꺼풀 눈, 가는 눈, 처진 눈, 치켜진 눈, 삼각형 눈, 짝짜기 눈이 모두 보기 좋은 또렷한 눈이 됩니다." 이 광고에서는 일본 상류층과 영화배우가 모두 자기네 미안기를 쓰고 있다고 했다. "영화의 스타가 현대 여성미의 표준이 되고 말았다"[87]라는 것을 쌍꺼풀 '미안기'에서도 확인할 수 있다.

1920~1930년대에 이미 미용성형수술이 국내에 알려졌고, 실제로 이를 시술받은 사람이 있었다. 미용성형수술은 공식적인 학술기록으로는 남아 있지 않더라도 당대의 사회현상과 담론으로는 분명히 실재했다.[88]

그 밖에 그림3과 같이 키 작은 사람을 위한 '키높이 깔창' 광고도 있다. 그 광고는 "아름다운 자태를 만드는 법"이라면서 키를 크게 보이게 만드는 고무를 신발 안에 넣으라고 했다.

'키높이 깔창'을 쓰고 2촌寸 넘게 키가 커진 남녀를 그렸다. 키가 작은 여인 팔에는 "유행을 알지 못하는 사람", 키가 큰 여인 팔에는 "유행을 아는 사람"이라고 적었다. 다리가 길게 보이는 것이 시대의 유행이 되고 있음을 알려 준다. 또한 이 고무 제품을 쓰면 "기분이 좋아지고 자연스럽게 곧바른 모습을 연출하며 위생적인데" 정형전문의학박사가 적극 추천했다는 내용이다.

그림3 "아름다운 모습, 키를 키우는 고무" 광고 부분, 《경성일보》 1922년 2월 15일.

고무와 의료,

'삭구'와 월경대

고무 의료기

고무를 사용한 의료 관련 제품을 한꺼번에 보여 주는 매우 귀중한 광고가 있다. '고무와 의료기 백화'라는 다음 광고가 그것이다.

그림1 "고무 의료기 백화", 《동아일보》 1932년 12월 21일.

이 광고를 보면 고무가 얼마나 의료기 발달에 이바지했는지를 한눈에 알 수 있다. "고무관, 고무손, 고무주머니, 얼음 베개, 얼음주머니, 우유통, 탈장대, 반창고, 치과재료" 등을 적었다. 이 밖에도 삭구와 월경대도 있다. '삭구'란 오늘날의 콘돔이다. 그런데 월경대, 곧 생리대도 고무 제품에 포함했다. 아주 뜻밖이다. 삭구와 월경대는 좀 더 자세히 다루기로 하고 의수족과 탈장대 등의 고무 의료기 광고를 먼저 보자.

"손과 발이 없는
사람을 위한" 의수족은
1910년대에도 간단한
광고가 《매일신보》에
실렸다.[89] 그림2는 드문
광고로서 그때의 의수족
모습을 잘 재현하고 있다.

그림2 《조선일보》 1934년 6월 16일.

그림3 탈장 치료기와 치질 치료대 광고를 보자. 탈장이란
신체의 장기가 제자리에 있지 않고 다른 조직을 통해
빠져나오거나 돌출되는 증상이다. 치질이란 주로 항문
안쪽 점막 조직에 혹이 생기는 것을 말한다.

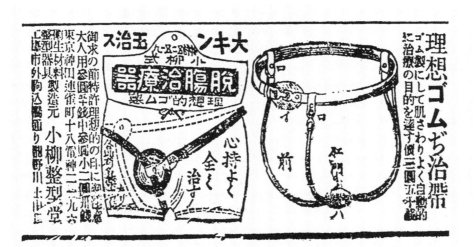

그림3 광고 부분, 《경성일보》 1924년 2월 14일.

삿구·삭구 또는 콘돔

콘돔은 삿구 또는 삭구라는 이름으로 광고했다. 일본에서 19세기 후반 무렵 동물 가죽 또는 생선 부레로 만든 콘돔과 함께 고무제 콘돔이 수입되기 시작했지만, 비싸고 피임에 대한 인식이 부족하여 많이 쓰지 않았다. 그러나 매독 등 성병이 도시를 중심으로 빠르게 번지자 콘돔에 대한 인식이 바뀌기 시작했다. 성병 문제가 심각했던 군대가 가장 먼저 반응했다. 일본은 러일전쟁(1904~1905) 때부터 군인에게 콘돔을 보급하기 시작했다. 러일전쟁 뒤에 일본은 콘돔 국산화에 성공했다. 1909년 첫 일본제 콘돔인 '하트미인ハート美人'이 나왔다.[90] 일본의 유명한 유곽 거리인 요시하라吉原에서 '하트미인'을 선전하기 시작했다. 이는 삿구가 피임 도구가 아니라 성병 예방 도구의 성격이 더 강했음을 보여 준다. 1928년 '화류병예방법'이 만들어지면서 이러한 경향이 더 많아졌다. 일본 패전까지 삿구는 성병 예방 도구의 역할을 했다. 생고무를 민간 수요로 소비하는 것을 억제할 때도 삿구는 군수품으로 분류되었다.[91]

그림1 성병 예방을 전면에 내세운 콘돔 광고,
《조선신문》 1932년 5월 12일.

식민지 조선에서는 늦어도 1915년부터는 삿구 광고를
시작했다. 그때에는 '위생 필요품'이라고 점잖게 광고했다.[92]
뒤이어 '남자용 고무 위생품'[93] 또는 '남녀 방독 고무'[94]라면서
가격 등을 적은 조그마한 광고들이 뒤를 이었다. "상류
사회와 화류계에 열렬한 환영을 받고 있는 남녀 위생 방독",[95]
"성병 예방과 임신 조절"[96]이라는 문안을 덧붙이기도 했다.
삿구 광고는 일정하게 성 문화도 반영한다. 다음 광고가
중요한 실마리를 준다.

그림2 "방독 미감, 최신 삭구", 《동아일보》 1925년 9월 18일.

빼곡하게 쓴 광고 문안을 오늘날 말로 바꾸어 적으면 다음과
같다.

> 이 제품은 세상에 상용한 조악품粗惡品과는 다른 우리 공장의
> 특수한 우량품이다. 사용하면 장○간 ○감을 느끼고 심신心身을
> 강장強壯하게 하며 절대로 병독의 침입을 방지함.

이 광고를 통해서 1920년대 중반기에 콘돔은 성적인 쾌락과
성병 예방, 두 가지 목적을 지니고 있었음을 알 수 있다. 이제
1920년대 후반기의 삿구 광고를 보자.

그림3 "성의 영기, 남성의 복음", 《조선일보》 1928년 5월 9일.

'성의 영기靈器, 남성의 복음'이라는 자극적인 카피를 전면에
내걸었다. 그리고 "성적 번민을 근본적으로 일소시켜 심신을 상쾌하게
하여 성적 활력을 증진시킨다"라는 식으로 성적 상상을 부추긴다.
다음에서 보듯이 1930년대 삿구 광고는 그보다 더하다.

그림4 "얇고 튼튼하고 육감적인", 《조선일보》 1932년 4월 29일.

남녀가 키스하는 사진 위에 "예쁘고 튼튼하고 육감적인"이라고 적었다. 그리고
광고문 어디에도 성병 예방의 효과가 있다고는 하지 않았다. 삿구의 가격과
'육감적' 기능 몇 가지만을 간단하게 썼다.

사람들이 삿구를 어떤 목적으로 사서 썼는지는 알 수 없지만, 보기를 든 세
광고의 흐름만 놓고 본다면 시간이 흐를수록 삿구를 성적 쾌락의 도구로 여기는
경향이 강해졌다고 말할 수 있다.

월후대
또는
월경대

《미즈Ms》라는 잡지를 창간한 미국의 여성운동가 글로리아
스테이넘Gloria Steinem은 "남자가 월경을 한다면 월경이란
부럽고도 자랑할 만한 남성적인 일이 될 것"이라고 했다.
이는 월경을 부정적으로 인식하는 근본 이유가 남성
중심사회이기 때문이라는 주장이다.[97]

옛날에는 생리대를 무어라고 불렀을까. 흔히 월경대 또는
월경포라고 불렀다. 그러나 서울 인근에서는 '개짐'이라는
말을 많이 썼다. 일부 지방에서는 '가지미', '개지미' 등이라고
억양에 따라 변형해서 썼고 충청도와 경상도 인근에서는
'서답', '달거리포' 등으로 불렀다. '개짐'은 각자 집에서
해어진 무명옷을 뜯어 만들거나 올이 고르지 않은 무명
조각으로 만들었다. 삼베로도 '개짐'을 만들었다고도 한다.
오래도록 쓰면 삼베도 부드러워졌다. 삼베 개짐은 혈흔이
쉽게 빠지는 장점이 있다. '개짐'의 생김새는 다리속곳과
매우 비슷했다. 다리속곳은 옛날 여성들이 가장 안쪽에
갖추어 입었던 속옷으로 지금의 팬티와 같은 역할을 했다.[98]
하지만 많은 여성이 집에서 만든 생리대를 썼다. 1960년대
후반까지도 대다수 한국 여성은 집에서 만든 생리대를
빨아서 다시 사용했다.[99]

일회용 생리대가 처음 출시된 것은 1919년이라고 알려져
있다. 그러나 하트만이라는 회사가 1890년대부터 한동안
미국과 영국 등지에서 '하트만의 숙녀용 위생 타월'이라는
제품을 판매했고, 미국에서는 1896년에 존슨앤존슨사가
'리스터스 타월'을 만들어 1920년대 중반까지 판매했으며,
루이스사가 제조 판매한 일회용 생리대 '큐라즈' 광고가
《보그Vogue》에 1920년대까지 실렸다고 한다.[100]

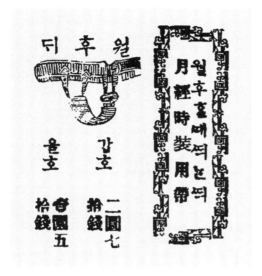

그림1 '월후대' 광고 부분,《대한매일신보》1909년 6월 27일.

그림2 《부산일보》1925년 11월 5일.

우리나라에서도 꽤 이른 시기부터 월경대 관련 광고가 있었다. 그림1에서 보듯이 '월후대'다. 광고에서는 "월경할 때 두르는 띠"라고 했다. 그림1은 어디까지나 '월후대'일 따름이고 1923년이 되어서야 월경대가 광고에서 모습을 드러냈다.[101] 그림2·3에서는 월경대와 아기 기저귀 모습을 확인할 수 있다.

그림3 《경성일보》 1928년 8월 25일.

1920년대 월경대 광고는 직접적이어서 보기 좀
민망했지만 1930년대는 그림4처럼 광고 기법이
세련되었다.

이 가운데 그림5는 특별한 정보를 담고 있다. 아토반도Art band는 부드러운 우이중羽二重(はぶたえ: 견직물의 일종, 순백색 비단)으로 만들었음을 강조했다. '모던한 신여성'을 모델로 그렸다. "월경에서 본 문명과 야만: "불완전한 면구綿球와 구식 월경대를 사용하여 대도를 활보하는 분은 문명인적 행위에는 수치"라고 했다. 아토반도는 월경대의 전환을 꾀하면서 예전의 월경대를 야만적이라고 공격했다.

그림4 《신여성》 5권 8호, 1931년 8월.

그림5 《동아일보》 1939년 9월 18일.

전쟁을 위한 신체, 사상의 동원

4

전쟁과 약의 동참

'건강보국' 또는 '체력봉공'

1937년 중일전쟁 뒤부터 전시체제가 똬리를 틀면서 건강과 체력이 병력의 밑바탕이 된다는 생각이 온 사회를 지배했다. 전쟁을 치르는 모든 나라가 그러했다. 전쟁이라는 비상 상황에서 시민들은 싸우기 위해, 산업현장에서 일하기 위해, 공습에 대처하기 위해, 그리고 식품이나 그 밖의 생필품 부족에서 비롯되는 어려움을 이겨내려면 몸이 건강해야만 했다.[1]

식민지 조선에서 스포츠도 전쟁을 위한 체력 기르기로 방향을 틀었고 모든 생활이 전시체제에 맞게 '재편성'되었다. 그런 가운데 건강을 으뜸으로 내세우는 갖가지 정책과 온갖 프로파간다가 잇따랐다. 일제도 "인구증식을 위해 국민의 보건위생과 체위향상에 힘쓰겠다"라고 말했다.[2] 그럴싸해 보이는 일제의 이러한 '생명정치(biopolitics)'는 곧 '죽음의 정치(thanatopolitics)'였다.[3]

전쟁이라는 '비상시'에 건강이 더 소중했다. 몸을 튼튼하게 하고 아픈 곳을 낫게 한다는 약에 신경을 쓸 수밖에 없었다. 그 심리를 약 광고는 적극 파고들었다. 바야흐로 약의 전성시대가 열렸다. 다음 광고를 보자.

그림1 "전시 활동에 새로운 힘을", 《경성일보》 1942년 5월 26일.

방공훈련에 참여하는 여성과 직장에서 일하는 '근로자'를
그렸다. 자신의 제품은 "전시 활동에 새로운 힘을 주는"
'호신제護身劑'라고 했다. 이처럼 거의 모든 약 광고는 전쟁에
호응했다. 비행기·탱크·전함·총검을 비롯한 갖가지 무기를
광고에 활용했다. 보기를 들자.

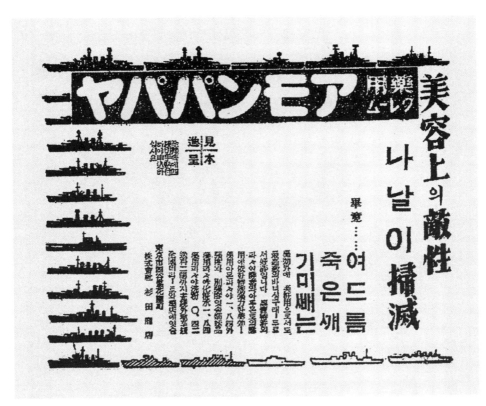

그림2 "미용상의 적성, 나날이 소멸", 《매일신보》 1942년 6월 4일.

그림3 《매일신보》 1943년 5월 29일.

그림2의 '약용 크림' 광고에서는 여드름·주근깨·기미는 "미용상의 적성"이기 때문에 나날이 소멸시켜야 한다면서 여러 척의 전함을 그렸다. 그림3의 치약 광고에서는 "무기도 이도 관리가 중요"하다면서 총검과 이를 대비시켰다. 그러나 딱히 의약품만 그런 것이 아니었다는 것에 주의해야 한다. 전시체제기에 많은 광고가 일제 침략전쟁에 호응하고 전쟁 의욕을 부추기는 데 앞장섰다. 그런 뜻에서 본다면 광고란 일상 속으로 슬며시 파고드는 지배 이데올로기 전파자였다. 다음 만년필 광고는 수많은 보기 가운데 하나일 따름이다.

그림4 "격멸로 일로매진하라!", 《경성일보》 1943년 6월 23일.

전시 생활에서 비롯되는 온갖 어려움도 약 광고의 중요한 소재가 되었다. 부인약은 "약한 몸으로는 도저히 할 수 없는 여성의 사명"을 다하기 위한 약이라고 했다.[4] 위장약은 "전시 식생활의 한정된 음식물을 모조리 소화 흡수하는" 약이라고 했다.[5] 외상용 약은 "병기를 만드는 소중한 손을 다쳤을 때 바르는" 약이라고 했다.[6] 약 광고는 그렇게 전쟁 바람을 탔다.

"전쟁은 건강전이다"[7]라는 광고는 제약회사의 속내를 잘 요약했다. "마음으로는 충성을 다하고 몸은 육탄[肉彈]이 되어야 한다"라는[8] 섬뜩한 카피도 있다. 그것만이 아니다. "국가에 성가신 짐이 되지 않는 건강한 어린이"[9]라는 광고도 있다. 이 광고에 따르면 몸이 약한 사람이나 병자는 '국가의 성가신 짐'이다. 이 논리를 밑바탕으로 삼아 일제가 만든 표어가 바로 '건강보국'이다. 일제는 '국민건강주간' 같은 때에 "건강도 보국이다"라고 강조했다.[10]

이전에도 건강은 중요했지만, 전시체제기에 '건강 제일주의'가 전면에 떠올랐다. '건강제일'이라는 헤드카피를 단 약 광고가 하나둘이 아니었다. 전시체제기에 국민 건강이 중요한 사회적 관심사가 되면서 의약품 광고는 고기가 물을 만난 듯했다. '건강제일'이 국가주의와 결합하여 '건강보국'이 되었다. 건강보국과 함께 보건보국과 같은 사자성어처럼 만든 '시국어'가 전시체제기를 휩쓸었다. 전시체제기의 '시국어'에서 '한자형 시국어'는 거의 모두 네 글자다. 이 시국어는 '일본제 한어'다.[11]

그림5 《신시대》 1권 4호, 1941년 4월, 158쪽.

이제 '건강보국'과 관련된 광고를 살피기에
앞서 만화(그림5)를 보자.
전신주 옆에 '건강보국'이라는 팻말이 서
있고 아침 일찍 할아버지가 옷을 벗고
맨발로 운동을 하고 있다. 이 그림은
"체위향상을 위해 반나체운동과 맨발을
장려"[12]한 것을 나타내고 있다. 할아버지도
이렇게 운동을 열심히 하는데 젊은이들은
더욱 힘써 몸을 단련해야 한다는 뜻이 담겨
있다. 이 만화와 비슷한 콘셉트를 가진 약
광고가 있다.

그림6은 나이 드신 분께서 메가폰을 들고 무언가 국가
정책을 선전하고 있다. 약을 먹고 "씩씩하게 오래도록
봉공奉公하라"라고 적었다. 신문 기고 가운데 다음과 같은
글이 있다.

> 요새 '건강보국'이니 '총후의 호국은 건강으로부터'라는 말을
> 흔히 듣는다. 또 일부 의약업자 중에는 이런 표어들을 민첩하게
> 캐치하여 허울 좋게 자기의 영업 간판으로 오용 또는 남용하는
> 도배徒輩도 적지 않다.[3]

제약업자는 자신이 건강보국에 이바지하고 있다고 자랑하곤
했다.[4] 그런 의약업자가 여러 광고에서 건강보국 내걸었다.
"건강보국은 총후의 사명"[5] 이런 식이었다.

그림6 "씩씩하게 오래도록 봉공奉公", 《매일신보》 1943년 4월 10일.

그림7 '특수동물 정담약' 광고 가운데 일부다. '정담'이라는 말 위에 호르몬이라고 적었다.
'특수동물정담'이란 웅담 등을 뜻한다. 《매일신보》 1941년 12월 3일.

위 광고는 '건강보국'에 느낌표를 두 개 찍었다. 근육질의 맨몸으로 힘껏 쇠사슬을 당기는 모습이 강렬하다. '건강보국' 광고는 다음과 같은 '체력봉공' 광고로도 가지를 뻗었다.

그림8 '체력봉공', 《半島の光》 50호, 1942년 1월.

이 광고에서 "건강 획득은 전쟁을 맞이하여 긴급한 임무다"라고 했다. 왜 건강이 중요했는가. 강력한 체력으로 열심히 일해서 봉공奉公, 즉 공공의 일에 봉사해야 했기 때문이다.
보국輔國, 즉 "충성을 다하여 나랏일을 돕는다"라는 이 말은 당연하게도 애국주의를 강하게 품고 있다. 다음 광고는 그 사실을 그대로 보여 준다.

그림9 "강한 몸으로 신도臣道 실현", 《경성일보》 1941년 1월 4일.

건강보국, 체력봉공은 성인만의
몫이 아니었다. 앞으로 일본의
전사가 되고 군국의 어머니가
될 '소국민', 곧 어린이도
마찬가지였다. 위의 광고는
어린이도 강한 체력으로 천황을
위한 실천을 하고 국가에
봉사하라고 했다. 다음 광고는
건강보국의 끝판을 보여 준다.
고려 인삼이 일장기를 새겨 넣은
'건강보국' 띠를 둘렀다.

그림10 '건강보국', 《매일신보》 1942년 1월 11일.

체위향상과
집단주의

1930년대 들어 일제는 만주사변과 중일전쟁을 일으키며
식민지 조선을 상품 소비시장에서 전쟁물자 조달을 위한
병참기지로 재편해 나갔다. 체력이 병력의 밑바탕이 되고
병력이 곧 국력이라는 생각이 전시체제기를 휩쓸었다. 다음
광고는 그 내용을 압축해서 보여 준다.

우람한 팔뚝을 그렸다. 그리고 "체력은 무력, 국력, 생산력"이라고 했다. 체력이
이토록 중요하다면 어떻게든 국민 체력을 길러야 하지 않겠는가. 전시체제기에 일제는
'체위향상'에 힘을 기울였다. 개인의 행복을 위해서가 아니라 전쟁을 치르기 위한 '국력'
키우기 정책이었다. 본디 일본에서 '체위'가 문제되었던 것은 군인으로 뽑아 쓸 장정의
체위가 약해졌다는 판단 때문이었다. 이때 '체위'란 체격, 작업능력, 정신력을 포함한
것이었다.[16]

식민지 조선에서도 일제는 '체위향상'을 위한 여러 방안을 쏟아 냈다. 일제의 기관지인
《매일신보》는 그 내용을 많이 실어 총독부의 정책을 대중에게 전달했다. 그 기사를
범주별로 요약하면 다음과 같다.

첫째, '육탄적' 신체와 '국방형' 체위향상을 위해
: 신체검사, 체격검사, 학교체조과목 확충, 선수본위 스포츠에서 대중적 스포츠로 변경,
지원병제도를 뒷받침하는 미성년자 금주금연령, 조선의 무예 궁술 장려, 걷기운동(학교 통학은
도보로), 반나체운동과 맨발 장려, 천막 생활과 수영, 향토 오락을 활용(씨름, 그네, 줄다리기,
널뛰기), 운동경기 중 관중 재훈련(스탠드 체조), 황민연성.
둘째, 정신 무장을 위해

그림1 "체력은 무력, 국력, 생산력", 《동아일보》 1940년 2월 24일.

: 일본정신 앙양, 신사참배, 국어(일본어) 생활 철저.

이 얼마나 숨 가쁘게 진행한 국민 심신 단련 프로젝트인가. 일제는 실제로 이런 기획을 실행하면서 개인의 몸과 마음을 철저하게 거머쥐려 했다. 마음에는 일본정신을 넣고 육체는 병기로 만든다는 것이 '체위향상'의 궁극 목표였다. 약 광고가 체위향상의 갖가지 기획을 활용했음은 말할 나위 없다.

일제는 장기전에 대비한다면서 '전시국민생활체제의 확립안'을 마련했다.[17] "조선 반도의 생활을 모두 뜯어고친다"라고 했던 그 '확립안'은 다음과 같다.

○ 일본정신을 드러냄에 더 힘을 써서 신사참배, 궁성요배를 하고 여러 가지 애국행사에 참여하며 '생업보국'에 매진한다.
○ 인적자원을 배양하기 위하여 국민의 보건위생과 체위향상에 힘쓴다. 그 방법은 다음과 같다.
① 근로봉사작업을 보편화할 것

그림2 '체위향상', 《동아일보》 1939년 11월 14일.

② 라디오체조, 황국신민체조의 철저한 보급

③ 무도武道, 씨름, 헤엄, 육상경기, 등산, 원족을 장려할 것

④ 학교운동장을 일반에게 이용하도록 개방할 것

⑤ 회사, 공장, 광산에 체위향상 시설을 보급 장려할 것

⑥ 전염병과 기타 질병의 예방주사를 철저히 할 것

⑦ 간이진찰과 치료시설을 활용할 것

⑧ 보건식의 보급과 장려

이 '확립안'도 '신체의 향상'과 '정신무장'을 함께 진행하려고 했음을 보여 준다. 또한 '근로봉사'를 시켜 노동력을 착취하고 아울러 체위향상도 꾀하겠다는 것이 눈에 띈다. 그 내용을 다음 광고가 잘 보여 준다.

"체위향상을 위한" 근로봉사에서 다치면 이 약을 바르라는 광고다. 체위향상을 이룩한 신체는 어떤 모습일까. 늘 그렇듯이 근육질이다. 그러나 전시의 체위향상에서는 전체주의적 신체상을 모범으로 제시한 것이 특징이다. 그림3·4를를 보자.

그림3 "입맛을 돋아 주고 위장을 든든하게 하는", 《조선일보》 1938년 10월 13일.

위장병과 허약체질에 먹는 이 약 광고는 '일사불란'하게 집단체조를 하는 강건한
남자들을 그렸다. '하일 히틀러 !'를 외치는 독일 병정을 떠올리게 한다.

그림4 "우리의 영양에는", 《경성일보》 1938년 2월 25일.

그림5 "체위향상에 국민정신 총동원", 《경성일보》 1938년 12월 27일.

체위향상은 신체만이 아니라 '정신무장'도 포함했다.
비타민 광고(그림5)는 체위향상과 함께 '국민정신총동원'을
적어 넣었다.

"국민정신총동원, 건전한 정신은 건강한 신체에
머문다"라는 광고도 있다. 이런 광고에서 말하는 '건전한
정신'이란 일본정신과 전체주의를 뜻한다. 일제는
이러쿵저러쿵 일본정신을 설명하곤 했지만, 그 핵심은
"천황통치에 대한 절대적 복종"이었다. 전체주의란
"서구의 자유주의와 개인주의를 배격하고 국가제일주의,
국방제일주의를 갖는 것"이었다.[18] 그림6은 그 전체주의를
전면에 내걸었다.

그림6 '전체주의', 《조선일보》 1938년 12월 5일.

메가폰을 들고 "구충도 정회町會를 통해서 단체로 하라"고 외친다. 정회란 무엇인가. 일제는 1936년에 경성의 모든 동洞을 정町으로 바꾸었는데,[19] 정회는 '전시 주민총동원기구'였다.[20]

일제는 "전력증강은 국민 체위향상과 인적자원 확보에
있다"라고 했다.[21] 그런 의미에서 여성에게 '체위향상'은
특별했다. "국책의 제일선!, 체위향상하라, 다산多産하여
강하게 키워라."[22] 이 광고 문안이 여성 체위향상의 목표를
선명하게 보여 준다. 다음 광고를 보자.

그림7 "여성의 건강은 국력", 《동아일보》 1939년 10월 15일.

여성의 건강이 국력이라고 했다. 그리고 체위향상과 "(아이를)
낳아라, 퍼처라"라는 문안을 적었다. 그들은 태어나는 고귀한
생명을 국가와 전쟁을 위한 '인적자원'으로 여겼다. 그리하여
여성에게 그 인적자원을 늘리라고 명령했다.

비상시의 건강

중일전쟁 뒤에 '비상시국' 또는 '비상시'라는 말이 넘쳐 났다. '비상시'라는 말은 말로써 그치지 않고 모든 일상생활을 옥죄었다. 비상시이기 때문에 생활도 그에 맞게 하라는 갖가지 요구가 쏟아졌다. 중일전쟁이 일어나자 일제는 "관민협력의 거국일치" 체제를 구축한다면서 모든 것을 동원과 통제의 대상으로 삼았다. 1938년 국가총동원법은 그 표현이었다.

여러 광고가 "비상시에 대비하라"라는 말을 캐치프레이즈로 내걸었다. '비상식량 건빵',[23] '비상시 화장',[24] '비상시'의 라디오[25] 등과 같은 상품 광고만이 아니라 "비상시에 여급이 특별봉사한다"[26]라는 카페 광고에 이르기까지 다양했다. 약 광고야말로 비상시국이 호재였다. 다음 광고는 전쟁이라는 '비상시'를 도드라지게 내세웠다.

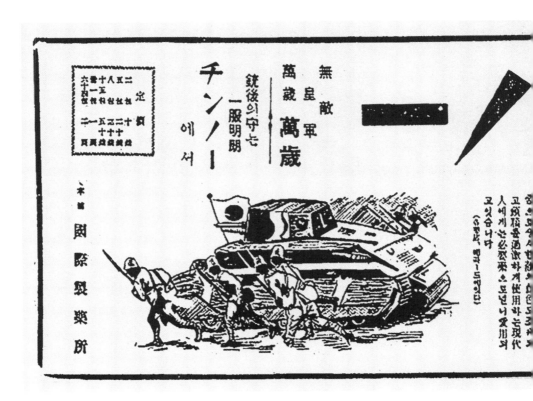

그림1 "비상시에 준비하라. 명쾌한 두뇌", 《매일신보》 1937년 12월 10일.

이 광고는 "비상시에 대비해서 명쾌한 두뇌를 가지라"라고
했다. 일장기를 단 탱크와 함께 병사들이 돌진한다. 이렇게
비상시라는 말을 직접 표현한 것 말고도 그림2처럼 몸이
정상이지 못한 것을 약 광고에서 '비상시'라고 표현하기도
했다.

그림2 "두뇌의 비상시", 《경성일보》 1939년 8월 25일.

"비상시에는 건강이 제일"[27]이라는 광고는 약의 소중함을
다시 일깨웠다. 건강한 몸은 어디까지나 전선과 총후를
지키는 국가의 몸이어야 했다. 비상시에 "몸을 더더욱
튼튼하게 하여 나라에 이롭게 하는 것이 국민의 책임"이라고
한 광고가 그 보기다.[28] 그림3에서도 비상시의 '건강체'가
해야 할 일이란 총을 드는 것이었다.

非常時에맛당한
健康体가되자

第一效藥

疲勞・麻痺・疼痛을
업세고, 지키라, 銃後

健康이야말로 非常時를 守護하는 根本問題이니
다連賴的活動을 爲하야는 疲勞와 肩腰等의 疼痛과
利禍病疾에因한身體各部의痛痒等, 健康破毀의
障碍는 곳炒布로平유하시요 即時 皮下에 浸透되야
强力을자랑하는 藥効가즉時迅速히 優秀한各種의治療
患部投內에 作用하야
効果를發現하는故로 內地到處에 軒部의자랑한
有名한 健康保護와 藥持用의 常備藥입니다 엇지
炒布만은 愛用하서서 潑刺하게 活動하신
시요!

主　効

肩腰痛・류ー마치스
筋肉痛・神經痛・胃痛
過勞痛・打撲傷・靴傷
乳房痛・胸・咽喉痛

그림3 "비상시 건강체", 《조선일보》 1938년 5월 11일.

전쟁은 경제생활 전반에 큰 타격을 주었다. 무엇보다
식량문제가 심각했다. 중일전쟁이 한창이던 1939년에
큰 가뭄이 들어 식량 사정이 나빠졌다. 이때부터 일제는
'절미운동' 즉 쌀 절약 운동을 했다. 관제 단체인
국민정신총동원연맹은 혼식과 대용식으로 쌀을 절약해야
한다고 사람들을 다그쳤다. 하루에 한 끼는 죽을 먹자고도
했다.[29]
1940년대에 들어서면 식량 사정이 더욱 나빠졌다. 검열을
받아야만 했던 잡지에서조차 그때 상황을 다음과 같이 전한다.

> 사실 오늘날 조선의 농민들은 기아에 주리고 있다. 조선 농가의
> 총 호수는 310만 호라고 한다. 그런데 그중에서 4할을 차지하는
> 140만 호가 소위 춘궁기春窮期에 다다르면 식량이 부족해서
> 맥령麥嶺(보릿고개)을 넘지 못하고 초근목피로 생명을 유지해
> 나가는 가련한 처지에 있다. 내가 대구 부근의 어떤 농촌을
> 조사해 본 바에 따르면 풀뿌리 나무껍질 가운데 이 농촌 사람들이
> 먹는 식량이 43종이나 되는 것을 보았다.[30]

식량 사정이 크게 나빠진 1943년부터 절미운동에 다시 불을
지폈다. 일제는 "식량 절약도 전투다, 배고픈 것쯤 참자!"라고
했다.[31] 이러한 식량 사정에 약 광고가 끼어들었다. "전쟁을
하기 때문에 거친 음식이나 음식물 부족을 각오해야 한다.
그러나 전쟁을 치르려면 체력이 중요하다. 체력을 키우려면
영양제를 먹어야 한다." 강장제나 영양제는 이런 논리를
폈다. 소화기 계통의 약 광고에서는 "한정된 음식물을 모조리
소화 흡수하여 살이 찌게 만든다"라는 것을 주요 논리로
내세웠다.[32] 다음 위장약은 절미운동의 내용을 잘 보여 준다.

그림4 "국책형의 위장을 만든다", 《조선일보》 1939년 12월 15일.

이 약은 '국책형 위장'을 만들어 준다고 했다. "절미節米다!
대용식代用食이다! 혼용식이다! 하고 백미금지령까지 실시해서 전시의
국민 식량 확보에 매진하는 금일今日, 이 소중한 쌀을 매일매일
헛되게 버리는 자가 있다. 만성 위장병자가 그것이다!!" 이 광고 문안에
따르면, 만성 위장병 환자는 그때 말로 '비국민非國民'이다. 이 광고
문안에서 말하는 '백미금지령'이란 일제가 쌀 절약 운동 차원에서
정미소에서 흰쌀을 찧지 못하도록 한 것을 일컫는다.[33] 쌀을 거칠게
찧은 것을 '현미'라고 불렀다. "7분도로 찧은 쌀은 영양가가 많지만
소화하기 힘든 단점이 있었다."[34] 그림5는 그것을 노린 위장약 광고다.

그림5 "현미를 소화 흡수", 《매일신보》 1943년 2월 27일.

이 광고에서는 "필승식량, 현미를 허비 없이 소화 흡수한다"라고 했다. 다른 위장병 약 광고에서는 "한 줌의 쌀은 탄환이 된다"라고 했다.[35] 한 줌의 쌀을 아껴 탄환으로 만든다면 어디서 그만큼의 영양분을 얻을 것인가. "비상시에 어떤 음식물이라도 영양으로 만들어 발랄하게 체위를 향상하라."[36] "배급이 부족한 것이 아니라 소화력이 부족한 것이다."[37] 위장약은 지겹도록 이 같은 말을 되풀이했다. '현미식'을 먹을 때는 잘 씹어야 한다면서 치약 광고도 현미 바람을 탔다.[38]

연료난도 심각했다. 일제는 조선 민중이 사용하던 신탄 사용을 규제하고 연료를 절약하기 위해 겨울철에는 '저온 생활'을 하라고 했다. 신문에서는 "창경원에 있는 열대 동물도 저온 생활에 적응한다"라는 코미디 같은 기사를 실었다.[39] 경성부에서는 "석탄과 연탄은 생산 공장으로, 총후 부민은 '저온 생활' 견지." 이런 구호도 내걸었다.[40] "저온 생활을 하면 추위에 단련되어 몸이 튼튼해진다"라면서 위로 아닌 위로도 곁들였다.[41] 그러나 그림6 약 광고는 이보다는 솔직했다.

그림6 "저온 무병", 《경성일보》 1941년 2월 20일.

'저온 무병'이라고 적었다. 저온에서도 병에 걸리지 않게 한다는
뜻이다. 광고에서는 추위에도 아랑곳하지 않고 냉수마찰을 하고 있다.
냉수마찰이란 "수건에 냉수를 적신 뒤 꽉 짜서 온몸이 빨갛게 되도록
문지르는 것"이다. 냉수마찰은 "혈액순환을 돕고 심장과 위장을
튼튼하게 하며 피부를 깨끗하게 함으로써 명랑해지는" 효과가 있다고
했다.[42] 위의 광고는 "연료 절약 시대의 저온 생활의 약점으로 감기다
폐렴이다 하고 소란을 피우는 것은 구체제다"라면서 '신체제'에서 이
약을 먹으면 그런 걱정이 없다고 적었다. 그림7에서 보듯이 비상시에는
"건강도 전쟁이다."

그림7 "총력전, 건강전", 《경성일보》 1942년 10월 5일.

"총력전이다, 건강전이다"라고 적었다. 무슨 뜻일까.
총력전 개념은 제1차 세계대전 때 생겼다. 단기전으로
끝날 것으로 예상했던 전쟁이 장기전이 되면서 새로운
형식으로 전쟁에 대응해야만 했다. 각 나라는 모든 자원을
동원해서 전쟁을 치러야만 했다. 총력전이란 국가가
보유한 모든 자원을 투입하는 전쟁이었다.[43] '건강전'이란
무엇인가. 체력을 확보해서 결근하지 말고 날마다 전쟁
물자를 생산하라는 뜻이다. 또한 '건강전'이란 전쟁하면서
생겨난 생활의 여러 어려움을 극복하고 건강을 지켜 내라는
뜻이기도 했다. 다른 광고에서는 '내핍건민耐乏健民'이라고
표현했다. 물자가 없어도 참고 견디며 건강한 사람이 되라는
뜻이다. '내핍건민'을 내세운 위장약 광고에서는 "거친 밥도
능률적으로 영양으로 만든다"라고 선전했다.[44]

전쟁 같은 노동,

병 주고 약 주고

싸우면서 건설

"싸우면서 건설하자"라는 박정희 정권 때의 구호는 전혀 새롭지 않다. 이미 일제도 중일전쟁 뒤에 "싸우면서 건설하자"라고 했다. 일본은 중일전쟁을 '속전속결' 하려 했지만, 전쟁이 길어졌다. 이때 등장한 '장기건설'이란 "장기전쟁 또는 달리 말하면 일면 전쟁 일면 건설을 의미한다. 건설의 상대는 곧 탄생할 신지나新支那 중앙정권이다."[45] 장기건설이 의약품 광고에서는 '건강의 장기건설'로 바꿔 썼다. "장기건설은 건강부터"와 같은 광고 문안이 그 보기다.[46] 다음 광고도 장기건설을 주요 문안으로 삼았다.

그림1 '장기건설', 《경성일보》 1939년 4월 15일.

그림1은 '장기건설'에서 '건설'의 대상이 처음에는 중국이었다는 것을 보여 준다. 그림2는 중국에서 총을 든 병사와 일본에서 운동하는 사람이 마주 보고 있는 모습을 그렸다. '총후'에서 건강을 '장기건설'하여 병력을 강화하자는 뜻이다.

'장기건설'이라는 말은 처음 의도와는 다르게 중국이 아닌 제국의 힘을 장기적으로 길러야 한다는 뜻으로 바뀌었다. "전시체제가 길어지니까 싸우면서 건설해야 한다"라는 뜻이다.[47] 그림3은 '건설'을 전면에 내세웠다.

그림2 "건강의 장기건설", 《조선일보》 1938년 10월 26일.

그림3 "전쟁이다! 건설이다!", 《매일신보》 1942년 10월 10일.

이 광고에서는 전쟁이 일어났으니 체력을 '건설'해야 한다고 했다. 모성母性마저도 '건설'의 대상으로 삼은 광고도 있다. "총후 모성을 '장기건설'하여 튼튼한 아기를 낳자"라는 광고가 그것이다.[48]

강요된 명랑

오랫동안 "싸우면서 건설하면" 우울하고 지치기 마련이다. 그래서 나온 기획이 '사회 명랑화운동'이었다.

본디 '명랑'이라는 어휘는 밝고 환한 날씨를 가리키는 말이었다. '명랑한 기후', 이렇게 말했었다. 그러다가 1930년대가 되면 주로 사람의 성격이나 감정을 가리키는 말로 썼다. 조선총독부가 1930년대 들어 갑작스럽게 '도시 명랑화'를 내세우면서 명랑의 뜻이 그렇게 바뀌기 시작했다.[49] 1930년에 신문에서 일제의 도시환경정책을 보도할 때면 체제 선전 차원에서 '명랑'이라는 단어를 썼다. 이 무렵 의약품 광고에서도 명랑이라는 말을 유쾌하고 활발하다는 뜻으로 썼다. 특히 두통약이 '명랑'이라는 단어를 즐겨 썼다.

그러나 전시체제기에 들어서면서 '명랑'의 의미는 좀 더 다른 뜻을 지니게 되었다. 이때의 명랑은 현실에서 자연스럽게 드러나는 감정 상태가 아니라 불건전한 것을 없앤 감정을 뜻했다. 건전과 명랑은 동급이 되었다. 명랑한 것이 건전한 것이고, 건전한 것이 명랑한 것이었다.[50] "총후의 멸사봉공滅私奉公, 웃는 얼굴로."[51] 이 말에서 알 수 있듯이, 체제가 요구하는 건전한 사상을 지니고 즐겁게 일하여 국가에 봉사하라는 것이 '명랑화'의 핵심이다. "명랑한 기분으로 일치단결하여 국난을 극복하자."[52] 그렇게 명랑이라는 단어는 전쟁에 이바지했다. "'명랑'은 온순하면서도 나약하지 않고 활기 넘치면서 사회에 해롭지 않은 감각이다. '명랑'은 신념에 찬 복종을 뜻했다. 또한, 명랑이란 제국이 지시하는 제국의 감각이다."[53] 이 '제국의 감각'이 광고에 어떻게 반영되었는가.

그림1 "명랑, 활달", 《동아일보》 1939년 8월 29일.

이 광고는 광야에서 적을 향해 진격하는 '전선戰線전사', 밤낮없이 공장에서 노동하는 '산업전사',[54] '만몽滿蒙'의 불모의 땅에서 괭이를 든 '개척전사', 그들 모두가 '인단'을 먹으면 원기元氣가 생기고 명랑·활달하게 된다고 했다.

그림2 "전시 생활을 밝게", 《매일신보》 1943년 3월 21일.

이 광고는 여성과 아이에게 "인단을 먹고 전시 생활을 명랑하게 지내"라고 했다. 명랑과 친절은 특히 여성에게 더 강조했다. "여성의 힘은 공장으로 전답으로 불같이 퍼져 간다. 인형 같은 미를 버린 일하는 여성, 발랄한 건강미에 명랑하게 빛나라."[55] 어느 '영양 크림' 광고 문안이다.

명랑운동은 시간이 흐를수록 전쟁과 더 깊게 연관되었다. 조선총독부는 1945년 신년 표어를 '명랑감투明朗敢鬪'로 삼았다.[56] 명랑하고 과감하게 싸우자는 뜻이다. "어떠한 곤란과 불편이 있더라도 항상 명랑하게, 또 미영의 반격이 아무리 치열하더라도 최후의 승리는 우리 것이라는 굳은 신념"을 갖고 열심히 일하자고 했다.[57] 음울과 퇴영은 '명랑감투'의 적이었다.[58] 그 뒤부터 '명랑감투'를 내건 '국책형 광고'가 이어졌다. 패전이 가까워지면서 '명랑'은 비장해졌다. 다음 광고를 보자.

그림3 '필승혼', 《매일신보》 1944년 4월 12일.

이 광고는 '영광의 내핍耐乏'과 '빛나는 고난'을 필승의
정신으로 삼아 "명랑하게 버티자"라고 했다. 초라한 광고
도안과 처절한 광고 문안을 보면 누구나 일본의 패망을
예상할 수 있는 그런 광고다.

'명랑'은 일제 말 동원정책 때 즐겨 썼던 어휘였지만 해방
이후 단독정부 수립 즈음하여 다시 사용했다.[59] 그 뒤 박정희
정권과 전두환 정권 등에서도 '명랑화' 운동을 했다.[60] 그만큼
그때 사회가 명랑하지 못했다는 증거다.

산업전사의 질병

일제는 노동자를 힘써 일하는 인간, 즉 '근로자'라고 불렀다. 그러다가 갑자기 '산업전사産業戰士'라는 용어로 바꾸었다. 그림2에서 보듯이 '산업전사' 이전에 잠깐 '산업인'이라는 말도 썼던 듯싶다.

그림1 '근로자'라는 용어, 《동아일보》 1939년 7월 19일.

그림2 '산업인'이라는 용어, 《조선일보》 1939년 6월 16일.

비슷한 시기에 나온 세 광고는 '근로자', '산업인', '산업전사'를 뒤섞어 썼다. 그러다가 산업전사라는 말이 주도권을 쥐게 되었다. 언제부터이고 왜 그랬을까. 일본제국은 총력전 체제에 들어서면서 1938년 4월에 국가총동원법을 발동시키고 그해 5월에 조선에도 적용했다. 1939년에는 인력동원을 뒷받침하려고 국민징용령을 공포했다. 이 징용령과 함께 '산업전사'라는 말이 뿌리를 내리기 시작했다.[61] 전쟁이 확대되면서 '경제전'이 다급해졌기 때문이다. 그림4에서 보듯이 '산업전사의 노래'라는 가요도 만들었다.

그림3 '산업전사'라는 용어, 《조선일보》 1939년 7월 8일.

그림4 "산업전사의 노래", 《경성일보》 1941년 1월 10일.

이 레코드 선전문에는 "신동아 건설은 우리들의 손으로!!",
"일하는 자의 기쁨을 노래로 예찬한다!!"라고 적었다.
'산업전사'답게 아주 묵직한 망치를 들고 있다. 매체들은
"벌이꾼 기질을 버리고, 산업전사라는 것을 명심하라"라고
다그쳤다.[62] 한편으로는 온갖 산업전사 미담을 소개하거나
산업전사 표창식 등을 하면서 산업전사 이데올로기를
퍼뜨리려 했다.[63]
이름하여 '전사'라면 모름지기 야무진 근육과 튼실한 체격을
갖추어야 하지 않겠는가. 약 광고에서 '산업전사'의 모습을
다음과 같이 재현했다.

그림5 "산업전사의 체력강화에", 《동아일보》 1939년 9월 6일.

"회전하는 기계에 기름이 필요한 것과 같이 과격한 노동과 치밀한 작업을 장시간
계속해서 체력 소모가 심한 산업전사에게는 보혈강장제가 필요하다. 능률을 증진시키는
원동력이며 생활의 자본인 강철과 같은 체력을 위하여."

광고에 나타난 산업전사는 해머를 어깨에 메고 곡괭이를 내리치며 삽으로 석탄을 뜨는
등 한결같이 생산에 여념이 없다. 광고에서 산업전사는 각진 얼굴과 아무진 근육 그리고
불타는 의지의 화신처럼 묘사했다.

산업전사에 남녀 구별은 없었다. 일하는 여성을 '부인 산업전사'라고 부르기도 했다.[64]
일제는 "다음은 따님 차례, 산업전사로 내보내라"[65]라고 선전했으며, "여자도 산업전사,
각종 노동장에 동원한다"는 정책을 발표하기도 했다.[66] 다음 광고를 보자.

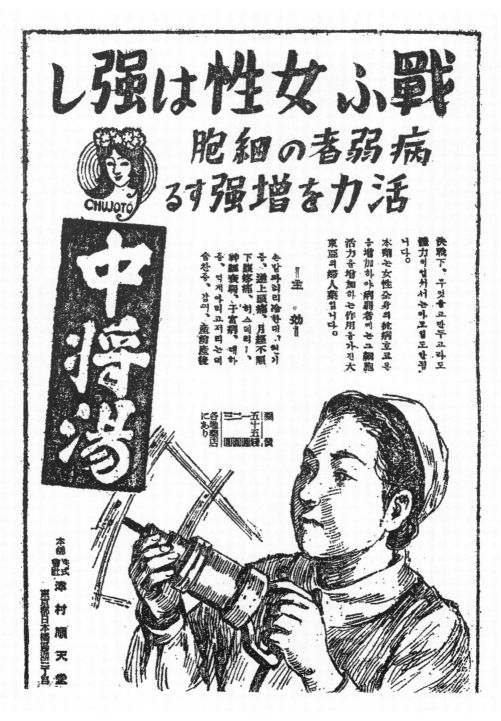

그림6 "싸우는 여성은 강하다", 《조광》 10권 4호, 1944년 4월.

그림7 "긴장한 총후의 건강", 《동아일보》 1940년 6월 14일.

그림6·7 속의 여성은 예전 같으면 남성 몫이었던 중공업 분야에서 일하고 있다. 긴박한 전쟁 분위기를 물씬 풍긴다.

그러나 아무래도 인간은 기계가 아니다. 강도 높은 노동으로 반드시 지치고 어딘가 문제가 생기기 마련이다. 제약회사는 그것까지 알고 있다. 다음 광고를 보자.

그림8 "산업전사를 습격하는 위장병", 《조선일보》 1937년 11월 9일.

그림9 "산업부인의 빈혈", 《매일신보》 1944년 3월 31일.

그림8을 보면 톱니바퀴 속에서 산업전사 세 명은 바삐 움직이지만 맨 아래 사람은 배를 움켜쥐고 있다. 이 광고는 "공장병이라고까지 말하던 호흡기 질환을 대신해서 요즈음에는 산업전사에게 위장병이 늘어났다"라고 했다. 왜 그러한가. 산업전사들이 과로하고 잘 먹지 못해서 그렇다고 진단했다. 강요된 노동에서 비롯되는 불규칙한 식사와 과로, 전시체제여서 잘 먹지 못하는 데서 생기는 위장병. 이것은 또 다른 산업재해다. 이 광고는 뜻하지 않게 지배체제의 본질을 드러냈다.

"산업전사는 총후의 제일선이다. 몸을 귀중하게." [67] 이것이 산업전사를 소재로 삼은 약 광고의 핵심 전략이다. 산업전사의 피로 회복에, [68] "눈의 피로에", [69] "긴장한 총후의 건강에", [70] "야업에서 다친 상처에 " [71] 모두 약이 필요하다. 그리고 그림9와 같은 산업부인용 빈혈약도 있다.

"결전 대大증산전에 과감하게 싸우는 부인을 수호한다"라고 적었다. 그리고 이 광고는 "중공업과 정밀공업 방면에서 활약하는 부인에게는 빈혈이 많다고 했다." 그러나 이 약을 먹으면 "항상 명랑하고 씩씩하게 일할 수 있다"라고 했다. 약은 산업전사의 건강에 왜 그토록 신경을 썼을까. 광고 문안을 보자.

> 인적자원의 부족이 문제가 되고 있다. 한 사람의 결근, 한 사람의 능률저하도 가볍게 볼 수 없게 되는 때다. 왼종일 격무에 종사하고 몸을 혹사하는 사람은 호흡기와 시력을 해치게 된다. 날마다 비타민A·D를 대량으로 섭취해서 보건에 만전을 기해야 한다. [72]

전쟁으로 인적자원이 몹시 부족한 상황에서 모든 사람이 건강해서 생산성을 높여야 한다는 말이다. 그림10은 그 내용을 신체−기계의 관점으로 잘 드러내고 있다.

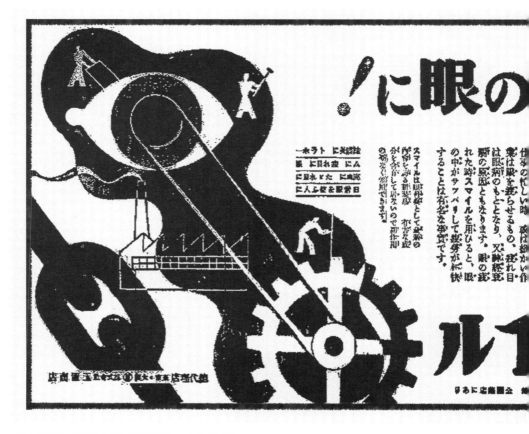

그림10 "일하는 사람의 눈에", 《경성일보》 1939년 6월 2일.

이 안약 광고는 눈알과 기계 톱니바퀴를 벨트로 직접
연결했다. 광고 문안은 "공장의 먼지, 탁한 공기, 나쁜 가스,
강한 인공 강선 등" 눈에 나쁜 요소가 많다고 했다. 이런
환경에서 눈을 보호해서 생산능률을 높이라는 광고다. 다시
산업전사와 관련한 광고 하나 더 보자.

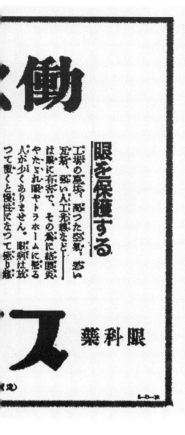

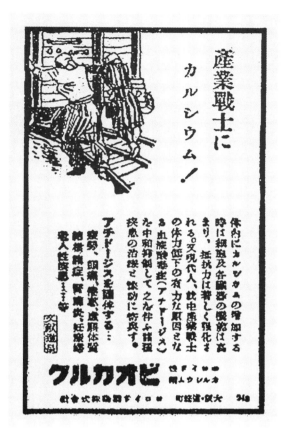

그림11 "산업전사에게 칼슘을!", 《경성일보》 1943년 11월 5일.

"산업전사에게 칼슘을!" 위의 광고는 산업전사가
칼슘을 사 먹고 저항력을 키우면 더 열심히 일할
수 있다고 했다. 저임금에 시달리던 산업전사에게
이런 약들은 그림의 떡이지 않았을까. 설령 약을
사 먹고 더 열심히 일했다손 치더라도 그들에게
무엇이 남았을까.

"땀을 국가에", 근로보국대

전쟁이 커지자 일제는 더 많은 노동력을 동원하여 전쟁을 뒷받침하려 했다. 1938년, 일제는 중일전쟁 1주년 기념일을 계기로 '근로보국대'를 만들었다.[73] '근로보국'이란 힘써 일하여 나라의 은혜에 보답한다는 뜻이다. 공공사업 등에 아무런 보수 없이 대중을 동원하는 것이었다. 12세부터 40세까지 남녀 모두에게 해당하였다.[74] 광고를 보기에 앞서 '근로보국대'를 선전하는 사진 하나를 보자.

그림1은 군인이 총을 메고 전선에 나섰으니, 총후의 국민도 삽과 곡괭이를 메고 일하여 나라에 봉사해야 한다는 메시지를 전한다.

일제는 근로보국대를 만들 때 부역제를 들먹였다.[75] 옛날 조선에서도 부역으로 노동력을 동원했으니, 아무 불평 말고 그냥 따르라는 뜻이다. 다만 자신들은 옛날의 부역 관념을 봉사 관념으로 전환한 것뿐이라고 했다.[76] 일제는 사람들이 '노동봉사'를 하면서 '국가관념 함양', '희생봉공', '비상시 국민의식 철저' 따위의 효과가 있기를 바랐다.[77] 친일파들은 "근로야말로 우리의 성스러운 전쟁을 종국적인 승리로 이끌고, 동아의 신문화를 창조하는 원동력임을 알아야 한다"라며 근로보국 운동에 맞장구를 쳤다.[78] 이제 '근로보국'에 관련된 의약품 광고를 보자.

그림1 《국민신보》 1942년 1월 11일.

그림2 《조선일보》 1938년 9월 16일.

그림2는 거친 일을 하지 않았을 듯싶은 도시의 '모던' 여성을 모델로 삼았다. 그녀가
근로봉사에 나가서 서투른 일로 상처를 입거나 벌레에 물렸을 때 이 약을 바르라고 했다.
일제는 가장 동원하기 손쉬운 학생을 근로보국의 첫 목표로 삼고 1938년에
'학생근로보국대'를 만들었다. 처음에는 여름방학 때 학생들을 근로봉사에 동원했다.
1939년이 되면 여름방학 때만 '근로보국' 하던 것을 '반영속적'이며 '수시'로 하기로
했다. 1940년에는 수업일수에 근로동원을 포함했으며 동원 기간도 더 늘렸다. 1941년
10월부터는 학생들을 완전히 '총력전체제'에 편입했다.[79] 학생들은 1944년 1학기부터
제대로 수업할 수 없었다. "싸우며 배우고, 배우며 싸우라." 이것이 일제가 내건
구호였다. 중등 학생에게도 "생산의 전사戰士가 되라고 다그쳤다.[80] 그림3은 학생의
근로봉사를 소재로 삼았다.
학생들이 근로봉사 장소로 줄지어 행진하는 모습을 그렸다. 학생들 얼굴이 햇볕에
그을렸다. 이 광고에서도 근로봉사할 때 다칠지 모르니 '위생대'에서 이 약을 준비하라고
했다.

그림3 《경성일보》 1939년 9월 13일.

병정놀이와 어린이 약

체육의
군사화와
체력검정

스포츠는 식민지 학생의 울분과 저항의 열기를 해소하는 역할도 했다. 그러나 잇따른 전쟁으로 체육과 스포츠의 방향이 바뀌었다. 1937년 중일전쟁이 일어나고 전시체제가 되면서 일제는 '국민의 체위향상과 연성鍊成'을 내걸고 '스포츠의 재편성', '국민 스포츠의 확립' 등을 외쳤다. 일제는 학생의 육체를 '연마'하고 정신을 '육성'한다는 '연성鍊成' 프로그램에 따라 학생이 굳센 병사의 자질을 갖추기를 바랐다.

또한, 일제는 체위향상과 보건을 위한 '스포츠의 생활화'를 사람들에게 강제했다. '스포츠의 생활화'란 전쟁을 위한 체력 기르기와 황국신민정신을 강화하는 것이었다. 일제의 군국주의는 학교 체육정책에서도 그대로 드러났다. 1937년 학교 체조를 군사 능력을 강화하는 내용으로 바꾸었다. "체육의 목적은 전투력을 기르는 데 있다." 일제는 이렇게 대놓고 말했다.

전쟁 분위기 속에서 국민 체력 향상을 위한 새로운 방식이 나타났다. 체조와 라디오 방송을 결합한 '라디오체조'가 그것이다. 식민지 조선에서 라디오체조를 방송하기 시작한 것은 1931년부터였다. 이때의 "라디오체조는 말 그대로 라디오만 하는 체조여서 사람들이 따라 하지 않았다."[81] 그러나 1938년부터 국민 체력증진과 국민정신운동을 목표로 여러 사람이 아침 일찍 한자리에 모여 라디오에서 흘러나오는 음악에 맞추어 똑같은 동작으로 체조를 하게 했다. 그전에는 학교 밖에서 일반 사람이 체조하는 일이 거의 없었지만 이제 라디오체조로 일반인도 끌어들였다.[82]

그림1 "라디오체조를 끝마치고", 《조선일보》 1939년 4월 21일.

위의 광고에서 '자양음료' 칼피스는 하이힐을 신은 서양
여인을 등장시키며 "라디오체조를 끝마치고" 자기 제품을
마시라고 했다. 강제된 라디오체조에 광고는 그렇게 환상을
덧칠했다.

일제는 학교 체육에 '황국신민체조'를 도입했다. 일본에서는
이름조차 없는 기묘한 체조였다. 검도를 변형해서 만든
황국신민체조는 조선 사람에게 일본의 무도정신武道精神을
심어 주는 것을 목표로 삼았다. 1938년 9월 3일 총독부
학무국은 경기 때나 체육대회를 열 때는 "궁성요배,
국기게양, 기미가요, 우미유카바海行か(바다에 가면) 합창,
황군의 무운 장구 기원, 황국신민 의식을 철저하게 할 것,
운동경기 용어는 일본어를 사용할 것" 등을 지시했다. 마침내
일제는 1939년에 들어와 '체육교육의 군사화'를 천명했다.
"지금까지 학교 체육이 흥미 위주여서 전체주의에 어긋나기
때문에 앞으로는 행군력行軍力의 기초를 다지려면 걷는
힘, 짊어지는 힘, 달리는 힘을 늘리고 수영력을 길러야
한다"라는 기본 방침을 마련했다.[83] 전시체제기에 열렸던
학생들의 장거리 마라톤 대회도 지구력과 '인고단련'의
전투훈련용이었다. 여학생에게도 '굳센 여성, 억센 어머니'로
만들려는 군국주의 체육교육을 강화했다. 이제 국민 체력을
측정하고 통제할 어떤 장치가 있어야 했다. 체력검정제도가
임박했다는 다음 약 광고는 그런 점에서 참으로 기민했다.

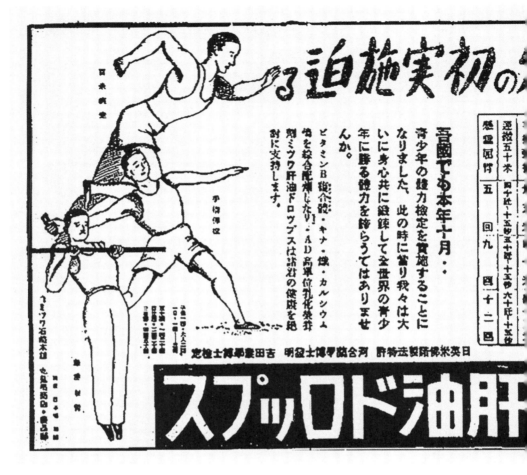

그림2 "국민 체력검정", 《경성일보》 1939년 9월 15일.

"국민 체력검정의 첫 실시가 임박했다." 이 광고에서 일본은 1939년 10월에 청소년의
체력검정제도를 전면적으로 실시한다고 했다. 그리고 "100미터, 2000미터, 멀리뛰기,
수류탄 던지기, 짐 나르기, 턱걸이" 등 6개 종목에 대해서 초급, 중급, 상급으로 나누어
표로 정리했다. 이 체력검정제도의 목적이 무엇인지는 '수류탄 던지기'에서 분명하게
드러난다. 짐 나르기뿐만 아니라 다른 종목도 군사력 증진과 관련이 깊다.
식민지 조선에서도 1939년 6월부터 체력장 검정을 시범삼아 실시했다. 이어서 1940년
경성부에서는 '억센 체력'을 길러야 한다면서 경성 부민 각층에게 체력장 검정을 일부

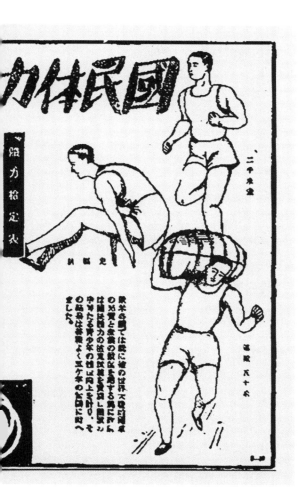

실시했다. 제1회 체력장 검정은 "청년 체력을 증강시키며 국력의 기초를 배양한다"라는 것을 목표로 1942년 9월 10일과 11일 중등학교 이상의 학교에 재학하는 15~25세까지의 남자 6만 명을 대상으로 했다.[84] '전시 체력'을 키우려는 뜻이다. 뒤이어 여학생도 체력장 검정에 포함했다.[85] 검정에 대비해서 여학생은 마치 수류탄처럼 생긴 나무를 멀리 던지는 훈련을 했고[86] 물동이에 물을 담아 나르는 '중량운반' 연습을 했다.[87] 이때 실시한 여학생 체력장 검정 종목을 보면 무게 8킬로그램 두 개를 두 손에 들고 35초 안에 100미터를 달려야 하고 수영은 200미터를 해야 하며 무게 4킬로그램을 쥐고 24킬로미터를 5시간 안에 다다라야 하는 등 굉장히 높은 수준을 요구했다.[88] 학교 운동회도 확 바뀌었다. 그동안 운동회는 학생과 지역 주민이 한데 어우러지는 축제 마당이었다. 그러나 1937년 중일전쟁이 일어난 뒤부터 운동회 성격이 바뀌거나 아예 없어졌다. 운동회 때 "호령과 군가와 함성이 살벌하게 메아리쳤다."[89] '국민학교'에서 운동회를 한다 해도 "비행기 폭격', '백병전', '장애물 넘기 경쟁', '육탄전', '들것 운반 경주' 등의 종목을 했다.[90] "운동회의 규모를 줄여 검소하게 하며 아동의 체위향상에 힘쓰라"라는 방침에 따른 것이다.[91] 여학교에서도 체조와 육상이 주를 이루던 흥겨운 운동회는 사라지고 군사훈련에 가까운 힘겨루기 종목을 했다.[92]

학교의 병영화와 소국민의 병정놀이

학생군사훈련인 교련은 학교 문화를 송두리째 바꾸었다.[93] 우여곡절 끝에 일제는 1930년부터 조선 중등학생에게도 교련을 시켰다. 먼저 '일선융화'를 위해 일본 학생과 조선 학생이 함께 공부하는 '내선공학' 학교부터 시작했다. 마지막으로 조선인 사립학교까지 파고들었다. 일제는 1937년 중일전쟁이 터지고 난 뒤부터 하루라도 빨리 전체 사립중등학교에도 교련을 시키려고 했다. 배속 장교가 없다면 '교련교사'라도 두어 기초훈련을 시킬 셈이었다.[94] 1939년에는 사립학교에서도 더 많은 학교가 군사교련을 하도록 했다.[95] 이때부터 학교교련이 전국적인 틀을 갖추었다. 교련 관련 행사뿐만 아니라, 군사시설과 병영 견학, 소풍이나 수학여행을 통한 전적지 견학, 야영훈련과 행군훈련, 취사 훈련, 군인정신 강연 등 여러 모습으로 군사교육을 했다.[96] 학교에서는 매주 월요일에 교련 조회를 했다. 교련 조회가 있는 날은 한 시간 일찍 학교에 와서 사열을 받은 뒤에 분열행진을 했다. 훈련이 만족스럽지 못하면 몇 번이고 되풀이했다. 교련 조회 말고도 강행군·총검술·국방경기 따위로 학교생활은 병영생활과 마찬가지였다.[97] 학무국은 교련으로 학교의 우열을 가렸다. 그리하여 각 학교가 '예비전사'를 기르는 일에 서로 경쟁하도록 했다. 학교교련은 해를 거듭할수록 강도가 높아졌다. 학교 구석구석에 방공호를 설치했으며 운동장에 총검을 찌를 수 있는 모의 인형을 세웠다. 장애물훈련을 위한 시설물을 설치했고, 격납고를 둔 일도 있었다. 그렇게 학교는 예비전사를 길러 내는 하나의 병영으로 탈바꿈했다.[98] 일제는 여학교에도 군사 문화를 깊숙이 침투시켰다. 월요일마다 교련 조례와 분열식과 분열행진을 했다.[99] 또한 '실전과 다름없는 방공훈련'과[100] 구급간호훈련도 했다.[101] 중등학교만이 아니라 초등학교에도 군사 문화가 확 퍼졌다. 아직 잘 알려지지 않은 사진 하나를 보자.

그림1 下川耿史, 《近代子ども史年表: 昭和・平成編 1926~2000》, 河出書房新社, 2002, 118쪽.

교정 처마 밑에 '견인지구堅引持久'라고 쓴 팻말이 분명하게
보이고, 그보다는 흐릿하게 '국체명징國體明徵'이라는 글씨도
있다. 1943년에 조선 '국민학교' 어린이들이 교정을 행진하는
모습을 찍은 사진이다. 일장기를 꽂은 모형 탱크와 어깨에
목총을 멘 어린이들. 믿기 어려울 만큼 황당한 시절임을 보여
준다. 음악 교과서에도 다음과 같은 노래가 있었다.

  장난감 전차 전진하라 전진해
  나무로 쌓아 만든 참호도 거침없이 넘어서
  우르릉 쿠르릉 전진하라 전진해[102]

일제는 잇따라 전쟁을 일으키면서 일상을 전시체제로
바꾸었다. 이때 어린이를 '소국민小國民' 또는 제2세 국민으로
일컬으며 그들에게 전쟁 의식을 심어 주려 했다. 소국민이란
"제2의 황군"이 될 사람이기 때문이었다.

그림2 "과학병기의 이모저모", 《국민신보》 1940년 3월 10일.

일제는 전쟁을 미화하면서 일본군에 대한 환상을 퍼뜨렸다. 일본의 경우 어린이
패션에도 그런 현상이 나타났다. 중일전쟁 뒤에 일본에서는 어린이 군복 패션이
유행했다. 1938년에는 흰색 유니폼에 캡을 쓰고 종군 간호사처럼 차려입고 신사를
찾는 여자아이의 모습도 눈에 띄었다. 출정병사 코스프레였다. 백화점에서 파는
어린이 군복은 군인 이미지를 영웅처럼 만들었다. 육·해군에서도 "군사사상의 함양에
이바지한다"라면서 어린이들이 대장복과 장교복을 입는 것을 허락했다.[103] 식민지
조선에서도 '군수품을 모방한 완구'가 많이 팔렸다.[104] 신문에서도 어린이에게 그림2처럼
'과학병기'를 소개하면서 전쟁 호기심을 부추겼다.

장난감 시장과 어린이 놀이 문화에 변화가 생겼다.
예전에는 "눈이 새파랗고 노랑 털을 뒤집어쓴 서양
인형이며, '양코백이'를 흉내 낸 것을 좋아했는데
이제는 전쟁지식과 전투력을 늘리는 데 도움이 되는
장난감이 인기"라고 했다. 모형 비행기, 모형 전차
같은 장난감이 과학적 지식을 높이는 데 도움이
된다고도 했다.[105] 다음 감기약 광고는 모형 비행기를
소구로 삼았다.

그림3 《조선신문》 1935년 2월 8일.

교과서에서도 어린이에게 전쟁 의식을 심어
주었다. "총탄 맞아도/ 끄떡없는 철모/ 써 보고
싶어요 철모." 초등학교 저학년 음악 교과서에 실린
노랫말 가사다.[106] 특히 교과서에 실린 '전쟁놀이'는
어린이의 '모방 놀이' 문화에 큰 영향을 미쳤다. 그
가운데 하나를 옮겨 보자.

뒷산 소나무 숲에서 전쟁놀이를 하였습니다. '다케'와
'다이겐'이 부대장이 되었습니다. 솔방울 폭탄을
던지며 싸웠습니다. '다케'의 동생 '마사'가 폭탄을
맞았습니다. '마사'는 "전사!"라며 쓰러졌습니다.

'에이시'가 "정신 차려!" 하며 일으켜 세웠습니다. '다이겐'이
"돌격!"이라 하였습니다. 나는 일장기를 흔들면서 적진으로
뛰어들었습니다(〈전쟁놀이戰爭ごっこ〉).[107]

전쟁놀이는 중일전쟁 뒤부터 유행하기 시작했다. 소학교에서
'국민학교'로 이름 바꾸고 나서는 더욱 성행했다.[108]
신문에서는 다음과 같이 전한다.

아이들의 전쟁놀이라는 것이 없다시피 했는데 중일전쟁이 생기고
더 나아가서 징병제가 실시되고 하는 데 자극이 되어 이 장난이
성하게 되고 이 장난을 위한 장난감이 늘게 된 것은 국가를 위해
경축할 일이다.[109]

이제 교과서에 실린 전쟁놀이 삽화를 보자. 교과서에서는
다음과 같은 삽화를 통해 전쟁놀이 방식을 지시한다.

그림4 《국어독본》에 실린 전쟁놀이 삽화. 박경수, 〈일제말기 《국어독본》의 교화로 변용된 '어린이'〉, 《일본어문학》 55,
2011, 559쪽.

어린이들이 이쪽저쪽으로 패를 나누어 전쟁을 흉내 내며 놀고 있다. 전쟁놀이 삽화에서 어린이들은 마치 실제로 전쟁을 치르는 것처럼 진지하다. 아이들의 교복은 군복과 비슷하다. 전쟁놀이에 뛰어든 동네 개는 군견 역할을 한다. 쓰러지는 아이에게 달려가는 여자 간호사도 다급하다.[110] 다음 의약품 광고도 전쟁놀이에 참여하는 여자아이는 간호사 역할을 하도록 했다.

그림5 《조선일보》 1938년 10월 21일.

방독면을 쓴 채 기관총을 쏘는 어린이 뒤에 여자 어린이가 '간호반'의 역할을 하고 있다. 병정놀이를 소재로 삼은 광고는 아주 많다. 중일전쟁 뒤에 과자와 어린이 약 광고에서 병정놀이를 즐겨서 광고 소재로 삼았다. 그 과자나 약을 먹으면 아주 튼튼해져서 미래의 자랑스러운 '황군'이 된다는 메시지다. 그러나 이미 제1차 세계대전 때의 광고나 만주사변 뒤의 광고에서도 '병정놀이' 콘셉트를 활용했다는 것에 주의해야 한다. 만주사변 직후에 나온 다음의 부인약 광고가 그 보기다.

그림6 《경성일보》 1932년 2월 10일.

온몸에 욱일기를 두르고
칼을 찼다. 철모를 쓰고
손에 총을 들었다. "강하게
낳아서 강하게 길러라.
튼튼한 어린이는 건강한
모체에서, 건강한 모체는
중장탕에서." 이 광고는
뒷날 일본의 군국주의가
여성에게 요구했던
'건모건병健母健兵'의 전형을
보여 준다.
어린이 약 광고에서
병정놀이를 활용할 때,
다음과 같이 매우 전투적이고
잔인한 모습을 연출하기도
한다.

그림7 "국가를 위하여", 《조선일보》 1937년 9월 7일.

그림8 《경성일보》 1939년 3월 15일.

그림7에서는 "풍운이 급박한 이 시기에 총후 어머니는 제2의 국민을 철과 같이 강인하게 길러야 하는 의무가 있다"라고 했다. 이처럼 병정놀이를 소구로 삼은 광고들은 아주 많지만, 전달하는 메시지는 한결같다. 일장기로 상징되는 애국의 논리, 적에 대한 적개심, 군인정신 함양 등 누구나 예상할 수 있는 그런 메시지다. 그러나 다음 광고는 보는 사람에 따라 해석이 달라질 수 있다.

그림9 "육아에도 일중 협력!", 《경성일보》 1938년 12월 25일.

중일전쟁 뒤에 나온 이 광고는 "육아에 일중협력!"이라는 카피를 달았다. 중국 아이들이
일장기를 들었고, 일본 군인은 중국 아이를 안은 채 그윽하게 바라본다. 나는 이 광고가
성인 남성에게는 패권적 남성성을 제시하고 어린이에게는 군인에 대한 판타지를
유포하는 또 다른 '병정놀이'라고 해석한다. 이 광고가 인기 있었던 듯싶다. 이 광고를
본뜬 다음과 같은 표절 광도도 생겨났다.

그림10 "육해군의 위장약 정로환", 《조선일보》 1940년 6월 20일.

이 광고에서 어린이가 군인 품에 안겨 있는 모습이 평화롭게 보였다면, 다음 광고에서도 전쟁 분위기를 느낄 수 없을 것이다.

救命丸 宇津

新春을迎하야

弱い児を丈夫に

愛兒에도 健康의凱歌가 소리노
피 紹叫될時節입니다
宇津救命丸으로 培養된 추위를克服할抵抗力이
育과 추위를克服할抵抗力이 힘차게
氣에 안겨리고 病모르는 튼튼한
身體를 만들기 때문입니다！

宇津救命丸은 祖國日本의光榮있는 小兒藥
입니다 그 快適한 藥效는 子女의胃腸과 呼
吸器의抵抗力을 增加하고 體質을改善함은
아니라 감증 회궤 智齒熱 消化不良 受胎
百日喉 흠여筆에 和漢獨特한 効果를 充
分이 發揮합니다 金色小粒의 服用하기쉬운
한알 한알에 愛兒를保護하는 科學의 藥이
사모처있습니다

新樂店百貨店藥品部에있슴
藥價・計錢부터十圓까지各

그림11 《조선일보》 1938년 1월 25일.

이른 봄, 화사한 매화나무 옆에 어린이와 개가 있다. 비록 어린이가 철모를 목에 걸고 총을 비껴들었지만, 애완견과 함께 평온한 시간을 즐기는 것처럼 보인다. 그러나 아이와 함께 있는 개는 애완견이 아니라 군견을 상징한다. 일제는 전쟁 때 수색과 체포에 군견을 썼다. 군견은 적을 물어 죽이기도 했다. '말 없는 전사'인 일본 군견은 군마와 함께 위령제의 대상이 되었다. 큰 공을 세워 훈장을 받은 일본 군견도 있었다.

일제는 아이들에게는 지금 당장 전쟁에 참여할 수 없지만 언젠가는 훌륭한 병사가 되라고 요구했고, 놀이의 맥락에서 전쟁을 친숙하게 받아들일 수 있게 만들었다.'''
이것이 '전쟁놀이' 속에 포함된 이데올로기 장치였다. 어린이들은 전쟁놀이를 하면서 전시체제를 평범한 일상으로 받아들였다. 약 광고는 전쟁놀이 이미지를 유포하며 '전시체제의 일상화'에 합류했다.

군국의 어머니와

'몸뻬' 부대의 건강

"낳아라, 불려라"

일제가 1937년 중일전쟁을 일으키고 전시체제로 나아가면서 군국주의가 조선 사회를 뒤덮었다. 군국주의란 군대가 곧 국가가 되고 군인의 질서가 군대뿐만 아니라 모든 사회에 침투하는 것을 일컫는다.[112] 전쟁을 치르는 것을 가장 중요하게 여기고 모든 국민 생활을 군사적 가치에 종속시키는 것이 바로 군국주의였다. 살벌한 군국주의 속에서 가정이 바뀌고 여성의 처지와 삶의 모습도 달라질 수밖에 없었다. 무엇보다 일제는 후방에 있는 여성이 '병사를 출산'하는 역할을 하고 '경제전의 전사'가 되어 주기를 바랐다.[113]

일제는 전쟁이 일어나자 적극적인 인구정책을 마련했다. 일본에서는 중일전쟁 직후인 1938년에 모자보호법을 시행함과 동시에 인구정책과 국민 체위향상을 꾀하려고 후생성厚生省을 설치했다. 1940년에는 국민우생법을 마련하고 각지에 우생 결혼상담소를 두었다. 같은 해 11월에는 후생성이 10남매 이상을 둔 가정을 뽑는 제1회 '우량다자가정優良多子家庭' 표창을 했다. 1941년에 미국과 태평양전쟁을 시작하기에 앞서 인구정책 확립 요강이 각료 회의에서 결정되어 1940년에 7300만 명이었던 인구를 "앞으로 20년 동안 약 2700만 명을 늘려 1960년에는 1억 명으로 증가시킬 것을 결정했다." 이러한 인구정책을 위해 출생 증가, 결혼 장려, 건전한 가족 제도 유지, 모성 육성, 피임·낙태 금지, 화류병 근절 등을 제창했다.[114] 전시하에서는 지극히 개인적인 문제인 결혼과 임신, 출산을 국가가 통제했다. 그 목적은 무엇보다도 전쟁을 치르기 위한 인구를 증가시키려는 데에 있었다.

식민지 조선에서도 일본과 보조를 맞추었다. 일본에서 후생성을 설치했듯이 조선총독부 경무국에 속해 있던 위생과를 분리해 후생국을 신설하면서 "적극적으로 결혼

장려와 출산 증가를 꾀해야 한다"라고 했다.[115] 총독부
후생국은 결혼을 장려할 뜻으로 결혼상담소를 설치했다.
애국반은 미혼남녀에게 배우자를 알선했다. 또 일제는 결혼
전에 건강진단서를 교환할 것을 권했다. 일제가 바란 것은
건강한 인적자원이었기 때문이다. 일제는 아이를 많이 낳는
것이 오히려 건강에 좋다고 선전했다. 5명 넘게 자녀를
둔 가정에는 산의産衣 또는 금일봉을 주고 출생신고를
한 사람에게는 순면을 배급한다고 발표하기도 했다.
'자복자子福者'라고 해서 10명 넘게 자녀를 둔 가정은 상을
주기도 했다. 전시체제는 여성이 국가에 헌신하는 어머니가
되어 전장에 나갈 충성스러운 2세를 길러야 한다는 모성애를
강조했다.[116] "낳아라 불려라, 나라를 위하여!" 이것이 일제가
내건 구호였다. 부인약 광고는 그 표어를 광고 문안에 그대로
사용하곤 했다.[117] 다음 광고도 그렇다.

이 광고는 '일본 어머니'의 신체를 두려운 병으로부터 지켜서
튼튼한 아이를 많이 낳게 하자는 내용을 담고 있다.
결혼한 여자에게만 인구증식계획이 해당하는 것은 아니었다.
여학교에서도 앞으로 결혼해서 출산을 많이 해야 한다는
교육을 했다. 또 여학생을 '굳센 여성,
억센 어머니'로 만들려고 체력을
단련하는 군국주의 체육교육을
했다. "어려운 전시 생활을 이겨내고
건강한 모체母體를 기른다"라는
뜻에서 여학생 체력검정을 하기도
했다.
일제는 학교체육뿐만 아니라
'사회교화사업' 가운데 하나로
황국신민체조를 보급하는 데 열을

그림1 《조선일보》 1939년 5월 8일.

올렸다. 특히 "여자의 심신 단련이 남자보다 더욱 필요하다"라면서 여성들이 신체 단련을 하도록 요구했다.[118] 식민지 조선의 매체는 "우량한 자녀를 길러 내는 건강한 가정이야말로 국가의 기틀"[119]이라는 식의 선전에 힘을 쏟았다. 부인약 광고에서도 "아이를 낳아서 여성의 의무를 다하자"라고 했다.[120] 부인약으로서는 일제의 출산정책이 매우 좋은 기회였다.

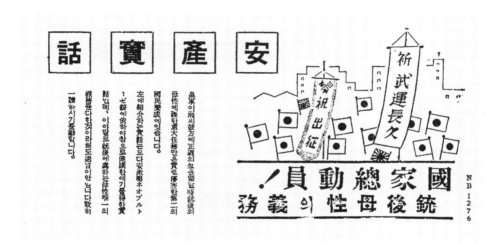

그림2 "튼튼한 아이 잘 낳는 부인약" 광고 부분, 《매일신보》 1937년 10월 15일.

이 광고는 일장기와 함께 '무운장구' 등의 깃발을 그려서 중일전쟁에 나가는 군인들의 출정식 모습을 재현했다. 광고 문안의 핵심을 추려 보자. "황군이 바다 건너 정의의 칼을 번뜩일 때, 총후의 모성은 제2의 국민을 양성해야 하는 중대한 임무가 있다. 건강한 아기를 얻는 것은 총후 모성의 유일한 의무다"라고 했다. 이 무렵 일본에서는 "나라를 위해 아이를 강하게 길러라"라고 하는 포스터를 만들어 선전하기도 했다.[121] 일제는 아들을 전쟁터에 보내는 어머니를 '군국의 어머니'라고 추켜세웠다. 그리고는 전장에 나갈 2세를 잘 길러 내야 한다고 했다. 약 광고는 '육아보국育兒報國'이라는 광고로 그에 응답했다.

그림3 '육아보국', 《경성일보》 1939년 4월 26일.　　　　　그림4 '육아보국', 《매일신보》 1942년 4월 2일.

왼쪽 중일전쟁 때의 '육아보국' 광고에서는 어린 아이를 튼튼하고 병 없이 기르는 것이
나라에 보답하는 것이라고 했다. 오른쪽 태평양전쟁 때의 '육아보국' 광고는 그보다 훨씬
강렬하다. 커다란 손바닥 위에서 아이는 일장기를 들었다. 아이를 내 손으로 잘 키워
나라에 바친다는 뜻이다. 여성은 전쟁에 나갈 자녀를 잘 기르고 전장에 동원된 남성이
편안하게 싸울 수 있도록 가정을 지키며 후방에서 전쟁을 지원하는 것이 여성의 의무가
되었다. 약 광고에서는 '육아보국'보다 더 강하게 '건모건병'이라는 말을 쓰기도 했다.[122]
건강한 어머니가 되어 건강한 병사를 길러 내라는 뜻이다.
　일제가 패전하기 직전에는 '결전'이라는 말을 자주 썼다. 그만큼 상황이 긴박했음을
뜻한다. 이때 여성에게도 결전의 자세를 요구했다. 그런 여성을 일컬어 다음 광고는
'결전모성決戰母性'이라고 했다.

이 광고에서는 여성이 "직장에 몸을 던지며, 가사와 육아에도 아주 바빠서 평소의 2~3배의 체력이 있어야 하는 중대한 결전 체제"라고 했다. 이 약은 '결전체제'에서 '결전모성'을 뒷받침한다고 광고했다.

그림5 '결전모성', 《매일신보》 1944년 5월 9일.

방공防空 훈련과 몸뻬

중일전쟁이 일어나고 사회가 전시체제로 바뀌면서 식민지 조선은 하나의 병영처럼 되어 갔다. 일제는 '생활의 전시 태세'를 부르짖고 '간소한 국민 생활'을 강조했다. 그에 따라 옷을 통제하기 시작했다. 학생 교복을 '결전형'으로 통일하고, 성인 남성에게 '국민복'과 '근로복'을 입도록 했다. 일본에 앞서 식민지 조선에서 국민복이 먼저 모습을 드러내었다. 국민복은 관공서 직원들과 남성 교원부터 시작하여 청년훈련소생, 청년단의 남자 단원, 중등학교 남학생들에게로 확대되어 갔다. 국민복은 필요하다면 곧바로 군복으로도 입을 수 있는 옷이었다. 시간이 흐를수록 일제의 강요로 머리를 삭발하고 국민복을 입는 사람이 늘어 갔다. '여성의 국민복'인 몸뻬는 본디 에도시대 일본 동북 지방 농촌에서 일할 때 입던 옷이다. 일제는 전시체제가 되면서 여성에게 몸뻬를 입으라고 다그쳤다. 여성들은 강제 동원이나 훈련을 받으러 나갈 때 반드시 몸뻬를 입어야 했다. 조선 여성들은 처음에는 몸뻬를 입는 것에 강하게 반발했다. 그때까지 바지를 속옷으로만 입었던 조선 여성들은 평상복 또는 외출복으로 바지를 입는 것에 수치심을 느꼈다. 마땅한 웃옷이 없는 상황에서 짧은 저고리 아래에 몸뻬를 입어 허리를 드러내는 것도 민망했다. 그런데도 몸뻬는

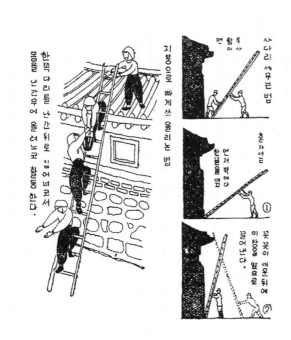

그림1 신시대사 편집부 편, 《애국반가정용 언문방공독본》, 박문서관, 1941, 71쪽.

여성 옷으로 널리 보급되어 도시 중산층도 두루 입었다. 몸뻬를
입지 않으면 온갖 규제를 받아야 했고 '근로동원'이 많아지면서
몸뻬를 입을 수밖에 없었기 때문이다.[123]

그림1은 방공훈련 모습을 그렸다. 지붕 위로 양동이를 올리는
여성은 몸뻬를 입었고, 사다리를 세우는 남성은 국민복을
입었다.
방공훈련에서 등화관제 훈련이 중요했다. 등화관제란 적
비행기가 밤에 폭격하는 것을 방해하려고 등불을 끄거나 빛이
밖으로 새어 나가지 않도록 가리는 행위다. 만주사변 뒤에
가끔 등화관제 훈련을 했지만, 중일전쟁 뒤부터 본격적으로
훈련했다. 도시계획에 방공에 관련된 사항을 포함할 만큼
일제는 도시의 방공을 중요하게 여겼다. "공습에 예고 없다.
등불을 가리라!" 등화관제 훈련은 초보적인 군사훈련을 시키고
명령체계를 점검하려는 속뜻이 있었다. 또한 등화관제는 가정의
일상생활까지 국가권력이 직접 개입하고 통제하고 있음을
느끼게 하는 장치이기도 했다. 등화관제는 전쟁 분위기를
연출해서 사람들에게 긴장감을 불어넣고 군의 통제를 몸에
익히도록 하는 효과도 노렸다.[124]
방공훈련에서 여성의 역할이 컸다. 군에서는 여성이 피난을 가는
것보다는 화재 방지를 위해 노력하는 것이 중요하다고 말했다.[125]
"남편과 아들이 직장과 나라를 지키는 동안, 집에 남은 노인과
아이들을 보호하라." 그렇게 여성에게 '가정방공'의 역할을
맡겼다. 다음 의약품 광고를 보자.

그림2 "회충은 독을 낸다", 《동아일보》 1938년 9월 4일.

그림3 "예비가 있으면 근심이 없다", 《매일신보》 1940년 10월 12일.

왼쪽 구충제 광고(그림2)는 회충이 피를 탈취할
뿐만 아니라 독을 낸다면서, 방독면을 쓰고
방공훈련을 하는 여성의 모습을 소재로
활용했다. 오른쪽 구충제 광고(그림3)는
'구충으로 국민보건운동'을 해야 한다면서
방독면을 전면에 내세웠다. 포스터나 영화
등에서도 방독면을 활용하여 방공훈련의
필요성을 선전하던 맥락 그대로다. 다음은 영화
〈방독면〉 광고와 방공훈련 포스터다.

그림4 영화 〈방독면〉 광고, 《경성일보》 1944년 4월 13일.

그림5 방공훈련 부민 총동원 포스터, 《동아일보》 1939년 6월 28일.

이처럼 방공훈련과 관련하여 포스터나 방공전람회 그리고 잡지나 영화 등이 방독면을 많이 활용한 까닭은 무엇일까. 독가스가 위험하니 그것에 대비해야 한다는 뜻도 있었겠지만, 그에 못지않게 국민에게 방공의 필요성을 더욱더 극적이고 효과적으로 선전하려는 뜻이 강했다. 방독면을 쓴 모습은 일반 국민에게 방공의 이미지를 선명하게 각인시켰다.[126] 신문은 방독면을 쓴 사람들의 사진 등을 실어 방공훈련의 필요성을 충격적으로 전달했다.[127] 독가스에 대한 공포를 틈타 다음과 같은 효과가 매우 의심스러운 제품도 등장했다.

景光는하難避 서에 今帳蚊毒防를斯瓦毒

그림6 '독가스 방독 모기장' 광고 부분, 《조선일보》 1937년 10월 10일.

그림6은 "조선에도 적기가 언제 어느 곳에서 습격할지
모른다. 독가스의 피해는 참혹하다. 가가호호 방독 도구를
준비하시오"라고 했다. 또한 "방심은 생명의 적"이라면서
방독면 1~2개와 함께 '독가스 방독防毒 모기장(蚊帳) 하나를
준비해 두면 전 가족의 생명을 구할 수 있다고 했다.
광고에서 여성을 '방공전사防空戰士'로 호명했다. "방공전사의
부인들이여! 일본 창공과 일본의 국토는 여러분의 힘으로만이
수호될 것입니다." 어느 화장품 광고 문안이다.[128] 부인약
광고(그림7)에서는 물동이를 들고 방공훈련을 하는 여성을
등장시켰다.

그림7 "대동아의 부인약", 《조광》 10권 1호, 1944년 1월.

이 광고는 "대동아공영권 여성의 건강은 결전필승決戰必勝의
요체다"라고 적었다. '이국적인' 남양의 여성도 그려 넣었다.
그리하여 방공훈련으로 대동아공영권을 수호한다는 의미를
담았다. 방공훈련을 이용한 광고에서 모두 여성만을 등장시킨 것은
아니다. 다음 광고를 보자.

그림8 "코가 나쁜 사람은 성공할 수 없다", 《매일신보》 1943년 6월 23일.

남학생이 주인공인 이 콧병약 광고는 네 컷 만화 형식이다. "코가 나쁜 사람은 머리가 나빠지고 성공할 수 없다"라는 제목을 달았다. 오른쪽부터 첫 화면은 남학생이 "소이탄을 두려워하지 말자"라고 다짐한다. 사실 일본은 폭탄이나 독가스탄 못지않게 소이탄 공격을 두려워했다. 일본은 목조건물의 비율이 높고 밀집한 탓에 화재에 취약했기 때문이다. 두 번째 화면은 남학생이 콧물을 흘리면서도 미국·영국·중국 비행기를 식별하는 법을 익힌다. 세 번째 화면은 콧병약을 넣는다. 네 번째 화면은 "코도 좋아지고 머리도 맑아졌으니 적의 비행기를 곧 발견할 수 있다"라고 했다. 이 광고는 나름대로 재치가 있다. "방공을 위해 눈 건강에 좋은 비타민A를 먹으라"[129] 또는 "방공을 위해 건전한 눈을 만들라"[130]라는 안약 광고와도 서로 맞닿아 있다. 그러나 다음 광고는 그보다는 훨씬 더 전쟁 냄새가 짙다.

그림9 "끊임없는 방공진으로", 《매일신보》 1944년 8월 16일.

"부단의 반공진으로 지켜 가자. 황국의 하늘은 우리의 손으로." 그렇게 적었다.
남자의 '전시 패션'에 주목하자. 국민복을 입은 남자는 메가폰과 손전등을 들었다.
발에는 '결전형 각반'을 찼다. 이 무렵 남자는 '총후의 무장'인 국민복과 결전형
각반을 해야 했다. 신문에서는 "결전형 각반이란 끈으로 만든 간편하고 모양 좋은
것"이라고 설명했다.[131] 결전형 각반은 다음과 같이 매었다.

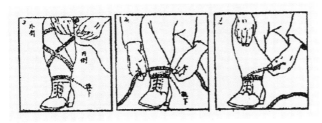

그림10 결전형 각반, 《매일신보》 1944년 8월 25일.

'몸뻬 부대'의 근로미

일제는 생활양식과 관습을 전쟁에 알맞도록 바꾸라고 다그쳤다. 가정이란 국가를 위한 것이므로 가정생활을 떠안은 주부는 전시정책에 적극 협조해야 한다는 것이 그들의 생각이었다. 전시형 가정을 꾸릴 뿐만 아니라 후방에서 전쟁을 지원하는 것이 여성의 의무가 되었다. 신문에서는 생산 활동에 참여하는 여성을 일컬어 '몸뻬 부대'라고 부르기도 했다.[132] '몸뻬 부대'란 "몸뻬를 입고 집단 작업을 하는 부인산업전사"였다. 일제가 근로보국운동과 '개로운동皆勞運動'을 일으키면서 '몸뻬 부대' 역할이 더 커졌다. 근로보국이란 "병역의 의무가 없는 조선인은 근로를 최고 덕목으로 삼아 나라의 은혜에 보답하라"는 것이었다.[133] '개로운동'이란 일할 수 있는 사람은 모두 일하라는 운동이었다. 다음 보혈강장제 광고는 '몸뻬 부대'를 잘 형상화했다.

광고 문안에 따르면, "부인은 인구증식과 유유아 보호 등의 국책을 떠안았다." 어디 그뿐인가. 그림1에서 보듯이 몸뻬에 삽을 들고 '개로운동'에 나서야 했다. 이때 '부인의 건강'과 '모체의 영양'이 문제가 되기 때문에 이 약을 사서 먹으라고 했다.

그림1 '보혈강장', 《경성일보》 1939년 11월 7일.

이제 '개로운동'이 무엇인지 좀 더 자세하게 살펴보자. 신문 사설에서는 다음과 같이
개로운동의 성격을 규정했다.

"노동은 신성하다"라는 말은 벌써 시대에 뒤진 말이다. 지금에는 "일하지 않는 자는 먹지 말라"
함이 옳을 때다. 그뿐만 아니라 전시하 노동력이 부족하여 근로보국운동이 힘차게 벌어진 지
오래된 이때 일할 수 있는 총후 국민으로서 한 사람이라도 일하지 않고 한가롭게 보내는 자가
있어서는 국가적으로 큰 손실이다.[134]

일제는 국민개로운동을 일으킬 때, "일하지 않는 자는 국민이 아니다", "일하지 않는
자는 먹지 말아라", "일하지 않는 자는 차라리 죽어라"라는 식의 광기 어린 구호를 쏟아
냈다.[135] 직역봉공職域奉公, 국민개로國民皆勞, 근로보국勤勞報國 따위의 네 글자로
된 구호들은 일제가 '근로'를 강조하려고 만든 것이었다. "직장은 전장戰場, 여성도
전사戰士"라며 여성에게도 '직역봉공'을 요구했다.[136] 여성이 직장에서 일하는 것을
일컬어 '여성의 전투배치'라고 표현한 광고도 있다.[137]
'국민개로'와 '근로보국'에서 말하는 '근로'란 국민의 의무이자 봉사 차원에서 부지런히
일하는 것을 뜻했다. 이때 "근로는 국가에 대한 국민의 책임이자 영예"였다.[138] 일제는
"반도인은 병역의 의무가 없으므로 이에 대신하여 노동력을 국가에 봉사하고 근로보국
정신을 드높여서 황국신민이 될 만한 자질을 길러야 한다"라고 했다.[139] 다음 비타민
광고(그림2)를 보자.
여성들이 방독면을 만들고 있다. "노인과 어린이 임산부와 병자 등을 빼면 전력을
증강하기 위하여 직접 나서서 과감하게 싸울 수 있는 여성의 수가 얼마나 되나 생각해

봅시다. 놀고 있는 사람은 반성하여 곧
취업합시다"라고 적었다. 자기 상품을
선전하기보다는 '국민개로'라는 일제의
정책을 선전하는 '헌납 광고'였다.
그러나 다음 두 광고는 국민개로 구호를
위장약과 부인병약 광고에 활용했다.

그림2 "생각해 봅시다", 《매일신보》 1944년 2월 25일.

그림3 '여성개로', 《춘추》 31호, 1944년 2월.

그림4 "국민개로의 가을", 《경성일보》 1942년 5월 12일.

두 광고 모두 "튼튼한 체력으로 국민개로전에 나서야
한다"[14]라는 일제의 구호에 발맞추었다. 부인병을 치료하거나
위를 튼튼하게 하여 전쟁에 보탬이 되게끔 '근로'를 해야
한다는 내용이다. 그러나 그림5는 의무로서의 노동이 아니라
재미로서의 노동을 강조하여 눈길을 끈다.

그림5 "국민개로, 일하는 재미는 건강에서 온다", 《매일신보》 1941년 12월 10일.

'국민개로'라는 큼지막한 글씨 밑에 머리띠를 두른 여성을 그렸다. "일하는 재미는 건강에서 온다!" 이 광고는 건강-노동-재미를 연결하면서 '국민개로'의 말속에 들어 있는 억압의 성격을 없앴다. "일에 취미를 가지면 육체적 피로는 잊어버린다"[41]라거나 "괴로운 것을 즐거움으로 알아야 한다"[42]라는 그 무렵의 친일파 주장과도 통한다. 이 광고는 "일이 괴로움이 아니라 즐거움 또는 취미가 될 수 있다는 파시즘적 설득"[43]을 내포하고 있다.

전시체제기에 일하는 것은 보람찬 것을 넘어 아름다움으로 승화한다. "일하는 자태보다 아름다운 것은 없다."[44] 이것은 전시체제기의 화장품 광고다. '근로미'를 한껏 추켜세웠다. "참다운 여성미, 근로를 떠나 없다"[45]라는 말에 나타나듯이, 여성미 가운데 근로미를 가장 높은 가치로 끌어올렸다. 모든 의약품 광고에서 일하는 여성에 대한 찬양이 기본 바탕이 되었다. 그렇지만 의약품 광고는 화장품 광고와는 달리 여성의 '근로미'를 전면에 내세우지는 않았다. 다만 다음의 약용 크림 광고만 '근로미'를 소재로 삼았다.

그림6 '근로미', 《매일신보》 1942년 5월 23일.

'아몬 파파야'는 여드름 주근깨 기미를 빼는 데 쓴다고 했다. 채만식이 쓴 소설 《탁류》에도 '여드름 바가지' 남학생이 백화점에서 '아몬 파파야' 약용 크림을 사러 온다는 내용이 있다.[146] '아몬 파파야'는 꽤 유명했던 듯하다. 이 광고는 아름다운 피부로 일하면 근로미를 더 발휘할 수 있다고 했다. 아무리 전시체제라고 해도 아름다움에 대한 인간의 기본 욕구는 남아 있었음을 보여 준다.

이데올로기를 품은 약

증산과 공출, '건강저축'과 봉공奉公

전쟁을 치르면서 일제는 군수품과 관련된 생산을 늘리려 했다. 그러나 자재와 설비가 모자라고 노동력 공급이 나빠진 탓에 생각보다 생산이 늘지 않았다. 일제는 증산운동으로 그 한계를 극복하려 했다. 일제는 "나라를 위해 목숨을 바친다는 결의로 증산에 힘을 쏟아야 한다"라고 했다.[147] 의약품 광고가 거기에 호응했다.

그림1 "이 몸 이 팔뚝, 흥아의 방패", 《매일신보》 1942년 3월 8일.

운전대를 잡은 노동자는 눈을 부릅떴다. "이 몸과 이 팔뚝은 흥아興亞의 방패"다. 따라서 "상처와 데인 곳을 치료하여 힘차게 씩씩하게 증산이다! 증산이다!"라고 적었다. 이 밖에도 비타민을 먹고 결근과 지각 없이 증산에 힘쓰자는 광고,[148] 건전한 눈으로 능률을 내어 증산하자는 광고,[149] "증산하는 산업전사의 약"이라는 광고,[150] 증산하는 건강한 사람, 즉 '증산건민增産健民'이라는 새로운 말까지 만들어 낸 광고[151] 등이 있었다.

증산을 소재로 삼은 광고는 "현대의 전쟁은 경제전이며 증산은 곧 전투력 강화"라는 논리를 내세웠다. 다음 광고를 보자.

일본 비행기가 줄지어 나는 이 광고는 '전쟁 = 소모전 = 생산전'이라고 했다. 만들고 또 만들어서 적을 무찔러야 한다면서 자기 제품은 "전선과 공장의 필승약"이라고 했다. '증산'을 소재로 삼은 광고도 전쟁 끝 무렵이 되면 그림3처럼 비장하고 격렬해진다.

그림2 "추격 생산전", 《매일신보》 1944년 12월 10일.

치약 회사에서 낸 이 '헌납 광고'는 포탄을 두 어깨에 짊어진 모습을 그렸다. 그리고 "직장이 곧 결전장이니까, 직장에서 땀과 열로써 증산에 힘쓰자"라고 했다. 공장만이 아니라 여러 생산 현장에서 증산을 다그쳤다. 광산에는 "뚫어라, 캐내어라, 전쟁이다"라는 포스터가 붙었다.[152] 농촌에서도 증산운동을 일으켰다. 잡곡 등의 식량증산만이 아니라 건초도 중요한 증산의 대상이 되었다. 건초는 "군수공급, 식량증산, 축산생산력 확충에 필요"하다고 했다.[153] 미역, 다시마 등의 해초는 비행기의 폭약, 성냥 등의 귀중한 재료가 된다면서 전국 어민을 동원하여 해초증산운동도 일으켰다.[154] 다음 광고도 농촌의 증산을 겨냥했다.

그림3 "직장은 곧 결전장", 《매일신보》 1944년 5월 24일.

그림4 "증산이다", 《매일신보》 1942년 4월 18일.

이 광고는 "체력은 곧 국력이다"라는 오늘날에 더욱 익숙한
문장을 사용했다. 그러고는 이 약이 '흙의 전사戰士'의 건강을
수호한다고 적었다. 여기서 말하는 '흙의 전사'는 일반 농민을
일컫는 것이 아니라, '만주 개척민'을 뜻한다.[155] '만주 개척민'이란
"만주로 가서 식량증산의 사명을 다하는 집단 개척민"이었다.[156]
"증산하여 공출"[157]이라는 구호가 보여 주듯이 증산과 공출은
관계가 깊었다. 의약품 광고에서 공출을 소재로 삼은 것으로는
다음 광고가 가장 강렬하다.

그림5 '체력공출' 광고 부분, 《매일신보》 1942년 12월 27일.

이 광고는 "풍부한 체력을 국가에 봉공奉公합시다!"라고 적었다. 그것을 일컬어
'체력공출'이라고 요약했다. '체력공출'이란 무엇인가. 쌀공출의 내용을 들여다보면
체력공출의 내용을 짐작할 수 있다. 1942년 일제는 농촌을 들쑤셔 가며 쌀을 강제로
공출했다. 공출한 식량에 '공정가격'을 매겼지만, 이름뿐이지 생산비에도 미치지 못했다.
그나마 '공정가격'도 주지 않고 허울뿐인 저금통장만을 내주어 쌀을 빼앗다시피 했다.
그렇다면 '체력공출'이라는 말도 저임금 속에서 강도 높은 노동을 강제하는 것이었음을
쉽게 알 수 있다. 다음 비타민 광고는 쌀공출을 직접적인 소재로 삼았다.

米穀供出
好成績

農家に負けずに、各職
職場の諸君がんばらう
一切を捧げて戦力増強
だ。米英に勝ち抜くの
だ。鍬を丈夫にして
頑張らう！

ビ研理衣錠
㊀ 元気服

琢ンチA

그림6 "미곡공출, 호성적", 《경성일보》 1944년 3월 18일.

전쟁 중에 일본에서도 공출이 심했지만, 식민지 조선은 그보다도 훨씬 더했다. 그 무렵
일제 자신도 "식량공출이 조선 농촌에 가하는 중압은 심각하다"라고 말할 정도였다.[158]
농민들은 굶어 죽는 근심보다 수색과 폭력, 벌금과 징역에 대한 두려움을 더 크게
느끼면서 공출했다. 그런데도 위의 광고에서는 "미곡공출의 성적이 좋다"라고 했다.
농가와 각 직장에 부과한 임무는 전력 증강과 연결되어 있다면서 "미영과 싸워 이기고야
말리라. 몸을 튼튼하게 하여 끝까지 버티자"라고 했다. 그러고는 몸을 튼튼히 하려면
비타민을 먹어야 한다는 것을 은근히 광고했다.

전시체제기에 일제는 저축을 강요했다. "생산자금 공급을 윤택하게 하고 공채를
원활하게 소화하며 물가가 오르는 것을 막아 군수 자재 공급을 확보하고 국민 생활의
안정을 꾀한다."[159] 이것이 강제저축의 목표였다. 근대적 금융제도에 익숙하지 않은
동북의 전통 경제에서 자금을 끌어오는 데는 먼저 저축의식을 선전하여 저축을 강제할
필요가 있었다."[160] 의약품 광고는 그러한 저축 캠페인 분위기를 이용했다.

그림7 '건강저축운동', 《동아일보》 1938년 7월 29일.

이 광고는 '건강저축운동'이라는 헤드카피를 달았다. "장기전에 대비하여 절약운동과
저축운동"이 일어나는 이때 각 개인이 '건강저축'에 매진하는 것을 잊어서는 안 된다고
했다. 어린이, 청년, 중년, 노년, 부인 모두가 '황국'을 위하여 건강을 저축하라고 했다.
'국가를 위한 신체'는 다음 의약품 광고에서도 핵심 주제가 된다.

그림8 "형님은 병정, 우리는 저금", 《매일신보》 1942년 11월 13일.

이 약 광고는 "형님은 병정, 우리는 저금"이라는 헤드카피를 달았다. 이 광고는 "저축은 전력戰力", "저축은 총후의 실탄", "늘어 가는 저축에 전진하는 황군" 등과 같은 구호가 넘쳐 날 때의 분위기를 반영했다. 나만이 아니라 나라를 위해 저금하듯이, 이 약을 발라 상처와 부상을 치료하는 것도 나라를 위하는 것이라고 썼다.

전선과
총후의
연결,

위문과
원호

일본에서 위문대의 역사는 1904~1905년 러일전쟁 때로
거슬러 올라간다.[161] 식민지 조선의 매체에서는 1차 세계대전
때인 1914년부터 '위문대'라는 말이 나타나기 시작했다.
일본이 1차 세계대전에 참전했기 때문이다. 처음에
위문대라는 말은 낯설었다. 신문에서는 "군인을 위문하는
물품 봉지"라면서 "각종 물품을 자루에 넣어 군사에게 보내어
그 수고를 위로하는 것"이라고 해설했다.[162] '애국부인회
조선본부'에서 조선 전체에서 3만 개의 위문대를 만들었다는
기사가 《매일신보》에 실렸다.[163] 기생에게도 위문대를
보내도록 했다거나,[164] 몇몇 학교에서 일본군에게 위문대를
보냈다는 기사도 있다. 1차 세계대전 때 신문의 위문대
광고로는 '인단'이 으뜸이었다.[165]

그림1 "위문대에 인단", 《경성일보》 1918년 10월 7일.

그림1을 보자. 제○연대라고 적은 커다란 일장기 밑에서 말 탄 군인과 보병이 진격하고
있다. "세계에 휘날리는 일장기는 일본제국 융성의 표징이다. 효험이 탁월한 '인단'은
건위 보건의 가장 좋은 약제"라고 썼다. 그리고 위문대에 '인단'을 넣으라고 적었다.
그림2는 어린이들의 병정놀이를 소재로 삼았다. 적십자 깃발 아래에서 간호사 역할을
하는 여자아이와 경례하고 칼 찬 남자아이를 그렸다. 그리고 출정 군인에게 보낼 위문
엽서 사용법을 적었다.

일제는 만주사변과 중일전쟁을 거치면서 위문대 보내기 운동을 더욱 강화했다. 만주사변
때에는 '국방부인회'를 중심으로 위문대를 대량으로 만들었다. 신문 등을 통해서
위문대를 보내자고 호소했다. 중일전쟁 뒤부터 전쟁이 길어지고 전선이 확대되면서 많은
병력이 동원되자 위문대의 수요도 크게 늘었다. 그러나 전쟁 끝 무렵이 되면 물자 부족과
운송의 곤란 때문에 위문대가 군인에게 거의 전달되지 못했다.[166]

일제는 위문품이 후방과 전방을 잇는 끈이 될 것을 기대했다. 그림3·4의 의약품 광고는
그러한 '위문대의 정치'를 잘 보여 준다.

그림2 《부산일보》 1918년 11월 14일.

그림3 "마음은 전선에", 《경성일보》 1942년 7월 9일.

그림3은 "몸은 총후에 있지만, 마음만은 전선에 있다"라고
했다. 그림4는 총을 메고 전선으로 가면서 간절하게 '총후'를
바라보는 군인을 그렸다. 이 광고들은 전방과 후방이 한
몸으로 총력전을 해야 한다는 메시지를 전달한다.
전쟁에 애국심을 끼워 넣어 상품을 팔려는 위문품 광고에서
살충제 광고가 매우 적극적이었다. 전쟁터에서 살충제가
필요해서도 그랬고, 해충을 죽이는 살충제가 '적을 섬멸'하는
전쟁의 이미지와 겹쳤기 때문이기도 했다.

그림4 "위문대에는 반드시 국산품을!", 《동아일보》 1939년 9월 24일

그림5 "파리와 빈대 퇴치", 《조선일보》 1938년 7월 21일.

그림5는 "파리와 빈대(南京虫)를 퇴치해서
황군 만세"라고 적었다. 남경충南京虫은
빈대를 뜻하지만, 중일전쟁 직후에 나온 이
광고에서는 중국 난징南京을 뜻하는 것으로도
읽힌다.

중일전쟁 뒤부터 위문품의 수요가 크게 늘자,
백화점에서는 위문대 세트를 판매했다. 그
밖에도 미리 만들어 놓은 위문대 제품이
등장하기도 했다. 그림6을 보자.

이 광고에 나타난 상점은
'황군위문품 판매소'다. 이곳에
가면 위문대에 넣을 여러
물건을 손쉽게 고를 수 있었을
것이다. 이 판매소에 와서도
자기 제품만은 꼭 챙겨 넣으라는
광고다. 그러나 백화점이나
상점에서 미리 만들어 놓은
위문품에 대해서 군인들이
불평이 많았다고 한다.[167]
그림7은 위문대 판매를 겨냥한
백화점 광고다.

그림6 《동아일보》 1939년 2월 8일; 《경성일보》 1939년 2월 9일.

박흥식이 사장이었던 화신백화점에서 지하
1층에 위문품 판매점을 두었으니 위문대 세트를
사라는 광고다. 이렇게 백화점은 위문품 판매를
통해 매출을 높일 뿐만 아니라 후방의 전쟁
지지 열기를 높이고 전쟁을 정당화하는 데
이바지했다.[168]
위문대 보내기는 군사 문화의 한 영역을
차지했다. 의약품만이 아닌 이러저러한 위문품
광고가 신문에 자주 실렸다. 병사에게 보내는
위문편지를 성의 있게 쓰라고 학교에서
다그치자, 그 틈을 노려 위문편지 쓰는 법을
알려 주는 《편지와 병대兵隊》 같은 책 광고도
신문에 실렸다.[169] 다음 두 개의 의약품 광고는
그 사정을 재빠르게 포착했다.

그림7 《춘추》 21호, 1943년 4월.

그림8 "위문의 일문—文, 사기 백배", 《매일신보》 1942년 2월 10일.

그림8은 "위문하는 한 문장은 군인들의 사기를 백배 오르게 한다"라고 했다. 그리고 "열성이 넘친 위문문과 함께 따뜻한 순정의 위문대"를 보내자고 썼다. 그림9는 "서툴러도 내 손으로 위문문을 쓰자"라는 헤드카피를 달았다. 그리고 "전선과 '총후'가 한 덩어리가 되어 이겨 나가자"라고 적었다.

일제는 '전선과 총후가 한 덩어리가 되는' 또 다른 방법으로 '원호'를 강조했다. 중일전쟁 뒤부터 일제는 식민지 조선에서도 '군사원호사업'을 시작했다. 일제의 기록을 직접 보자.

> 1937년 7월 말 전 조선의 여러 애국단체가 일제히 궐기하여 중앙에 조선군사후원연맹을, 지방의 도道·부府·군郡·섬(島)에도 마찬가지로 군사후원연맹을 결성하여 늘 관계 당국과 긴밀한 연락을 유지하고 황군의 의지와 기개를 고무·격려하는 데 힘썼다. 또 장병들이 남은 가족에 대한 걱정이 없도록, 영역 안의 국민의 시국인식과 군사원호 관념의 강화를 꾀하였으며, 상이군인과 군인 가족·유족에 대한 부조, 직업의 알선, 위문 등 내선일체가 되어 일치협력하고 애국의 마음을 가득 담아 총후봉공銃後奉公의 의무를 다하였다.[170]

'군사원호사업'은 왜 필요했을까. 첫째, 전쟁에서 사망한 사람과 상이군인에 대한 처우가 문제가 되었기 때문이다. 둘째 '군사원호' 관념은 전쟁 분위기를 드높이고 애국심을

그림9 "서툴러도 내 손으로 위문문", 《매일신보》 1943년 4월 9일.

북돋우는 데 큰 도움이 되었기 때문이다. 일제는 '원호강화주간', '총후후원강화주간' 등의 행사를 하면서 군사원호 사상을 높이려 했다. "상이군인과 영령에 감사하고 유가족 원호에 협력해야 한다"는 것이 그 행사의 주제였다. 그림10의 의약품 광고에서도 원호 사업에 호응하는 광고를 냈다.

이 광고에서는 "병이 나아 재기再起하기를 기원한다"라고 적었다. 이 제품의 다른 광고에서는 일장기만을 큼지막하게 그려 넣고서는 "아버지와 아들을 국가에 바친 유족을 보호하라!"라는 헤드카피를 달았다. 이어서 "감사한 마음으로 일하자. 감격하여서 근로합시다. 일하는 사람의 건강을 수호하는 멘소레담"이라고 적었다.[71]

그림10 《경성일보》 1942년 3월 14일.

굳건한 총후, 반공과 방첩

일제는 통감부를 설치한 때부터 줄곧 사상을 탄압하는 데 힘을 쏟았다. 보안법(1907), 신문지법(1907), 출판법(1909) 등이 그 보기다. 3·1운동 뒤부터는 '문화통치'라는 허울 좋은 가면 뒤에서 정보정치를 강화했다. 일제는 1925년 4월에 치안유지법을 공포하고 일본보다 먼저 조선에 적용하면서 사상 탄압을 본격화했다. 치안유지법은 "국체의 변혁 또는 사유재산제도의 부인"을 금지하는 것이 핵심이었다. 이 법은 1920년대부터 널리 퍼지기 시작한 사회주의 사상과 노동운동을 탄압하려는 데 근본 목적이 있었다.

1917년 러시아혁명과 제1차 세계대전 직후에 고양된 국제 혁명운동의 영향으로 사회주의 사상이 국내에 수용되었다. 3·1운동 뒤에 민중의 정치의식이 높아지고 민족모순과 계급모순이 깊어지면서 사회주의가 빠르게 확산하였다. 일제조차도 "그동안 독립운동이 실패를 거듭함으로써 초조해진 민중에게 사회주의운동은 일종의 자극과 광명을 주었다"라고 할 만큼 사회주의의 영향은 컸다. 치안유지법은 사회주의운동 계열의 민족해방운동을 탄압하는 데에만 악용했던 것이 아니라 민족주의 계열의 독립운동 모두를 탄압하는 데도 폭넓게 적용되었다. 일제는 법만이 아니라 사상 탄압기구도 정비했다. 1928년에는 사법부에 사상 문제만을 전담하는 판검사와 사상부를 설치하여 사상 탄압을 전문화했다.[172]

사상에 대한 탄압과 통제는 1931년 만주침략 뒤부터 더욱 정교해졌다. 일제는 1937년 중일전쟁으로 전시 파시즘체제를 구축하고 일본의 천황제 이데올로기 말고는 어떠한 사상도 허락하지 않았다.[173] 일제는 전쟁에서 어려움에 맞닥뜨릴 때면 늘 '사상전'을 강조했다. 그 '사상전의 무기' 가운데 하나가 바로 반공이었다.

일제의 반공정책을 다룰 때 '방공협정'을 빠뜨릴 수 없다.

중일전쟁 직전인 1936년 11월 일본과 독일이 맺은
방공협정은 '사상전'을 대비하는 전진기지였다. 다음 광고는
그때의 '방공협정'을 소재로 삼았다.

그림1 "국가의 친선", 《매일신보》 1937년 1월 22일.

이 '인단' 광고는 일본이 독일과 방공협정을 맺은 것을
축하했다. 나치를 뜻하는 스바스티카(卍字)를 배경으로
삼았다. 방공협정이 체결되고 나서, 처음 나오는 '방공'
이미지 광고다.[174]
일독 방공협정 체결 1년 뒤인 1937년 11월 6일에
이탈리아가 합류했다. 이른바 '삼국신성동맹三國神聖同盟'
이었다. 일본은 이를 계기로 파시즘 진영에 가담했다.[175]
'삼국신성동맹'도 의약품 광고에서 활용했다.

그림2 "나라에 방공, 배에 방충", 《매일신보》 1938년 2월 6일.

그림2는 구충제 '마구닌' 광고다. 일본·독일·이탈리아 국기를 하나로 묶어 세웠다.
그리고 스스로 지키려면 나라는 방공防共, 배는 방충防虫을 해야 한다고 적었다.
공산주의자와 기생충을 서로 연결한 광고다.
일제는 중일전쟁 뒤부터 '사상전' 차원에서 방공을 더욱 강조했다. 일제가 조선 사상계를
'불온'하다고 판단했기 때문이기도 했다. 일제 기록을 직접 보자.

> 조선에서는 1928년 이후 1935년까지 치안유지법 위반 사건으로 검거된 자가 실로 1만
> 6000명을 돌파하였다. 그 가운데 기소유예 처분 또는 형의 집행유예를 언도받거나, 형 집행을
> 마치고 만기 출옥한 자의 수도 6400여 명에 이르고 있다. 이들 가운데 일부 전향자를 제외한
> 대부분이 여전히 불온한 사상을 품고 있거나 그 태도가 매우 모호하여 전향 의지 유무가
> 완전히 분명하지 않은 자가 다수를 차지하는 상황이다.[176]

후방의 안전을 위해서도 일제에게 반공은 중요했다. '인단'이 반공을 마케팅에 가장
적극적으로 이용했다. "주머니에 넣고 다니며 필요할 때마다 먹으라"라고 했던
'인단'은 약을 담는 용기를 판매 수단으로 활용하곤 했다. '인단 선형용기와 인단
북구형용기'[177]·'인단 금언金言용기'[178]·'인단 상아용기'[179]·'인단 고무용기'[180]·'인단
만주용기'[181]·'로즈rose 인단용기'[182] 등이 그것이다. 인단은 그렇게 용기를 자꾸 바꾸면서
사람들의 호기심을 자극했다. 인단은 전시 체력강화정책과 반공의 시류를 재빠르게
포착해서 용기를 또 바꾸었다. 이름하여 '체육용기'와 '방공용기'다. 그 광고를 보자.

그림3 "방공용기와 체육용기", 《동아일보》 1938년 12월 16일.

이 광고는 아시아가 발전하려면 반공으로 단결하고 체육을 향상하는 것 말고는 길이 없다고 했다. '인단'은 이와 엇비슷한 내용으로 매우 많은 광고를 쏟아 내면서 일제의 반공정책에 적극 호응했다. 이 광고에서는 방공용기와 체육용기 모습을 알기 힘들다. 다른 인단 광고의 도움을 받자. 방공용기는 "세계지도를 나타내고 방공정신 강화의 필요를 환기시키는 데 충분한 의장을 갖추었다. 따라서 모든 국민이 가져야만 하는 시국 강조의 용기였다." 또한 "체육용기는 골프공 모습으로 이 용기를 가지면 체육 정신을 잊지 않는다"라고 광고에 적었다.[183]

일제는 방공협정을 계기로, 자기가 통치하는 영역으로 "공산주의가 유입되는 것을 막는다"라는 것을 명분으로 '귀축鬼畜 스탈린의 폭정', '적색 제국주의' 등과 같은 소련 이미지를 유포했다. 사상전향자 등 지식인을 통해 좌담회나 강연회에서 이러한 인식을 퍼뜨렸다. 또한, 방공표어나 방공포스터, 방공논문을 현상 모집하면서 일반 대중 스스로가 방공사상을 보급하는 선전자가 되게끔 했다.[184]

'조선방공협회'가 방공 선전 활동을 조직하거나 주도했다. '조선방공협회'는 조선총독부 경무국, 특히 보안과가 앞장서서 1938년 8월에 만들었다. 이 단체는 '일독이 방공협정'에 부응하고 공산주의 사상을 철저하게 박멸하며 황도 사상을 선양한다는 것을 설립 목적으로 삼았다.[185] 황도 사상은 곧 일본정신이기도 했다. 조선방공협회가 보급한 '방공가'에서도 일본정신을 강조했다. 〈방공가〉 1절을 보자.

천황의 위세 널리 미치는 곳
빛나는 반도
이곳 방공의 제일선
맹세하라 충성을
막아라 적마赤魔를
가자!
성은의 깃발 아래
기필코 일으키라 일본정신[186]

중일전쟁 뒤부터 방공과 방첩이 결합하기 시작했다. 먼저 광고부터 보고 간첩 또는 스파이 이야기를 이어 가자.

이 치약 광고(그림4)는 헤드카피로 X648호라고
적었다. 권총과 하이힐을 그렸다. 무슨 속셈일까.
광고 문안을 자세하게 보면 그 해답을 찾을 수
있다.
"지금 ○○을 무대로 국제 스파이는, 각지에 암약!
스파이 한 사람은 때에 따라 수 개 사단보다 낫다.
입을 경계하라!!. 입속의 648(무시바)를 방치하면
즉시 모든 이에 옮는다." 이 치약으로 충치를
방지하는 것이 유일한 방책이라고 했다. 648을
일본어로 무시바로 읽는다. 그런데 동음이의어인
무시바むしば(虫歯)는 충치다. 이 광고에서
X648이란 여자 스파이의 암호명이자 충치를
뜻한다는 것을 알 수 있다.
이 광고는 드물게 방첩을 소재로 삼았다. 그런데

그림4 《동아일보》 1938년 8월 14일.

왜 여자 스파이인가. 간략하게나마 방첩운동과
여자 스파이의 관계를 짚어 보자. 일제가 펴낸 《국민방첩독본》에 따르면, 방첩이란
"외국의 비밀전에 대해 국가를 방위하는 모든 행위"다.[187] 조선에서 스파이 이야기는
1930년대 초반부터 유행했지만,[188] 중일전쟁 무렵에 본격화했다. 이때부터 방첩이 중요
사안이 되었다.[189] 그런데 1930년대 스파이는 거의 모두 여성으로 재현된다는 특징이
있다. 백화점에서 진열한 스파이 모형도 여자였다.[190] 이것은 실제로 스파이 대부분이
여성이었기 때문이 아니다. 그런데도 왜 여자 스파이를 많이 이야기했을까. 대중의
관심을 끌어 방첩교육 효과를 높이기 위해서였다. 또한 스파이와는 완전히 다른 '총후
부인상'을 제시하려 했기 때문이기도 했다.[191]
1941년 아시아-태평양전쟁 때가 되면 여자 스파이 이야기를 통한 간접적인 방식보다는
구체적인 '국민방첩'의 방법을 제시한다. 불조심, 문단속, 신고 정신에서 세균전에 대한
대처에 이르기까지 전시의 일상과 삶 전체에 '방첩'이 스며들도록 했다. 또한 입조심,
행동 조심 등 인간의 의식과 무의식 모두를 통제하려 했다.[192] 이때에도 여전히 여성은
더욱 관리해야 할 존재였다. 여급과 기생뿐만 아니라[193] '입이 가벼운' 가정주부도
문제였다.[194] 매체에서는 교묘한 스파이에게 남자보다 여자가 더 쉽게 넘어갈 수 있다고

지적하곤 했다.[195] 일제는 '국민방첩주간' 등의 행사를 하면서,[196] "그대의 곁에 스파이가 있다"라는 식의 방첩 사상을 선전했다.[197] 매체에서는 "방첩을 철저히 하려면 먼저 일본정신을 앙양"하는 것이 중요하다고 말하곤 했다.[198] 잡지에서는 '일본정신'을 다음과 같은 이미지로 재현했다.

그림5 '일본정신', 《조광》 8권 8호, 1942년 8월, 52쪽.

이 삽화에서는 "국민방첩 실천의 근본은 일본정신이며, 스파이는 일본정신으로 막아낼 수 있다"라고 했다.

"총후에도 적이 있다."[199] 그것은 스파이 전람회 때의 구호다. 일제는 '총후의 적'으로 공산주의와 스파이를 똑같은 범주로 묶었다. 일제에게 '빨갱이'와 '스파이'는 교묘하게 외부에서 내부로 침투하는 존재였다. 또한, 그들은 정체가 모호해서 끊임없이 색출해야만 하는 존재였다.[200]

"수행하라 성전, 굳게하라 방공/수호하라 일장기, 방어하라 간첩"[201] 이 구호는 방공과 방첩이 결합하는 모습을 보여 준다. 중일전쟁 뒤부터 방공과 방첩이 결합하기 시작했지만, 1941년 뒤에는 완전히 하나가 되었다. 그 시절 배제와 절멸 또는 박멸의 대상이 되지 않으려면 방공과 방첩에 힘쓰는 일본인, 즉 황국신민이 되어야만 했다.[202]

맺음말

오랫동안 신문과 잡지에 실린 많은 광고를 모았다. 처음에는 특별한 목적이 있었다기보다는 우울한 마음을 달래고 산만한 정신을 가다듬으려는 단순한 뜻으로 시작했다. 오래된 신문과 잡지를 한 장 한 장 넘기는 일은 지루하고 고통스럽다. 그러나 조금 지나면 잡념이 사라지고 외롭지도 않았다. 나는 그렇게 옛 자료를 보면서 고통은 꼭 불행만이 아니라 행복일 수도 있다는 것을 처음으로 깨달았다. 광고를 뒤적거리는 데 사심이 없었던가. 그렇지만은 않다. 재미있는 광고가 있다면 시민강좌 등에서 멋지게 활용하려는 '실용주의적' 계산도 있기는 있었다.

광고가 차곡차곡 쌓이다 보니 생각이 깊어졌다. '양질 전화의 법칙'일까. 의식주 등 일상생활에 관련된 광고, '공익광고'에 해당하는 프로파간다형 광고, 전쟁을 파는 광고, 스위트홈을 위한 상품 광고, 파시즘 신체 광고 등 "주제별로 광고를 묶어 볼 수 있겠다" 싶었다. 또한, 코믹형 광고, 에로형 광고, 혐오형 광고, 동물을 활용한 광고, 만화형 광고, 스타 사진을 이용한 광고, 표절 광고 등 "표현 형식에 따라 광고를 분류할 수도 있겠다" 싶었다. 이 모든 문제는 일제강점기 광고사 연구에서 아직 다 다루지 못했다.

광고 더미에서 이렇게 저렇게 노닐다 보니 뜻밖에도 그동안 보지 못했던 일제강점기의 문화현상이 보이고 듣지 못했던 평범한 사람들의 목소리가 들리는 듯도 싶었다. 물론 광고 그 자체는 현실을 그대로 반영하는 것이 아니지만, 문화를 읽어 내고 삶의 모습을 알아내는 데 귀중한 정보를 제공하는 것만은 틀림없다.

여러 광고 가운데 내가 특별히 관심을 두었던 것은 음식 문화였다. 여러 기호품과 조미료 광고는 음식 문화 연구뿐만 아니라 생활사 연구의 중요한 실마리를 풍요롭게 간직하고 있다. 광고에서 재현하는 빙수집, 우동집, 오뎅집, 선술집,

대폿집, 식당, 요릿집, 카페, 다방 등은 일상생활사 자료에 목말라하는 나에게 큰 자극을 주었다. 정작 이 책의 주제인 의약품 광고는 뒷전이었다. 무엇보다 그 양이 엄청났기 때문이다. 그토록 많은 약 광고를 어디서부터 어떻게 가닥을 잡아 어떤 기준으로 정리해야 할지 도무지 엄두가 나질 않았다. 또한 의학사나 약업사를 잘 알지 못했던 나로서는 의약품 광고를 해석하기가 참으로 벅찼다. 그러나 나는 지난 3년 동안 '한국의 근대기획과 신체정치'라는 프로젝트에 참여하면서 비로소 약 광고에 말을 걸기 시작했다. 약 광고 자료집을 내고 의학사 관련 저술을 읽어 가면서 조금씩 자신감을 키웠다. 미숙하지만 끈질기게 준비했다. 그리하여 이제 조심스럽게 이 책을 세상에 내놓게 되었다. 무엇보다 나의 무지를 일깨워 주었던 의학사와 약업사 연구자 여러분께 고맙다는 인사를 드려야 한다. 제발이지 이 책이 그분들의 고난에 찬 연구 성과를 독자에게 제대로 전달할 수 있기를 바란다.

그러나 이 책은 의학사와 약업사 연구 성과를 대중에게 쉽게 전달하려는 뜻보다는 새로운 각도에서 일상생활사를 접근해 보려는 의도가 훨씬 더 강하다. 이 책은 시장에 나온 약이 광고를 통해 몸에 스며드는 과정과 이데올로기를 끼워 파는 약의 속성을 파헤친다. 그러나 그보다는 '비문자非文字 사료'인 광고를 통해 일제강점기의 시대상을 풍요롭게 설명하는 것이 궁극 목표였다. "약 광고로 들추는 일제강점기 생활문화사", 이것이 이 책의 핵심 문제의식이었다.

일제강점기 전체를 대상으로 했을 뿐만 아니라 양이 가장 많은 약 광고를 다루었기 때문에 놓쳐 버린 영역과 자료가 생길 수밖에 없다. 다루었던 영역에서조차 서술 비중이 불균등하거나 잘못 해석한 것이 있을 수 있다. 그러나 오랫동안 작업하며 모아 두었던 광고 사료는 그러한 오류와 한계를 일정 정도 극복할 수 있는 밑거름이 되었다. 또한, 이 책은 너무 세밀하게 묘사한 나머지 전체 방향을 잃어버리는 오류를 극복하려고도 했다. 특히 《경성일보》광고 전체를 자료화하고 이 책에서 많이 활용한 것은 행운이었다.

거의 모든 약 광고를 다 모았다고 판단하고 이 책을 쓰기 시작했지만, 정작 어려운 것은 그다음이었다. 수많은 사건 가운데 어떤 사건을 대상으로 어떻게 사료를 고르고 어디에 배치해서 무엇을 설명할 것인가. 이것이 역사가가 늘 맞닥뜨려야만 하는 '선택의 순간'이다. 광고도 마찬가지다. 어떤 광고를 선택하여 어떻게 플롯을 구성할 것인가. 선택하지 않은 수많은 광고가 아까웠지만 과감하게 비우기로 했다. 그 대신 약 광고를 유형화하고 대표적인 광고를 제시하여 설명하기로 마음먹었다. 이 책에 실리지 못한 광고도 유형화에 밑받침이 되었다면 자기 몫을 다한 것이리라.

이제 이 책의 내용을 요약하고, 미처 다하지 못한 이야기를 마저 하자. 1장 "근대의 몸, 공장과 요새"에서는 근대는 시각 중심사회라는 것, 그리고 근대에는 신체를 예전과는 다른 시선으로 보기 시작했다는 것부터 이야기의 실마리를 풀었다. 근대인은 자신과 타인의 몸을 새로운 기준에 따라 평가했다. 근대인은 아름답고 가치 있는 몸의 표준을 서양에 두었다. 영화와 스포츠, 패션이 '신체미'의 기준을 새롭게 제시하곤 했다. 그러나 1장에서 말하는 '근대의 시선'이란 해부학과 세균설에 따른 몸과 병인, 그리고 임상의학적인 시선이었다. 기존 연구 성과를 바탕으로 해부학의 의미를 요약하면서 "몸과 인간을 구분한" 광고의 사례를 제시했다. 해부학적 시선이 자리 잡으면서 몸에 대한 기계적 은유가 일반화했다는 것을 이미지로 보여 주었다. 의약품 광고는 "상품 판매와 '문명화'라는 이중의 목적'"을 가지고 있었다. 1910년대 의약품 광고는 제1차 세계대전과 맞물리면서 '세균과의 전쟁'이라는 군사적 은유를 자주 활용했다. 1920년대에 건강 붐이 일기 시작했다. 매체나 광고에서 다루는 질병의 종류는 다양해졌고 사소하거나 중요하게 여기지 않았던 질병들이 의학적 '치료'와 '관리'의 대상으로 들어왔다.[2] 여기서 더 나아가 '건강 제일주의'가 뿌리를 내리기 시작했다. '건강 제일주의', 또는 '과시하는 몸' 담론은 육체에 대한 자기도취의 집착과 강박관념을 일으킬 수 있다.[3] 또한 신체적 약자에 대한 억압과 배제의 논리가 그 안에 담겨 있기도 했다.

결국 1장에서는 약 광고가 근대적 건강 담론의 유통에 개입하면서 사람들이 의학적 시선을 내면화하는 데 큰 역할을 했다는 것을 말하고 싶었다. 사람들은 광고가 제시하는 의학 지식과 정보를 알게 모르게 받아들이면서 '근대적 환자 되기'[4]에 익숙해져 갔다. "상품은 재화를 생산할 뿐만 아니라 재화를 소비할 사람들과 그에 상응하는 욕구를 생산한다"라는 마르크스의 이야기를 떠올려도 좋겠다.

2장 "건강 붐과 약의 잔치"에서는 매약이 생활 속으로 파고드는 모습을 낱낱이 드러내고 싶었다. 먼저 사람들이 '자기진단'을 하면서 약을 사게 되는 과정을 설명했다. 비누와 치약 같은 위생용품을 비롯하여 모든 약의 종류를 다 다루고 싶었다. 전염병만이 아닌 무좀과 같은 생활 속의 '작은' 질병, 그리고 탈모와 액취증 같은 신체의 고민까지 포괄하려 했다. 신경쇠약과 히스테리 또는 '정력의 신화'와 성적인 불안과 같은 심리적 요인도 중요하게 고려했다.

2장에 많은 지면을 할애했지만, 모든 약을 다 설명하지는 못했다. 첫째, 부인병약을 총괄해서 다루지 못했다. 부인병약은 임신과 출산에 관련된 것, 부인병 질환, '건강미'에 관련된 것으로 나누어 볼 수 있다. 본문 곳곳에서 '중장탕'을 비롯한 여러 부인병약을 사례로 들었기 때문에 조금 위안이 되기는 하지만, 부인병약에 대해서 따로 절을

그림1 《조선신문》 1934년 7월 15일.

두어 설명하지 않은 것이 못내 아쉽다. 그러나 젠더의
관점에서 부인병약을 총괄 점검하는 일은 이 책의 범주를
벗어난 것이기는 하다. 둘째, 고혈압·신경통·류머티즘 등의
성인병을 독립된 절로 다루지 못했다. 굳이 핑계를 대자면
일제강점기 성인병에 대한 연구 성과가 전혀 없고 내가
광고를 해설할 능력도 없는 탓이다. 고혈압에 관련된 광고는
다른 절에서 사례로 들어서 조금은 위안이 된다. 근육통 약인
'묘포' 광고는 '절단된 몸'과 누드를 비롯한 여러 신체 이미지를
다양하게 연출하고 있어서 흥미롭다. 그러나 그것을 소개할
맥락을 찾지 못해서 생략할 수밖에 없었다. 서운한 마음을
달래기 위해 '묘포'의 효능을 한꺼번에 묶어 놓은 그림1만을
제시한다.

이 광고에서 보듯이 '묘포'는 류머티즘, 어깨 결림, 근육
피로와 통증을 제거한다고 했다. 이와 비슷한 약효를 가진
바르는 약도 있었지만 '묘포'는 붙이는 약이었다. '묘포'는
"붙이면 곧 강력한 약효가 환부에 침투하여 완고한 여러
증상을 기분 좋고 신속하게 치료한다"라고 했다.[5] 이 '묘포'는

"올림픽 전사 손·남 두 선수의 세계 제패를 축하합시다"[6]라는
이벤트 광고부터 "미증유의 비상시에 우선 건강획득
공작으로부터"[7]라는 전시체제형 광고에 이르기까지 다양한
광고술을 선보였다.

셋째, 이 책에서는 감기와 천식을 비롯한 호흡기약 광고를
독자적인 절로 설정하지 않았다. 감기약의 광고 기법이
천편일률적이어서 크게 매력을 느끼지 못한 탓이다. 다만
감기약 가운데 미키마우스 관련 내용만큼은 이 자리에서라도
소개하고 싶다. 다음 광고를 보자.

천전이淺田飴(아사다아메)에서 '이飴(あめ)'란 '엿'이라는
뜻이니 맛이 달았다는 것을 알 수 있다. 천전이를 아예
'천전엿'이라고 번역한 광고마저 있다.[8] 아사다아메는

그림2 《경성일보》 1933년 10월 13일.

그림3 "어린이와 동물의 나라", 《조선중앙일보》 1935년 2월 25일; 《조선일보》 1935년 2월 26일; 《경성일보》 1935년 2월 18일.

1887년에 처음 만들었다. '약은 쓴 것'이라는 상식을 뒤집고 "양약良藥이면서 입에 달다"라는 표어와 함께,[9] "담, 기침, 일체 폐병의 지약持藥, 감기 들거나, 무기력한 사람, 노인의 자양제滋養劑로 판매했다.[10]

위의 광고 모두 만화기법을 활용했다. 그림3에서 미키마우스가 스키를 타면서 "목이 아프지 않으려면 천전이를 먹어야 한다"라고 말한다. 미키마우스는 디즈니Walter Elias Disney가 1928년에 만든 최초의 유성 애니메이션 〈증기선 윌리〉에서 처음 등장했다. 일본에서 이 미키마우스가 1932~1933년에 크게 유행했고 미키마우스 인형이나 딱지가 생겼다.[11] 그러한 상황에서 만든 일본 광고가 그대로 식민지 조선에 들어왔다. 그러나 이 광고에 앞서 이미 1930년부터 미키마우스가 식민지 조선의 광고에서 선을 보였다.[12] 물론 그 광고도 일본에서 만든 것이었다. 또한 잡지 《삼천리》에서는 미키마우스를 삽화로 싣기도 했다.[13] 모든 이미지는 매체에 실려 전 세계로 빠르게 유통되고 있었음을 알 수 있다.

넷째, 2장에서 '한방과 매약'이라는 절을 따로 설정하려 했지만, 기존 영역과 많이 겹쳐서 결국 생략했다. 위장병을 다룰 때 '활명수'를, 피부병을 다룰 때 '조고약'을, 그리고 정력제를 다룰 때 '홍삼정'을 설명하긴 했다. 이제 인삼 광고를 간략하게나마 좀 더 소개하려 한다. 인삼은 곧잘 '장생불로 만병통치'의 약으로 광고했다.[14] 인삼과 녹용을 결합한 약이 많았다. 인삼과 녹용을 이름에 넣은 한약재는 일반인에게 매약의 효과를 이미지로 심어 주려는 방법이었다. 많은 매약에서 '삼용蔘茸'이라는 이름을 넣은 것은 이 같은 광고 효과를 노린 것으로 보인다. 1930년 중반 이후의 '삼용' 제품들은 인삼과 녹용을 전면에 내세우면서 비타민이나 알코올, 호르몬 제제와 같은 다양한 성분과 양약을 섞어 만들었다.[15] 그림4는 '보음·보양'에 좋다는 '삼용' 제품 광고다.

그림4 "보음보양, 삼용강장수", 《조선일보》 1939년 11월 24일.

인삼 관련 광고를 쭉 펼쳐놓고 분석해 보면 매우 중요한
사실을 알게 된다. 첫째, 인삼을 활용한 상품이 생각보다
훨씬 많았다. 인삼증과蒸菓,[16] 인삼 밀크초콜릿,[17] 인삼
밀크캐러멜,[18] 인삼주,[19] 인삼 포도주,[20] 인삼 비누,[21] 인삼
드롭스,[22] 인삼차,[23] 인삼 시럽[24] 등이 그것이다. 둘째, 인삼
엑기스나 인삼의 과학화와 관련된 제품이 있었다. 일본
약업은 조선에 진출해서 주로 일본 약을 들여다가 파는
것으로 만족하거나 기껏해야 인삼 엑기스를 제조했다.[25]
엑기스エキス는 액체 형태의 농축액이나 진액을 뜻하는
단어로 extract(추출물)의 일본어식 표현이다. 엑기스
제품으로는 익모초 엑기스, 음양곽 엑기스, 구절초 엑기스
등도 있었다.[26] 이러한 엑기스 제품은 "한방과 현대의학의
융합을 이룬 약"이라고 선전하곤 했다. 인삼 엑기스 말고도
"조선 인삼을 화학적으로 정제했다"라는 일본 제약회사의
약도 나왔다.[27]
셋째, 인삼에 대한 일본인의 태도를 알 수 있는 광고다.
일본인을 겨냥해서 기생을 그림으로 그려서 '조선적인 것'을
내세우는 인삼 광고 등이 있었다.[28] 그러나 인삼의 효능에

그림5 《경성일보》 1917년 2월 17일.

그림6 전면광고, 《경성일보》 1919년 4월 27일.

주목하면서 일본 소비자를
설득하려는 그림5·6이 눈길을
끈다.

이 인삼 광고의 모델은 한복
입은 사람도 아니고 조선의
기생도 아닌 일본 여성이다.
그림5에서는 고향에 계신 나이
드신 어머님께 선물을 할 때는
인삼 약을 보내라고 했다.
그림6에서 인삼으로 만든 세
종류의 약이 세계적인 약이고
만병의 영약靈藥이라고 했다.
인삼을 먹은 여성이 낳은 아이는
운동회 달리기에서도 일등을
한다. 다른 지면에 실린 이 제품
광고에서는 "인삼을 복용하는
사람은 신체가 강하다. 먹으면
먹을수록 젊어진다"라고 했다.[29]
2장에서 일제강점기에 나온 많은
약을 소개했지만, 약 자체보다는
그 약을 먹어야 했던 사람, 또는
매약마저도 쉽게 사 먹지 못했던
사람들의 삶을 말하고 싶었다.
영약 부족에 시달리는 농민,
벅찬 노동으로 질병에 쉽게
노출되었던 '근로자', 신경쇠약과
히스테리에 걸린 도시인과 학생,
'성의 위기'를 느껴야 했던 '정력 없는' 남자들, "반드시 자녀를
낳아야만 했던" 여자들, 그리고 생로병사의 길을 걷는 모든

인간을 2장에서 보여 주고 싶었다. 물론 이 책의 주제가 약 광고인 만큼 "애들은 가라"라면서 길거리에서 약을 팔던 약장사도 설명했다. 이 2장에서 오늘날 우리네와 그다지 다르지 않은 여러 모습의 근대인을 만날 수 있기를 바랐다. 3장 "건강을 팝니다"는 먼저 몸에 좋다는 건강식품부터 다루었다. 예나 지금이나 모든 먹거리 광고는 맛이 좋고 건강에 좋다고 광고한다. 수많은 사례가 있지만, 몇 가지 먹거리만을 골랐다. 그 가운데 맥주 광고는 좀 뜻밖이라고 생각할 수 있겠다. "맥주는 술이 아니라 자양품"이라고 했으니까 말이다. 껌이 전염병을 예방한다는 광고에서는 건강 마케팅의 과대 광고를 본다. 하기야 19세기 말에 코카콜라도 "두통을 치료하고 피로를 해소하는 이상적인 자양강장제"라고 광고했단다.[30] 또한 3장에서는 피부과학을 앞세운 화장품을 설명했다. 수많은 화장품 광고 가운데 의약품 광고 전략을 그대로 적용한 광고만을 살폈다. 주로 비타민과 호르몬이 들어갔다고 주장하는 화장품이었다.

3장에서 '전기·전파 치료기'를 쓰기가 가장 힘들었고 해설도 아직 충분하지 못하다. 왜냐하면 그때 사람들이 전기에 대해 어떤 태도를 보였는지, 또는 '전파'나 'X선' 그리고 '라듐', '방사능'과 같은 첨단의 '과학'을 대중이 어떻게 이해했는지를 밝힌 연구 성과가 전혀 없기 때문이다. 3장에서 여러 의료기기 가운데 '고무 의료기'를 전면적으로 다룬 것은 나름대로 의의가 있다고 생각한다. 콘돔과 '월경대'의 광고를 체계적으로 정리하여 후속 연구에도 이바지하고 싶었다.

4장 "전쟁을 위한 신체, 사상의 동원"에서는 전시체제기 의약품 광고의 정치·문화적 의미를 탐색했다. 전쟁기에 편승한 '애국 광고'를 가리키는 '전시광고戰時廣告'라는 말은 러일전쟁 때 나왔다.[31] 전치체제기의 '애국 광고' 또는 '상품이 된 전쟁'은 의약품만이 아닌 다른 모든 광고를 함께 보아야만

명료하게 이해할 수 있다. '싸우는 광고'[32]는 수많은 내용을
포괄하는 매우 큰 주제다. 그러나 이 책 4장에서는 주로
전시체제기의 신체정치에 집중했다.

전시체제기 약 광고는 대부분 전쟁 이데올로기를 시각적
형태 또는 의학적 시선으로 번역했다. 그 무렵 약 광고는
지난날의 관행과 관성 모두를 억압하지는 않았지만,[33] 전쟁을
선전하는 주요한 무대장치가 되었던 것만은 사실이었다.
많은 의약품 광고는 공식적인 프로파간다와 그 내용이
똑같았다. 물론 의약품 광고는 정부에서 발행하는 전쟁 포스터
등과는 다르게 자본의 이미지로 전환되어 있기는 하다.
전시체제기 약 광고는 기존의 의학적 코드에 전쟁의 감성을
얹고, 거기에 전쟁 메시지를 입혔다. 전시체제기가 되면서
예전의 '건강 제일주의'가 국가주의와 결합했다. 의약품은
건강강화, 건강재건, 건강보국, 체력증진, 체위향상,
보건보국, 직역봉공職域奉公, 공장건민工場健民, 장기건설
등 사자성어처럼 만든 신어를 전면에 내걸면서 광고에
열을 올렸다. 광고를 통해 전달되는 메시지가 전쟁에 대한
환상을 더 불러일으킬 수 있다. 상품에 잠재된 욕망과 전쟁의
스펙터클이 결합하기 때문이다.

그러나 태평양전쟁 말엽이 되면 전체 광고가 크게 줄어듦에
따라 약 광고도 양과 질에서 쇠퇴했다. 그때의 약 광고는
전쟁을 위한 국책 홍보를 전면에 내건 이른바 '헌납 광고'가
대부분이었다. 모든 매체가 전쟁을 위한 선전지 역할을
할 때여서 거기에 호응할 수밖에 없었거나, 전시체제에서
제약업계가 살아남을 방식을 모색한 결과였다. 어찌 되었거나
일제강점기 내내 제약 상업주의는 일제 식민정책과 완벽하게
짝을 이루었다. 의약품 광고에는 일제의 위생정책과
신체정치, 그리고 전쟁 프로파간다가 고스란히 담겨 있다.
일반적으로 식민의학은 제국주의가 식민 지배를 합리화하는

수단이자, 중요한 식민 통치 기술이었다. 식민의학은 식민지 질병을 관리하면서 사회질서를 유지하려는 권력의지와 밀접한 관련이 있다. 또한 식민의학은 식민지인의 생명과 인구를 관리하면서 노동력을 확보하려는 정책과도 직접 맞닿아 있다. 4장에서는 '생명과 인구관리'와 관련하여 노동자, 어린이, 여성에 대해 제국과 자본이 어떻게 신체정치를 펼쳤는지를 주요하게 다루었다. '산업전사'가 되어야 할 '근로자'의 신체, 미래의 전투력 또는 미래의 노동력으로서의 어린이 신체, 그리고 '인적자원'의 생산자이자 '총후'를 맡아야 할 여성의 신체가 분석 대상이었다. 아울러 '잘 관리된' 그들의 신체는 어떠한 이미지로 재현되었는지를 보여 주고 싶었다. 남자 신체에 대한 파시즘적 묘사에서 보듯이 의약품 광고는 전시의 패권적 남성성을 사회·문화적으로 조직하는 역할을 했다.

동시대인을 설득하기 위한 광고는 지배 이데올로기를 담기 마련이다. 광고는 물질들의 신화이자[34] 이데올로기 전파자다. 또한 광고 자체가 이데올로기 영역의 일부이기도 하다.[35] 이데올로기란 단순히 '지배계급이 주입한 허위의식'만이 아니다. 이데올로기란 일관된 계획이나 정책을 통해서도 나타나는 특수한 관념의 체계이자 세계관이다. 4장의 이데올로기 분석에서는 멸사봉공, 원호정신, 그리고 반공과 방첩을 대상으로 삼았다. 특히 여자 스파이 담론과 관련하여 "여성을 '내부의 적', 즉 악의 없는 공범이나 교묘한 반역자로 묘사하는 것"[36]에 대해 설명했다. 오늘날에도 큰 영향을 미치고 있는 반공과 방첩이 약 광고를 통해 '자연스럽게' 식민지 대중에게 유포되었다. 나는 그러한 광고를 통해 "광고는 단순히 상품 판매 수단에 머무는 것이 아니라 이데올로기적 기능을 한다"[37]라는 것을 드러내고 싶었다. 다시 말할 것도 없이 이 책은 매약 광고에 나타난 이미지를

분석 대상으로 삼았다. 의사의 처방에 따른 조제약이 아니라
미리 만들어 놓은 약을 파는 것이 매약이다. 그 약들은 얼마나
약효가 있었을까. 광고만을 보면 모든 약이 병을 완전히 낫게
하며 어떤 약은 만병통치에 가깝다. "요즈음 신문 지상에는
허다한 신약 광고가 실리는데 효과가 없는 것이 다수다.
약효의 과대 선전으로 병자의 약한 심리를 이용하는 악질적
영리적 약품이 속출함은 실로 개탄할 바다."[38] 그 무렵 의사가
한 말이다. 대중은 그러한 광고를 어떻게 받아들였을까.
신문 기사에 따르면, "효능서와 같은 효력이 없음을 분명히
알면서도 매약을 복용하는 자가 많다"라고 했다.[39] 대중도
광고가 말하는 약의 효능을 의심했다는 뜻이다. 1910년대부터
매약제조업이 우후죽순처럼 생겨났고 그에 따라 유사품
경쟁이 치열해졌다. 품질 경쟁이 아닌 할인 경쟁이 드세지자
매약의 품질은 날로 낮아져 일반의 신용을 차츰 잃어 갔다.[40]
그러나 여전히 광고는 주문처럼 약을 외우게 했고 약 광고는
광고계에서 으뜸을 차지했다. "반드시 낫는다는 절대 보증
약과 효과가 없으면 돈을 돌려준다는 광고에 많은 사람이
넘어간다. 그러한 약 광고는 미신과 같다. 미신은 약한 자의
헛된 위로가 되고, 꾀가 있는 자의 밥벌이가 된다. 원시인의
미신은 모르고 믿은 것이지만 지식계급의 미신은 알고도 속아
보는 것이다."[41] 잡지에 실린 글을 요약해 보았다. 그 글은
의약품 광고와 소비자의 심리를 멋지게 설명했다. "알고도
속아 보는 사람"들은 사실 약을 먹은 것이 아니라 광고를 먹은
셈이다.
약 광고는 '미신'만을 전파했을까. 그렇지 않다. 약 광고는
근대적 건강 담론의 유통에 개입했다. 의약품 광고를 통한
시각적 경험은 몸을 바라보는 새로운 시선을 탄생시켰다.
과학혁명과 함께 시작된 모더니티는 철저하게 시각
중심적이다. 망원경과 현미경 같은 발명품이 시각적인 것에

특권을 부여하는 것을 부추겼다면, 인쇄술은 그 특권을
강화했다.[42] 인쇄술의 발전은 문명 전반에 광범위한 영향을
미쳤다. 과학의 성과는 인쇄물에서 삽화 등의 시각 이미지로
재현되어 대중에게 익숙한 형태로 전달되었다. "인쇄된
삽화가 없었다면 과학혁명이 쉽지 않았을 것"이라고도 한다.[43]
인쇄물에 실린 상업 광고도 시각 문화에 영향을 끼쳤음은
말할 나위 없다. 상업 광고 가운데 의약품 광고는 '의학'
정보의 전달체로서 중요한 역할을 했다. 물론 그 정보는 이윤
추구라는 목적에 따라 때때로 왜곡되고 과장되었지만, 그
나름대로 위생 사상과 과학 지식을 대중에게 전달했다.
"광고란 그 시대를 나타내는 하나의 은유"이기도 하다. 이
책은 약 광고에 담긴 은유를 다 해석했을까. 전혀 그렇지
않다. 광고 모델의 패션과 신체 재현 양상, 광고 속의 여성
신체와 '군국의 어머니' 이미지, '남성성'과 '여성성'의 재현
양상, 그리고 무엇보다 광고 속에 녹아든 문화현상들을 미처
다 말하지 못했다. 특히《경성일보》에 실린 광고를 많이
인용하면서도 광고를 통해 유입되는 일본 문화의 영향을 전혀
설명하지 못했다. 그러나 이 모든 것을 나와 이 책에 요구하는
것은 무리다. 그저 이 책에서는 우리네와 똑같이 생로병사의
고뇌에 시달렸던 사람들, 그리고 '약의 잔치'에 제대로
초대받지 못했던 가난한 이들의 삶을 되새기며 인문학적
사유의 한 가닥을 가다듬어 보기를 권유한다. 여전히 광고는
유혹하고 이미지는 말한다. 더 많은 연구가 이어지길 바란다.

머리말

1   《독립신문》 1899년 6월 2일.

2   윤재식, 〈상업과 실재〉, 《신문계》 3권 8호, 1915년 8월, 61쪽.

3   〈신문과 광고〉, 《개벽》 신간 4호, 1935년 3월, 93쪽.

4   〈본보에 게재할 현상도안광고!〉, 《동아일보》 1926년 11월 3일.

5   〈신문과 광고〉, 《개벽》 신간 4호, 1935년 3월, 93쪽.

6   신인섭·김병희 지음, 《한국근대 광고 걸작선 100 : 1876~1945》, 커뮤니케이션북스, 2007, 41쪽.

7   홍선표, 〈경성의 시각문화 공람제도 및 유통과 관중의 탄생〉, 한국미술연구소 한국근대시각문화팀,
      《모던 경성의 시각문화와 관중》, 한국미술연구소CAS, 2018, 34쪽.

8   레지스 드브레 지음, 정진국 옮김, 《이미지의 삶과 죽음》, 시각과 언어, 1994, 108쪽.

9   피터 버크 지음, 박광식 옮김, 《이미지의 문화사. 역사는 미술과 어떻게 만나는가》, 심산, 2009, 303쪽.

10   스튜어트 유엔 지음, 최형철 옮김, 《광고와 대중소비문화》, 나남, 1998, 43쪽.

11   돈 슬레이터 지음, 정숙경 옮김, 《소비문화와 현대성》, 문예출판사, 2000, 223쪽.

12   〈에비오스 선전대〉, 《조선일보》 1939년 8월 5일; 〈보건지保健誌의 선전〉, 《조선신문》 1934년 8월 25일.

13   백색광, 〈낙엽통신〉, 《별건곤》 31호, 1930년 8월, 93쪽.

14   〈시가 체면을 오손汚損〉, 《동아일보》 1922년 6월 25일.

15   〈휴지통〉, 《동아일보》 1921년 5월 27일.

16   박봉애, 〈인간병의 약〉, 《동아일보》 1937년 6월 10일.

17   〈기고환영 광고주의〉, 《개벽》 19호, 1922년 1월, 56쪽.

18   〈광고도 기사〉, 《개벽》 16호, 1921년 10월, 128~129쪽. 최수일, 〈잡지 《조광》을 통해 본 '광고'의 위상
      변화― 광고는 어떻게 '지知'가 되었나〉, 《상허학보》 32, 2011, 390쪽.

19 피터 버크 지음, 박광식 옮김, 《이미지의 문화사》, 심산, 2009, 151쪽.

20 서범석·원용진·강태완·마정미, 〈근대인쇄광고를 통해 본 근대적 주체형성에 관한 연구: 개화기~1930년대까지 몸을 구성하는 상품광고를 중심으로〉, 《광고학연구》 15-1, 2004, 243쪽.

21 〈최근 매약전, 누구누구가 돈 모앗나?〉, 《삼천리》 8권 12호, 1936년 12월, 63쪽.

22 〈담배한대 피어물고〉, 《삼천리》 3권 4호, 1931년 4월, 46쪽.

23 서범석·원용진·강태완·마정미, 〈근대인쇄광고를 통해 본 근대적 주체형성에 관한 연구: 개화기~1930년대까지 몸을 구성하는 상품광고를 중심으로〉, 《광고학연구》 15-1, 2004, 243쪽.

24 신인섭·서범석 공저, 《한국광고사》, 나남, 2005, 193~194쪽.

25 박찬희, 〈청춘의 꿈, 나의 몽상夢想하는 언론기관〉, 《별건곤》 21호, 1929년 6월, 43쪽.

26 한국광고협회, 《한국광고 100년》, 1996, 17쪽.

27 〈요새 조선의 七. 七 不可思議!!〉, 《별건곤》 5호, 1927년 3월, 113쪽.

1장   근대의 몸, 공장과 요새

1 강신익, 《몸의 역사》, 살림, 2007, 29쪽.

2 수전 손택 지음, 이재원 옮김, 《은유로서의 질병》, 이후, 2010, 132~133쪽.

3 다비드 르 브르통 지음, 홍성민 옮김, 《근대성과 육체의 정치학》, 동문선, 2003, 55쪽.

4 강신익, 《몸의 역사》, 살림, 2007, 5쪽.

5 김은주, 〈시각 기술의 권력과 '신체 없는 기관'으로서의 신체 이미지〉, 《한국여성철학》 25, 2016, 147쪽

6 홍선표, 〈한국 개화기의 삽화 연구〉, 《미술사논단》 15, 2002, 270쪽; 〈신형장부도〉와 푸코의 《임상의학의 탄생》에 대한 인문학적 사유는 고미숙, 《위생의 시대- 병리학과 근대적 신체의 탄생》, 북드라망, 2014, 148~151쪽을 참고하라.

7 다비드 르 브르통 지음, 홍성민 옮김, 《근대성과 육체의 정치학》, 동문선, 2003, 56쪽.

8 신동원, 《조선사람의 생로병사》, 한겨레신문사, 1999, 58쪽.

9 김은주, 〈시각 기술의 권력과 '신체 없는 기관'으로서의 신체 이미지〉, 《한국여성철학》 25, 2016, 153쪽.

10 야마자키 미쓰오 지음, 김광석 옮김, 《일본의 명약》, 신한미디어, 2002, 146쪽.

11 심장병 약 광고, 《조선신문》 1925년 12월 26일.

12 신동원, 《호열자 조선을 습격하다》, 역사비평사, 2004, 205쪽.

13 조형근, 〈식민지체제와 의료적 규율화〉, 김진균·정근식 편저, 《근대주체와 식민지 규율권력》, 문화과학사, 1997, 179쪽.

14 《조선일보》 1934년 11월 13일.

15 《조선일보》 1939년 11월 18일.

16 함부현, 《한국 근대 신문광고 디자인의 변화에 관한 사회사적 고찰: 신문광고 태동기부터 해방 이전까지》, 중앙대학교 박사학위논문, 2007, 106쪽.

17 최규진, 〈1910년대 의약품 광고의 '과학'과 주술〉, 《한국사학보》 80, 2020, 198~202쪽을 수정하고 보완했다.

18 고미숙, 《《대한매일신보》를 통해 본 '병리학'의 담론적 배치》, 《한국의 근대와 근대경험⑶》, 이화여자대학교 한국문화연구원 2005년 봄 학술대회 자료집, 33~34쪽.

19 《매일신보》 1915년 10월 14일.

20 이태용, 〈병리의 원인〉, 《신문계》 2권 8호, 1914년 8월, 34~38쪽.

21 《매일신보》 1915년 12월 23일; 《매일신보》 1916년 7월 22일.

22 《매일신보》 1916년 8월 2일.

23 김진초, 〈훈菌論〉, 《태극학보》 2호, 1906년 9월(권보드래, 〈현미경과 엑스레이: 1910년대, 인간학의 변전〉, 《한국현대문학연구》 18, 2005, 31쪽에서 재인용).

24 〈현미경 아래의 무서운 파리〉, 《매일신보》 1917년 7월 20일.

25 《매일신보》 1919년 3월 8일.

26 《부산일보》 1915년 7월 17일.

27 《매일신보》 1916년 4월 11일.

28 조정은, 〈근대 상하이 도시위생과 세균설의 수용〉, 《도시연구》 18, 2017, 72쪽.

29 마셜 맥루언 지음, 김성기·이한우 옮김, 《미디어의 이해》, 민음사, 2015, 319쪽.

30 가라타니 고진 지음, 박유하 옮김, 《일본근대문학의 기원》, 도서출판b, 2017, 151쪽.

31 김엘리아나, 〈일제강점기 조선 의약품 광고 디자인에 나타난 주술적 특징〉, 서울대학교 석사학위논문, 2013, 27~35쪽.

32 이꽃메, 〈일반인의 한의학 인식과 의약 이용〉, 연세대학교 의학사연구소 엮음, 《한의학, 식민지를 앓다》, 아카넷, 2008, 153쪽.

33 홍현오, 《한국약업사》, 약업신문사, 1972, 66쪽.

34 다비드 르 브르통 지음, 홍성민 옮김, 《근대성과 육체의 정치학》, 동문선, 2003, 107쪽.

35 로버트 보콕 지음, 양건열 옮김, 《소비: 나는 소비한다, 고로 존재한다》, 시공사, 2003, 90쪽.

36 아노 카렌 지음, 권복규 옮김, 《전염병의 문화사》, 사이언스북스, 2016, 213쪽.

37 제임스 B. 트위첼 지음, 김철호 옮김, 《욕망, 광고, 소비의 문화사》, 청년사, 2001, 53쪽.

38 최규진, 〈1910년대 의약품 광고의 '과학'과 주술〉, 《한국사학보》 80, 2020, 202~206쪽을 수정 보완했다.

39 박윤제, 〈19세기 말~ 20세기 초 병인론의 전환과 도시위생〉, 《도시연구》 18, 2017, 8쪽.

40 수전 손택 지음, 이재원 옮김, 《은유로서의 질병》, 이후, 2010, 133~ 134쪽.

41 제1차 세계대전 때 사용한 무기들을 설명하는 잡지 기사 제목이다. 최찬식, 〈과학의 전쟁〉, 《신문계》 2권 11호, 1914년 11월, 15쪽.

42 마틴 반 클레벨트 지음, 이동욱 옮김, 《과학기술과 전쟁》, 황금알, 2006, 233쪽.

43 마틴 반 클레벨트 지음, 이동욱 옮김, 《과학기술과 전쟁》, 황금알, 2006, 233쪽.

44 데이비드 웰치 지음, 이종현 옮김, 《프로파간다 파워》, 공존, 2015, 54쪽.

45 다른 포도주 광고에서는 탱크 그림과 함께 "유행성 독감의 대군을 돌파해버리는 한 대의 장갑차"라고 카피를 달았다(《부산일보》 1918년 11월 21일).

46 김택중, 〈1918년 독감과 조선총독부 방역정책〉, 《인문논총》 71-1, 2017, 163쪽.

47 자양환 광고, 《매일신보》 1919년 12월 10일.

48   중장탕 전면광고, 《경성일보》 1919년 4월 18일.

49   호시약 광고, 《조선일보》 1925년 3월 30일.

50   권창규, 《상품의 시대》, 민음사, 2014, 227쪽.

51   엄성학, 〈만능의 대괴물, 못난이도 잘난 이 되고 잘나도 못나게 만드는 마술사 '황금'〉, 《대중시대》 3호,
      1931, 10쪽.

52   《동아일보》 1937년 6월 18일.

53   《조선일보》 1934년 3월 22일; 《조선신문》 1934년 5월 19일; 《동아일보》 1935년 4월 14일.

54   최규진, 《일제의 식민교육과 학생의 나날들》, 서해문집, 2018, 166~178쪽.

55   《매일신보》 1940년 10월 17일.

56   《조선일보》 1937년 9월 24일.

57   〈결전장에 웅비할 격멸의 육탄〉, 《매일신보》 1943년 10월 30일.

58   《경성일보》 1922년 10월 20일.

59   《조선일보》 1924년 6월 6일.

60   최규진, 〈시각화한 신체와 '건강미'〉, 《역사연구》 41, 2021, 176~177쪽.

61   이 광고를 주요한 모티프로 삼은 논문은 김지혜, 〈미인만능美人萬能, 한국 근대기 화장품 신문 광고로
      읽는 미인 이미지〉, 《미술사논단》 37, 2013. 이 《매일신보》 광고에 앞서 일본어로 된 똑같은 광고가
      《경성일보》(1920년 1월 21일)에 실렸다.

62   《경성일보》 1922년 1월 20일.

63   《조광》 3권 10호, 1937년 10월.

64   최규진, 〈시각화한 신체와 '건강미'〉, 《역사연구》 41, 2021, 227쪽.

65   '통옥기응환' 광고, 《조선일보》 1938년 9월 15일.

2장   **건강 붐과 약의 잔치**

1   박윤재, 〈조선총독부의 지방 의료정책과 의료 소비〉, 《역사문제연구》 21, 2009, 171쪽.

2   〈불량매약의 죄악(사설)〉, 《동아일보》 1933년 12월 24일.

3   〈신용키 어려운 매약의 효과〉, 《동아일보》 1927년 10월 9일.

4   김영수, 〈20세기 초 일본 매약의 수입과 근대 한국의 의약 광고의 형성 – 근대 일본의 매약 규제와 광고
     형식을 중심으로〉, 《인문논총》 75-4, 2018, 168쪽.

5   양정필, 〈한말~일제 초 근대적 약업 환경과 한약업자의 대응: '매약' 제조업자의 등장과 성장을
     중심으로〉, 《의사학》 15-2, 2006, 193~194쪽; 박찬영, 〈일제강점기 약업정책과 조선인 약업자의
     대응: 1906~1938년을 중심으로〉, 경북대학교 석사학위논문, 2019, 17쪽.

6   홍현오, 《한국약업사》, 약업신문사, 1972, 12~13쪽.

7   그 뒤로도 일본인 매약 행상 모집 광고에서 매약상은 모두 양복 차림이다. 《경성일보》 1922년 1월 1일.

8   황지혜·김남일, 〈일제강점기 매약을 통해 본 한약의 제형 변화와 새로운 한약 처방의 경향성에 대한
     고찰〉, 《한국의사학회지》 33, 2020, 100~101쪽.

9　　양정필, 〈한말~일제 초 근대적 약업 환경과 한약업자의 대응: '매약' 제조업자의 등장과 성장을
　　　중심으로〉, 《의사학》 15-2, 2006, 196쪽.

10　최은경·이영아, 〈신문 상담란 "지상병원"을 중심으로 본 1930년대 식민지 조선 대중들의 신체 인식과
　　　의학 지식 수용〉, 《한국과학사학회지》 37-1, 2015, 208~209쪽.

11　양정필, 〈한약업자의 대응과 성장〉, 연세대학교 의학사연구소 엮음, 《한의학, 식민지를 앓다》, 아카넷,
　　　2008, 248쪽.

12　《대한매일신보》 1908년 6월 14일.

13　"자혜약방에서는 약도 만들고 약봉지도 만드는데 부인을 모집한다"라는 광고가 있다(《대한매일신보》
　　　1908년 6월 14일). 또한, 1910년대에 부인이 상행위 등의 직업을 가져야 한다는 담론이 형성되고 있었다.
　　　(〈부인과 직업〉, 《신문계》 4권 8호, 1916년 8월, 5쪽).

14　《대한매일신보》 1910년 7월 6일; 《대한매일신보》 1910년 8월 2일. "처음에는 고학생이면 누구든지 약을
　　　자유롭게 팔도록 하였으나 그 후 차츰 경찰서에서 문제가 되어 지금은 모두 매약 행상의 허가를 받아서
　　　팔러 다닌다."(《동아일보》 1922년 10월 24일).

15　《대한매일신보》 1910년 6월 3일.

16　마정미, 〈근대의 상품광고와 소비, 그리고 일상성〉, 《문화과학》 45, 2006, 209쪽. 광고 내용을 해설하는
　　　데 일부 오류가 있어 정정했다.

17　권채린, 〈1920~30년대 '건강'과 '질병'을 둘러싼 대중담화의 양상〉, 《어문론총》 64, 2015, 197~204쪽.

18　임질약 '파라미드' 광고 문안, 《조선일보》 1939년 10월 10일.

19　야마자키 미쓰오 지음, 김광석 옮김, 《일본의 명약》, 신한미디어, 2002, 146~148쪽.

20　한국약업, 《한국약업 100년》, 약업신문사, 2004, 98쪽.

21　〈아모 家庭에서도 할 수 있는 新式 副業의 멧가지 月給장이의 家庭副業〉, 《별건곤》 20호, 1929년 4월,
　　　106쪽.

22　양기철, 〈여자 혼자 경영할 상점〉, 《여성》 3권 7호, 1938년 7월, 59쪽.

23　〈매약과 세민〉(사설), 《조선중앙일보》 1935년 8월 26일.

24　〈불량매약의 죄악(사설)〉, 《동아일보》 1933년 12월 24일.

25　〈과대한 광고로 기인欺人하는 부정약업자〉, 《동아일보》 1934년 12월 23일.

26　〈매약행상 단속 결의〉, 《조선일보》 1928년 2월 5일.

27　〈매약과 세민〉(사설), 《조선중앙일보》 1935년 8월 26일.

28　〈천여 약행상 단속을 건의〉, 《동아일보》 1928년 1월 31일.

29　〈휴지통〉, 《동아일보》 1922년 10월 16일.

30　〈부정매약자 출몰〉, 《조선일보》 1925년 1월 25일.

31　윤백남, 〈注意注意 懷中物注意 스리 이약이〉, 《별건곤》 20호, 1929년 4월, 128쪽.

32　〈요술 약행상〉, 《동아일보》 1931년 1월 2일.

33　홍현오, 《한국약업사》, 약업신문사, 1972, 124~126쪽.

34　〈가상순례〉(10), 《시대일보》 1925년 7월 9일.

35　펠릭스 클레르 리델 지음, 유소연 옮김, 《나의 서울 감옥생활 1878》, 살림, 2008, 81~83쪽.

36　최규진, 〈서양인의 타자他者, 개항기 조선인〉, 《사림》 39, 2011, 205쪽.

37 미하일 알렉산드로비치 포지오 지음, 이재훈 옮김, 《러시아 외교관이 바라본 근대 한국》,
　　동북아역사재단, 2010, 354쪽.

38 전완길 외, 《한국생활문화 100년》, 장원, 1995, 56쪽.

39 김현정, 〈조선시대 세안洗顔문화에 대한 고찰〉, 《동아시아문화연구》 65, 2016, 45쪽; 안예리,
　　〈유의관계 근대 신어의 변화 과정: '비누', '우산', '시계'의 사례를 중심으로〉, 《국어사연구》 32, 2021,
　　180쪽.

40 전완길, 《한국화장문화사》, 열화당, 1987, 108~109쪽.

41 김현정, 〈조선시대 세안洗顔문화에 대한 고찰〉, 《동아시아문화연구》 65, 2016, 45쪽; 안예리,
　　〈유의관계 근대 신어의 변화 과정: '비누', '우산', '시계'의 사례를 중심으로〉, 《국어사연구》 32, 2021,
　　182쪽.

42 《동아일보》 1922년 9월 11일.

43 《조선일보》 1927년 4월 20일.

44 《朝日新聞》 1933년 5월 28일(G. Weisenfeld, "From Baby's First Bath': Kao Soap and Modern Japanese
　　Commercial Design," *Art Bulletin*, Vol. 86, No. 3, 2004, 594쪽에서 재인용).

45 권창규, 《상품의 시대》, 민음사, 2014, 211쪽.

46 오숙근, 〈요새 화장, 머리 감는 법〉(1), 《조선일보》 1936년 7월 2일.

47 山室信一, 《モダン語の世界へ―流行語で探る近現代》, 岩波新書, 2021, 261~262쪽.

48 〈花王石鹼-花王シャンブ〉, 《조선신문》 1934년 6월 17일.

49 《조선일보》 1939년 3월 14일.

50 엄진주, 〈1910~1930년대 위생용품에 투영된 담론 연구: 라이온 齒磨 광고를 중심으로〉, 《어문논집》
　　72, 2017, 232쪽.

51 宝月理惠, 〈幸福なる理想の洗面台―大正から昭和初期の學校齒磨敎錬 マニュアル〉, 服部 伸 編,
　　《《マニュアル》の社會史: 身體·環境·技術》, 人文書院, 2014.

52 《경성일보》 1917년 4월 22일.

53 《조선일보》 1939년 11월 17일.

54 주강현, 《우리 문화의 수수께끼 2》, 한겨레신문사, 2004, 216쪽.

55 육상효, 〈1920~30년대 한국적 스타덤 고찰〉, 《한국학연구》 20, 2009, 168쪽.

56 〈파리 값이 하루 십여 원〉, 《매일신보》 1914년 6월 16일.

57 〈인적자원을 확보코저 병마의 구축에 총력〉, 《매일신보》 1941년 4월 23일.

58 파리 잡기 포스터, 《경성일보》 1929년 9월 5일.

59 〈위생 소식〉, 《동아일보》 1927년 6월 7일.

60 〈파리 한 마리에 미균 6백만〉, 《조선일보》 1930년 6월 8일.

61 지수걸, 〈식민지 농촌현실에 대한 상반된 문학적 형상화: 이광수의 《흙》과 이기영의 《고향》을 중심으로〉,
　　《역사비평》 20, 1993, 191쪽.

62 이광수, 〈흙〉, 《동아일보》, 1932년 8월 12일.

63 一民生, 〈빈대만담〉, 《월간매신》 6호, 1934년 7월, 27쪽.

64 〈해충의 신세타령, 빈대〉, 《동아일보》 1937년 7월 17일.

65 〈돈 적게 드는 빈대약〉, 《조선일보》 1935년 10월 13일.

66 〈병균을 만재한 폭격기가 습격!〉, 《동아일보》 1935년 5월 23일.

67 《조선일보》 1924년 8월 12일.

68 服部昭, 〈衣服用防虫剤「藤澤樟脳」の100年 (1) 商品誕生の背景〉 (1), 《薬史学雑誌》 34(2), 1999, 83쪽.

69 〈갖은 기생충은 제철이라고 야단법석〉, 《조선중앙일보》 1936년 8월 16일.

70 〈조선 사람과 기생충〉, 《동아일보》 1939년 4월 12일; 〈회충을 없애자〉, 《매일신보》 1943년 8월 29일.

71 〈기생충 농촌에 많은 원인〉, 《동아일보》 1940년 2월 29일.

72 오세남, 〈배설물의 처치〉, 《조선가정의학전서》, 조선일보출판부, 1939, 99쪽.

73 〈조선인 사망률 증가, 그 대책은 무엇〉(사설), 《동아일보》 1933년 1월 10일.

74 〈우려할 어린이 건강, 학동 기생충 95%〉, 《동아일보》 1936년 8월 9일; 대한감염학회, 《한국전염병사》, 군자출판사, 2009, 465쪽.

75 조명근, 〈1930년대 후반 식민지 조선 농민 생활상의 재구성: 충청남도 당진군 오곡리 사례를 중심으로〉, 《역사와 담론》 76, 2015, 271쪽.

76 대한감염학회, 《한국전염병사》, 군자출판사, 2009, 464쪽.

77 〈여름에 제일 성한 기생충 예방은?〉, 《조선일보》 1939년 7월 7일.

78 최덕경, 〈동아시아 糞尿시비의 전통과 생태농업의 굴절: 糞尿의 위생과 기생충을 중심으로〉, 《역사민속학》 35, 2011, 258~264쪽.

79 한만수, 〈'밥-똥 순환'의 차단과 두엄 화학비료의 숨바꼭질: 1926~1939년 소설의 '똥' 재현 양상을 중심으로〉, 《상허학보》 60, 2020, 310쪽.

80 한만수, 〈'밥-똥 순환'의 차단과 두엄 화학비료의 숨바꼭질: 1926~1939년 소설의 '똥' 재현 양상을 중심으로〉, 《상허학보》 60, 2020, 323쪽.

81 박윤재, 〈위생에서 청결로: 서울의 근대적 분뇨처리〉, 《역사비평》 126, 2019, 273쪽.

82 三好一, 《日本のポスター. 明治·大正·昭和》, 紫紅社文庫, 2010, 153쪽.

83 《동아일보》 1934년 7월 19일.

84 〈일가의 건강은 회충박멸부터〉, 《동아일보》 1932년 9월 6일.

85 〈하이킹하실 때 주의할 몇가지〉, 《조선일보》 1935년 5월 9일.

86 황오, 〈경성교외, 여성에게 적당한 하이킹 코스〉, 《여성》 2권 11호, 1937년 11월, 53쪽.

87 이강성, 〈팔월삼제〉, 《동아일보》 1935년 8월 10일.

88 예병일, 《내 몸을 찾아 떠나는 의학사 여행》, 효형출판, 2009, 164쪽.

89 《조선일보》 1930년 8월 20일.

90 《조선일보》 1936년 8월 24일.

91 이영준, 〈피부과학으로 본 화장법〉, 《동아일보》 1934년 6월 22일.

92 《동아일보》 1926년 11월 30일.

93 《조선일보》 1925년 3월 15일.

94 채만식, 〈탁류〉, 《조선일보》 1938년 4월 8일.

95 《동아일보》 1934년 4월 20일.

96 '전치수' 광고, 《동아일보》 1929년 5월 25일.

97 《조선일보》1939년 7월 23일.

98 《조선일보》1937년 5월 4일.

99 권창규, 《인조인간 프로젝트: 근대 광고의 풍경》, 서해문집, 2020, 140쪽.

100 〈귀찮은 문명병〉, 《동아일보》1936년 7월 7일.

101 〈무좀이 생기거든 제격 고칠 일〉, 《조선일보》1937년 8월 3일.

102 〈귀찮은 문명병〉, 《동아일보》1936년 7월 7일.

103 〈여름에 몹시 성가신 물옴(水忠)의 예방〉, 《조선일보》1934년 7월 19일.

104 〈구두를 오래 안 벗으면 발에 무좀 생겨〉, 《매일신보》1930년 7월 2일.

105 〈여름 되면 질색할 무좀〉, 《조선일보》1937년 5월 16일.

106 〈요새부터 도지는 발 새의 '무좀'〉, 《조선일보》1936년 5월 9일.

107 〈무좀 난 데는〉, 《매일신보》1940년 7월 19일.

108 〈난치의 무좀, 이렇게 해보십시오〉, 《매일신보》1940년 7월 5일.

109 홍현오, 《한국약업사》, 약업신문사, 1972, 15쪽. 대한감염학회, 《한국전염병사》, 군자출판사, 2009, 406쪽.

110 〈천일약방의 조고약〉, 《중외일보》1928년 10월 23일.

111 〈근근자자 150년, 약업계 왕자 조고약〉, 《조선일보》1936년 1월 1일.

112 조고약 광고, 《매일신보》1927년 1월 23일.

113 민병기, 〈광고와 선전, 어느 광고론의 서언〉(2), 《동아일보》1940년 8월 11일.

114 《동아일보》1928년 8월 28일; 《조선일보》1929년 5월 2일; 《조선일보》1930년 5월 7일.

115 최은경·이영아, 〈신문 상담란 "지상병원"을 중심으로 본 1930년대 식민지 조선 대중들의 신체 인식과 의학 지식 수용〉, 《한국과학사학회지》37-1, 2015, 246~247쪽.

116 〈머리 빠지는 다섯 가지 원인, 약이 각각 달라〉, 《동아일보》1926년 9월 3일.

117 이창섭, 〈禿頭〉, 《매일신보》1937년 8월 31일.

118 《조선일보》1939년 9월 27일.

119 《조선일보》1938년 4월 28일.

120 《조선일보》1937년 4월 22일.

121 《조광》3권 9호, 1937년 9월.

122 〈액추와 모생약〉, 《조선일보》1936년 5월 5일.

123 〈남자의 위엄을 상하는 몸치장, 외려 천격스럽다〉, 《조선일보》1936년 11월 8일.

124 〈여름철 간단한 미용술(二)〉, 《조선일보》1930년 6월 28일.

125 〈여름의 살 냄새를 향기롭게 하자면〉, 《조선일보》1935년 7월 2일.

126 최은아, 〈감각의 문화사 연구: 시각과 후각을 중심으로〉, 《카프카연구》17, 2007, 158쪽.

127 〈가정고문〉, 《동아일보》1926년 5월 15일(이병돈, 〈후각을 통한 근대적 주체의 형성: 1920~30년대 식민지 조선을 중심으로〉, 중앙대학교 석사학위논문, 2012, 80쪽).

128 〈가정의사〉, 《조선일보》1931년 5월 17일.

129 《조광》7권 8호, 1941년 8월.

130 〈모던 – 복덕방〉, 《별건곤》34호, 1930년 11월, 150쪽.

131 《조선신문》 1935년 6월 15일.

132 〈근대병의 증가〉(사설), 《동아일보》 1938년 10월 5일.

133 〈안질 '도라홈은' 어떤 것〉(1), 《동아일보》 1930년 4월 2일.

134 최재유, 〈도라코ー마(Trachoma)에 대하여〉, 《조선가정의학전서》, 조선일보출판부, 1939, 722~724쪽.

135 〈소학생에게 많은 잔병의 여러 가지〉, 《조선일보》 1929년 4월 19일.

136 〈눈병 중에 무서운 것은 도라홈입니다〉, 《동아일보》 1935년 3월 14일.

137 《조선일보》 1938년 8월 15일.

138 《경성일보》 1939년 8월 17일.

139 《조선신문》 1935년 6월 11일.

140 《조선신문》 1935년 1월 31일.

141 《동아일보》 1940년 3월 3일.

142 《동아일보》 1939년 3월 11일.

143 《조선일보》 1939년 6월 16일.

144 《조선일보》 1939년 3월 19일.

145 《경성일보》 1939년 8월 13일.

146 〈총후보안운동전개〉, 《매일신보》 1942년 9월 16일.

147 〈눈의 기념일〉, 《매일신보》 1940년 9월 10일.

148 박완서, 《그 많던 싱아는 누가 다 먹었을까》, 웅진지식하우스, 2019, 13쪽.

149 장근호, 《개항에서 일제식민통치로부터의 해방까지 이비인후과의 도입과 전개 과정》, 서울대학교
    박사학위논문, 2008, 179~180쪽.

150 〈환절기와 鼻加答兒〉, 《동아일보》 1927년 10월 6일.

151 〈성적 나쁜 아이는 대개 코에 병 있다〉, 《조선일보》 1937년 3월 28일.

152 《조선신문》 1930년 4월 3일.

153 《경성일보》 1927년 3월 6일.

154 《동아일보》 1938년 3월 13일.

155 〈시험 전 주의할 코와 눈〉, 《조선일보》 1930년 2월 5일.

156 《매일신보》 1940년 1월 18일.

157 여인석·이현숙·김성수·신규환·김영수, 《한국의학사》, 역사공간, 2018, 285쪽.

158 박준영, 〈치아위생〉(上), 《동아일보》, 1926년 11월 16일(신재의, 〈한성치과의사회와 구강위생계몽활동〉,
    《대한치과의사협회지》 42-10, 2004, 712쪽).

159 〈이와 건강〉, 《동아일보》 1926년 10월 6일.

160 《매일신보》 1941년 9월 11일.

161 신재의, 〈일제강점기의 치의학齒醫學과 그 제도의 운영〉, 《의사학》 13-2, 2004, 255쪽.

162 황상익, 《근대 의료의 풍경》, 푸른역사, 2014, 498쪽.

163 대한감염학회, 《한국전염병사》, 군자출판사, 2009, 425쪽.

164 신동원, 《호환 마마 천연두, 병의 일상개념사》, 돌베개, 2013, 145쪽.

165 윌리엄 맥닐 지음, 허정 옮김, 《전염병과 인류의 역사》, 한울, 2009, 286쪽.

166 이재선, 《현대소설의 서사주제학》, 문학과지성사, 2007, 264쪽.

167 신규환, 《질병의 사회사》, 살림출판사, 2006, 38쪽.

168 신동원, 《호열자 조선을 습격하다》, 역사비평사, 2004, 27쪽; 신동원, 《호환 마마 천연두, 병의 일상개념사》, 돌베개, 2013, 147쪽.

169 〈전염병 예방〉, 《동아일보》 1926년 5월 22일.

170 신동원, 《호환 마마 천연두, 병의 일상개념사》, 돌베개, 2013, 149~150쪽.

171 정태화 외, 〈지구촌 콜레라 유행의 역사와 우리나라의 현황〉, 《대한임상검사과학회지》 27-1, 1995, 13~14쪽.

172 진우현, 〈호열자와 그 예방〉, 《조선가정의학전서》, 조선일보출판부, 1939, 76쪽.

173 〈惡役과 준비할 것〉, 《매일신보》 1916년 9월 9일.

174 권보드래, 〈仁丹-동아시아의 상징 제국〉, 《사회와 역사》 81, 2009, 98쪽.

175 《매일신보》 1920년 8월 19일.

176 박병래, 〈전염병 중에서 제일 무서운 흑사병과 호열자〉, 《조선일보》 1937년 8월 29일.

177 〈창궐하는 국경 호역 虎疫〉, 《동아일보》 1926년 9월 14일.

178 〈공황병균〉, 《동아일보》 1931년 1월 2일.

179 똑같은 광고를 《매일신보》 1921년 7월 27일에 실었다. 한글과 한자로 쓴 그 광고에서는 "사람은 호역을 무서워하고 인단은 호역을 무서워한다"라고 잘못 적었다. 그러나 하루가 지난 《경성일보》 광고에서는 바로잡았다.

180 〈英人이 발명한 살인광선〉, 《동아일보》 1924년 5월 28일.

181 윌리엄 맥닐 지음, 김우영 옮김, 《전염병의 세계사》, 이산, 2012, 306쪽.

182 아노 카렌 지음, 권복규 옮김, 《전염병의 문화사》, 사이언스북스, 2016, 219쪽.

183 윌리엄 맥닐 지음, 김우영 옮김, 《전염병의 세계사》, 이산, 2012, 306쪽.

184 아노 카렌 지음, 권복규 옮김, 《전염병의 문화사》, 사이언스북스, 2016, 222쪽.

185 〈독감은 악성으로 변한다〉, 《매일신보》 1918년 10월 24일.

186 대한감염학회, 《한국전염병사》, 군자출판사, 2009, 446쪽.

187 오카다 하루에 지음, 황명섭 옮김, 《세상을 뒤흔든 질병과 치유의 역사》, 상상채널, 2017, 35쪽.

188 〈感冒藥 염가제공. 해독산, 진해산, 해열산〉, 《매일신보》 1919년 12월 16일.

189 헨리 지거리스트 지음, 황상익 옮김, 《문명과 질병》, 한길사, 2012, 82쪽.

190 앨프리드 W. 크로스비 지음, 김서형 옮김, 《인류 최대의 재앙, 1918년 인플루엔자》, 서해문집, 2010, 128~130쪽.

191 〈惡感의 旣往及현재, 예방법으로는 양치와 마스크〉, 《매일신보》 1919년 12월 13일; 옥성득, 〈전염병과 초기 한국 개신교, 1885~1919〉, 《종교문화학보》 17-2, 2020, 26쪽.

192 《매일신보》 1919년 12월 12일.

193 백선례, 《조선총독부의 급성전염병 예방 대책 변화: 수인성 전염병을 중심으로》, 한양대학교 박사학위논문, 2021, 60~61쪽.

194 대한감염학회, 《한국전염병사》, 군자출판사, 2009, 434쪽.

195 한지원, 《조선총독부의 급성전염병 예방 대책 변화: 수인성 전염병을 중심으로》, 민속원, 2013, 131쪽.

196 〈장질부사균은 어떠한 경로로 전염하나〉, 《매일신보》 1935년 5월 14일.

197 강성욱, 〈장질부사(염병)〉, 《조선가정의학전서》, 조선일보출판부, 1939, 249쪽.

198 백선례, 〈1928년 경성의 장티푸스 유행과 상수도 수질 논쟁〉, 《서울과 역사》 101, 2019, 163쪽.

199 대한감염학회, 《한국전염병사》, 군자출판사, 2009, 436쪽.

200 《조선일보》 1932년 5월 8일.

201 《조선신문》 1932년 6월 22일.

202 대한감염학회, 《한국전염병사》, 군자출판사, 2009, 436쪽.

203 전동일, 〈장질부사의 예방약〉, 《조선중앙일보》 1936년 7월 5일.

204 백선례, 《조선총독부의 급성전염병 예방대책 변화: 수인성 전염병을 중심으로》, 한양대학교
    박사학위논문, 2021, 197~198쪽.

205 〈억센 조선의 건설〉, 《조선일보》 1932년 1월 1일.

206 〈폐결핵·화류병의 예방전람회개최〉, 《조선일보》 1938년 11월 14일.

207 최은경, 〈개항 후 서양의학 도입과 '결핵' 용어의 변천〉, 《의사학》 21-2, 2012, 229쪽.

208 최은경, 〈개항 후 서양의학 도입과 '결핵' 용어의 변천〉, 《의사학》 21-2, 2012, 242~243쪽.

209 로버트 D. 게르슈테 지음, 강희진 옮김, 《질병이 바꾼 세계의 역사》, 미래의창, 2020, 250쪽.

210 신규환, 《질병의 사회사》, 살림, 2006, 48~50쪽.

211 대한결핵협회, 《한국결핵사》, 1998, 183쪽.

212 차균현, 〈전시보건과 폐결핵〉, 《삼천리》 14권 1호, 1942년 1월, 120~121쪽.

213 박정휴, 〈청년의 생명과 결핵문제〉, 《삼천리》 13권 6호, 1941년 6월, 143쪽.

214 〈청춘기의 남녀에는 왜 결핵이 많은가?〉, 《매일신보》 1941년 4월 30일.

215 〈청춘을 침식하는 폐결핵〉, 《매일신보》 1936년 6월 18일.

216 최은경, 〈일제강점기 조선총독부의 결핵 정책(1910-1945): 소극적 규제로 시작된 대응과 한계〉,
    《의사학》 22-3, 2013, 724~725쪽.

217 나리타 류이치 지음, 서민교 옮김, 《근대 도시공간의 문화경험》, 뿌리와이파리, 2011, 399쪽.

218 《매일신보》 1936년 5월 21일; 최은경, 〈일제강점기 조선총독부의 결핵 정책(1910-1945): 소극적 규제로
    시작된 대응과 한계〉, 《의사학》 22-3, 2013, 729쪽.

219 박윤재, 〈조선총독부의 결핵 인식과 대책〉, 《한국 근현대사연구》 47, 2008, 218~221쪽.

220 최은경, 〈일제강점기 조선총독부의 결핵 정책(1910-1945): 소극적 규제로 시작된 대응과 한계〉,
    《의사학》 22-3, 2013, 751쪽.

221 박윤재, 〈조선총독부의 결핵 인식과 대책〉, 《한국 근현대사연구》 47, 2008, 233쪽.

222 이성용, 〈폐결핵의 각종 치료법〉(24), 《조선일보》 1928년 11월 6일.

223 〈煙草で結核は防げぬ〉, 《황민일보》 1942년 10월 13일.

224 김주리, 〈요절의 질병에서 관리의 일상으로: 한국근대소설 속 결핵의 근대성과 식민성(2)〉, 《상허학보》
    43, 2015, 331쪽.

225 〈화류병을 퇴치하라〉(사설), 《조선일보》 1936년 10월 29일.

226 이용설, 〈화류병의 원인, 병세급치료료〉, 《동광》 9호, 1927년 1월, 85쪽.

227 신규환, 〈개항, 전쟁, 성병: 한말 일제초의 성병 유행과 통제〉, 《의사학》 17-2, 2008, 239쪽.

228 김찬두, 〈조선사회와 화류병〉, 《개벽》 23호, 1922년 5월, 96쪽.

229 서범석·원용진·강태완·마정미, 〈근대 인쇄광고를 통해 본 근대적 주체형성에 관한 연구: 개화기~1930년대까지 몸을 구성하는 상품광고를 중심으로〉, 《광고학연구》 15-1, 2004, 245쪽.

230 황상익, 《근대 의료의 풍경》, 푸른역사, 2014, 353~354쪽.

231 하마다 아쓰오 지음, 김돈화 옮김, 《여행과 질병의 3천년사》, 심산, 2004, 69쪽.

232 대한감염학회, 《한국전염병사》, 군자출판사, 2009, 324쪽.

233 신규환, 〈개항, 전쟁, 성병: 한말 일제초의 성병 유행과 통제〉, 《의사학》 17-2, 2008, 242쪽.

234 대한감염학회, 《한국전염병사》, 군자출판사, 2009, 381~384쪽; 신규환, 〈개항, 전쟁, 성병: 한말 일제초의 성병 유행과 통제〉, 《의사학》 17-2, 2008, 243~244쪽.

235 〈성병 퇴치의 봉화〉, 《동아일보》 1938년 11월 2일.

236 박정애, 〈조선총독부의 성병예방정책과 '화류병예방령'〉, 《사림》 55, 2016, 316쪽.

237 서울대학교병원 병원역사문화센터, 《사진과 함께 보는 한국 근현대 의료문화사 1897-1960》, 웅진지식하우스, 2009, 237쪽.

238 강혜경, 〈일제시기 성병의 사회문제화와 성병관리〉, 《한국민족운동사연구》 59, 2009, 117쪽.

239 井出文紀, 〈森下仁丹の町名表示板広告と'広告益世'〉, 《商經學叢》 64-2, 2017, 248쪽.

240 권보드래, 〈仁丹―동아시아의 상징 제국〉, 《사회와 역사》 81, 2009, 108쪽.

241 김영수, 〈20세기 초 일본 매약의 수입과 근대 한국의 의약광고의 형성: 근대 일본의 매약규제와 광고 형식을 중심으로〉, 《인문논총》 75-4, 2018, 180~181쪽.

242 '배루쓰환', 《조선일보》 1936년 11월 8일.

243 〈화류병은 망국 악질(惡疾)〉, 《매일신보》 1935년 3월 29일.

244 이용설, 〈화류병의 원인, 병세급치료〉, 《동광》 9호, 1927년 1월, 90쪽.

245 〈조선인 환자들의 그 심리를 알 수 없어〉(완), 《조선일보》 1933년 8월 11일.

246 권창규, 《상품의 시대》, 민음사, 2014, 270쪽.

247 김미영, 〈일제하 조선일보의 성병 관련 담론 연구〉, 《한국학》 29-2, 2006, 407쪽.

248 '성병 전문약방, 불치시 반환', 《매일신보》 1916년 1월 7일.

249 〈조명탄〉, 《동광》 20호, 1931년 4월, 93쪽.

250 이재선, 《〈탁류〉: 성병의 은유적 도상학〉, 《시학과 언어학》 7, 2004, 243~244쪽; 이재선, 《현대소설의 서사주제학》, 문학과지성사, 2007, 150~151쪽.

251 《경성일보》 1916년 3월 12일.

252 김미영, 〈일제하 조선일보의 성병 관련 담론 연구〉, 《한국학》 29-2, 2006, 405쪽.

253 서동주, 〈근대일본의 우생사상과 '파국'의 상상력: '인종개량'과 '우생결혼' 담론을 중심으로〉, 《일본문화연구》 75, 2020, 34쪽.

254 강태웅, 〈우생학과 일본인의 표상: 1920~40년대 일본 우생학의 전개와 특성〉, 《일본학연구》 38, 2012, 37쪽.

255 최은경, 〈일제강점기 성병에 대한 의료적 실천: 치료와 예방, 담론을 중심으로〉, 서울대학교병원 의학역사문화원 편저, 《역사 속의 질병, 사회 속의 질병》, 솔빛길, 2020, 137~138쪽.

256 표정옥, 〈타자 혐오와 질병 담론의 연루로 읽는 최영익의 〈봄과 신작로〉 연구〉, 《한국근대문학연구》 22,

2021, 81쪽.

257 이상, 〈날개〉, 《조광》 2권 9호, 1936년 9월, 211~212쪽.

258 《경성일보》 1929년 1월 22일.

259 C. 한스컴, 〈근대성의 매개적 담론으로서 신경쇠약에 대한 예비적 고찰: 박태원 단편 소설을 중심으로〉, 《한국문학연구》 29, 2005, 154~156쪽.

260 최은경·이영아, 〈신문 상담란 "지상병원"을 중심으로 본 1930년대 식민지 조선 대중들의 신체 인식과 의학 지식 수용〉, 《한국과학사학회지》 37-1, 2015, 247쪽.

261 황지혜, 〈일제강점기 신경쇠약 담론의 형성과 신경쇠약 매약의 확산〉, 《의료사회사연구》 6, 2020, 27~28쪽.

262 恒笑子, 〈근대인의 물질욕과 정신관〉, 《신문계》 3권 12호, 1915년 12월, 17쪽.

263 《부산일보》 1917년 7월 4일.

264 김영수, 〈메이지기 근대적 의약담론의 성립과 '뇌병'의 치료〉, 《이화사학연구》 58, 2019, 109쪽.

265 김영수, 〈20세기 초 일본 매약의 수입과 근대 한국의 의약광고의 형성: 근대 일본의 매약규제와 광고 형식을 중심으로〉, 《인문논총》 75-4, 2018, 179쪽.

266 《동아일보》 1922년 10월 7일.

267 《조선일보》 1938년 3월 17일.

268 《조선일보》 1938년 6월 11일.

269 《동아일보》 1938년 8월 14일.

270 양봉근, 〈문명될수록 늘어가는 신경쇠약증〉(1), 《조선일보》 1930년 11월 21일.

271 양봉근, 〈청춘남자의 위생〉, 《동광》 31호, 1932년 3월 5일, 91쪽.

272 안종일, 〈신경쇠약에 대하여〉(1), 《동아일보》 1934년 8월 25일.

273 양봉근, 〈문명될수록 늘어가는 신경쇠약증〉(1), 《조선일보》 1930년 11월 21일.

274 최규진, 《일제의 식민교육과 학생의 나날들》, 서해문집, 2018, 174~180쪽.

275 양봉근, 〈청춘남자의 위생〉, 《동광》 31호, 1932년 3월 5일, 91쪽.

276 안종일, 〈신경쇠약에 대하여〉(1), 《동아일보》 1934년 8월 25일.

277 〈신경쇠약의 치료〉, 《매일신보》 1942년 7월 24일.

278 〈도시의 소음방지, 평양인들의 진정을 기회로〉(사설), 《동아일보》 1935년 6월 3일.

279 〈가정응급치료, 지상병원〉, 《별건곤》 27호, 1930년 3월, 169쪽.

280 〈초기에는 구별못할 정신병과 신경쇠약〉, 《조선일보》 1935년 7월 21일.

281 〈신경쇠약의 치료〉, 《매일신보》 1942년 7월 24일.

282 〈신경쇠약은 병이냐? 자랑이냐?〉, 《조선일보》 1939년 4월 14일.

283 이수형, 〈박태원 문학과 일상생활의 정신병리학〉, 《구보학보》 9, 2013, 254쪽.

284 〈히스테리는 여자의 병〉, 《조선일보》 1939년 6월 22일.

285 〈하절夏節과 부인〉, 《매일신보》 1923년 6월 1일.

286 김연숙, 〈1930년대 소설에 나타난 여성육체의 재현양상〉, 《여성문학연구》 11, 2004, 294쪽.

287 한지원, 《조선총독부 의료민속지를 통해 본 위생풍습 연구》, 민속원, 2013, 104~105쪽.

288 김두영, 〈소화기 위생과 위장병의 예방급치료(2)〉, 《동아일보》 1927년 6월 6일.

289 이갑ㅇ, 〈위장병과 조선음식〉, 《동아일보》1924년 3월 31일.

290 임명재, 〈조선인과 소화기병〉, 《신동아》5권 4호, 1935년 4월, 126쪽.

291 대한감염학회, 《한국전염병사》, 군자출판사, 2009, 322쪽.

292 《매일신보》1924년 7월 26일.

293 국사편찬위원회 편, 《광고, 시대를 읽다》, 2007, 175쪽.

294 여인석·이현숙·김성수·신규환·김영수, 《한국의학사》, 역사공간, 2018, 211쪽.

295 《황성신문》1910년 7월 13일.

296 한국포장협회, 〈활명수活命水 상표와 포장의 변천〉, 《포장계》99, 2001, 176~177쪽; 박호환, 〈동화약품의 경영전략: 경영이념, 경영전략, 기업성과 간의 관계〉, 《경영사학》22, 2007, 269쪽.

297 홍현오, 《한국약업사》, 약업신문사, 1972, 13쪽.

298 한국약업, 《한국약업 100년》, 약업신문사, 2004, 91쪽; 홍현오, 《한국약업사》, 약업신문사, 1972, 12쪽.

299 박윤재, 〈청심보명단 논쟁에 반영된 통감부의 의약품 정책〉, 《역사비평》67, 2004, 204쪽.

300 와가모도 광고, 《조선일보》1936년 7월 23일.

301 XYZ, 〈유행의 금석(今昔)〉, 《신동아》2권 11호, 1932년 11월, 171쪽; 송찬섭·최규진, 《근현대 속의 한국》, 한국방송통신대학교출판문화원, 2018, 44~45쪽.

302 《동아일보》1939년 5월 13일; 《조선일보》1939년 7월 18일; 《동아일보》1939년 8월 18일.

303 Hoi-Eun Kim, "Cure for Empire: The 'Conquer-Russia-Pill', Pharmaceutical Manufacturers, and the Making of Patriotic Japanese, 1090-45," *Med. Hist.*, Vol. 57, No. 2, 2013, pp. 253~254; 윤영철, 〈동북아 역사를 지독한 냄새로 담아낸 정로환〉(http://m.mediahealth.co.kr/news/articleView.html?idxno=298: 검색일 2021.11.03.).

304 윤영철, 〈동북아 역사를 지독한 냄새로 담아낸 정로환〉(http://m.mediahealth.co.kr/news/articleView.html?idxno=298: 검색일 2021.11.03.).

305 Hoi-Eun Kim, "Cure for Empire: The 'Conquer-Russia-Pill', Pharmaceutical Manufacturers, and the Making of Patriotic Japanese, 1090-45," *Med. Hist.*, Vol. 57, No. 2, 2013, p. 265.

306 〈입학시험기의 수험자의 위생〉(3), 《조선일보》1926년 3월 4일.

307 이근영, 〈상습성 변비와 하리下痢의 요법〉, 《조선가정의학전서》, 조선일보출판부, 1939, 299쪽.

308 〈家庭應急治療, 誌上病院〉, 《별건곤》27호, 1930년 3월, 172쪽.

309 魚澈, 〈衛生講座, 人生과물 冷水를먹어라, 都會病과 冷水〉, 《별건곤》49호, 1932년 3월, 8~9쪽.

310 《조선일보》1933년 10월 22일.

311 마르탱 모네스티에 지음, 임헌 옮김, 《똥오줌의 역사》, 문학동네, 2005, 324쪽.

312 《동아일보》1925년 8월 8일.

313 《동아일보》1934년 4월 20일.

314 〈변비에 약은 먹을 그때뿐〉, 《조선일보》1938년 6월 8일.

315 마르탱 모네스티에 지음, 임헌 옮김, 《똥오줌의 역사》, 문학동네, 2005, 325쪽.

316 〈치질 환자의 80퍼센트는 수치질〉, 《동아일보》1932년 4월 27일.

317 이순필, 〈치질은 불치의 고질이 아니다〉(상), 《동아일보》1939년 11월 6일.

318 〈국민병 치질을 일소하시오!〉(광고), 《조선일보》 1925년 12월 12일.

319 박창훈, 〈치핵〉, 《조선가정의학전서》, 조선일보출판부, 1939, 427~428쪽.

320 〈신어해설〉, 《동아일보》 1931년 3월 16일.

321 夕影生, 〈포탄과 현대의 애인〉, 《조선일보》 1935년 2월 2일.

322 〈스마트하고 편리한 유선 용기(대학목약)〉, 《조선일보》 1937년 12월 14일.

323 《조선일보》 1935년 9월 14일.

324 김은정, 〈정력精力의 서사: 《조광》에 실린 의약품 광고를 중심으로〉, 《세계문학비교연구》 53, 2015, 74쪽.

325 《동아일보》 1939년 5월 4일.

326 칼피스 광고, 《조선일보》 1939년 4월 14일.

327 아지노모도 광고, 《조선일보》 1939년 10월 15일.

328 《동아일보》 1935년 5월 19일.

329 〈최근 매약전, 누구누구가 돈 모았나?〉, 《삼천리》 8권 12호, 1936년 12월, 65쪽.

330 정희정, 〈1920년대 신문 연재소설 삽화와 모더니티 : 인체 표현을 중심으로〉, 《미술사논단》 48, 2019, 146~147쪽.

331 《경성일보》 1930년 5월 25일.

332 생식기 활력의 원천, 도쓰가빈, 《매일신보》 1924년 7월 10일.

333 생식기능 영양제, 도쓰가빈, 《경성일보》 1926년 12월 5일.

334 정희정, 〈1920년대 신문 연재소설 삽화와 모더니티 : 인체 표현을 중심으로〉, 《미술사논단》 48, 2019, 152~153쪽.

335 〈정력제 홍삼정, 전매국에서〉, 《매일신보》 1930년 11월 29일.

336 《조선일보》 1937년 8월 20일.

337 한소제, 〈홀몬'의 작용과 일상생활〉, 《여성》 2권 9호, 1937년 9월, 84쪽.

338 장석태, 〈호르몬'의 리약이〉, 《신문계》 4권 1호, 1916년 1월, 110쪽.

339 박삼헌, 〈의료화된 건강과 해피 드러그happy drug의 탄생: 근대 일본의 Chujoto(中將湯)를 중심으로〉, 《한국학연구》 65, 2018, 23쪽.

340 《조선신문》 1929년 12월 4일.

341 《조선일보》 1937년 9월 24일.

342 《매일신보》 1937년 4월 16일.

343 배홍철, 〈한국 1920년대, 나체화를 둘러싼 예술과 외설의 사회적 의미〉, 《정신문화연구》 36-4, 2013, 210~211쪽.

344 천정환, 〈관음증과 재현의 윤리: 식민지 조선에서의 '근대적 시각'의 성립에 관한 일 고찰〉, 《사회와 역사》 81, 2009, 64쪽.

345 〈모던어점고〉, 《신동아》 2권 2호, 1932년 2월호, 51쪽.

346 김봉식, 〈현대어와 유행어 해설〉, 《계우》 12호, 1932년 7월 16일, 166쪽.

347 편석촌, 〈첨단적 유행어〉, 《조선일보》 1931년 1월 2일.

348 이경민, 〈욕망과 금기의 이중주, 에로사진과 식민지적 검열〉, 《황해문화》 58, 2008, 392쪽.

349   천정환, 〈한국 소설에서의 감각의 문제〉, 《국어국문학》 140 , 2005 , 202쪽.

350   천정환, 〈한국 소설에서의 감각의 문제〉, 《국어국문학》 140 , 2005 , 202쪽.

351   한소제, 〈'홀몬'의 작용과 일상생활〉, 《여성》 2권 9호, 1937년 9월, 84쪽.

352   《동아일보》 1925년 11월 15일.

353   《조선일보》 1938년 4월 25일; 《조선일보》 1939년 7월 15일; 《조선일보》 1939년 10월 11일; 《매일신보》 1939년 7월 13일; 《매일신보》 1939년 8월 22일.

354   최규진, 〈시각화한 신체와 '건강미'〉, 《역사연구》 41 , 2021 , 195~196쪽.

355   《매일신보》 1941년 11월 8일.

356   다카시 후지타니 지음, 이경훈 옮김, 《총력전 제국의 인종주의》, 푸른역사, 2019 , 556쪽.

357   '여성 홀몬' 광고 문안, 《동아일보》 1939년 9월 30일.

358   《경성일보》 1934년 7월 15일.

359   《동아일보》 1935년 3월 13일.

360   정근양, 〈홀몬 없는 날엔 청춘이 가버린다〉(하), 《조선일보》 1936년 3월 12일.

361   담신 광고, 《매일신보》 1943년 3월 24일.

362   이학송, 〈남성 '홀몬' 해설, 그 효능과 장래에 관하여〉(1), 《조선일보》 1936년 5월 2일.

363   《매일신보》 1941년 11월 19일.

364   최규진, 〈시각화한 신체와 '건강미'〉, 《역사연구》 41 , 2021 , 196~197쪽.

365   정근양, 〈홀몬'없는 날엔 청춘이 가버린다(상)〉, 《조선일보》 1936년 3월 11일.

366   문인주, 〈홀몬의 생리〉, 《여성》 1권 1호, 1936년 4월호, 41쪽.

367   〈유행기에 들어가는 전염병 예방법〉, 《동아일보》 1927년 7월 8일.

368   임명제(의학박사), 〈빈혈과 그 치료〉, 《동광》 18호, 1931년 2월, 90쪽.

369   〈매암이〉, 《동아일보》 1925년 8월 17일.

370   이성용(독일 의학박사), 〈쩨타민Vitamins이란 무엇이냐?〉, 《현대평론》 1권 1호, 1927년 1월; 〈간단하고 알기 쉬운 '비타민'의 지식〉, 《매일신보》 1931년 12월 27일.

371   임명제, 〈빈혈과 그 치료〉, 《동광》 18호, 1931년 2월, 90~91쪽.

372   《동아일보》 1928년 4월 12일; 《경성일보》 1928년 4월 12일.

373   《동아일보》 1928년 4월 27일; 《조선신문》 1928년 4월 27일.

374   〈방공防空과 비타민의 관계〉, 《매일신보》 1944년 3월 4일.

375   황상익, 《근대 의료의 풍경》, 푸른역사, 2014 , 409쪽.

376   소백, 〈추야장탄〉(2), 《조선일보》 1931년 10월 4일.

3장   **건강을 팝니다**

1   《황성신문》 1903년 4월 3일.

2   《부산일보》 1915년 7월 7일.

3   〈자양강장음료, 삿뽀르 맥주〉, 《반도시론》 2권 4호, 1918년 4월.

4   《매일신보》1925년 6월 28일.

5   《동아일보》1925년 9월 9일.

6   《조선신문》1929년 7월 17일.

7   《조선일보》1938년 8월 14일.

8   "血과 肉이 되는 百藥의 長", 《조선일보》1938년 10월 22일.

9   《조선신문》1935년 3월 29일.

10   《매일신보》1940년 10월 17일.

11   《조선일보》1939년 6월 19일.

12   송찬섭·최규진, 《근현대 속의 한국》, 한국방송통신대학교출판문화원, 2018, 69쪽.

13   《동아일보》1929년 9월 29일.

14   《조선일보》1936년 2월 17일.

15   《경성일보》1939년 3월 19일.

16   バラック·クシュナー, 〈甘味と帝國—帝國日本における砂糖消費〉, ペネロピ·フランクス 外 編, 《歴史のなかの消費者—日本における消費と暮らし1850-2000》, 2016, 158쪽.

17   バラック·クシュナー, 〈甘味と帝國—帝國日本における砂糖消費〉, ペネロピ·フランクス 外 編, 《歴史のなかの消費者—日本における消費と暮らし1850-2000》, 2016, 161~162쪽.

18   송찬섭·최규진, 《근현대 속의 한국》, 한국방송통신대학교출판문화원, 2018, 68~69쪽. 껌을 삼키지 말라는 광고는 《조선일보》(1925년 4월 21일)에 실렸다.

19   《매일신보》1920년 3월 23일.

20   《조선일보》1925년 8월 22일.

21   《매일신보》1938년 11월 22일; "국민보건 향상과 식량자급을 위하여 만든 국방식품"(《동아일보》1938년 11월 25일.)

22   《매일신보》1938년 5월 18일.

23   《매일신보》1939년 6월 16일.

24   《조선일보》1939년 6월 13일.

25   《조선일보》1939년 12월 24일.

26   《경성일보》1939년 1월 21일.

27   《경성일보》1938년 4월 6일.

28   《조선일보》1938년 6월 8일.

29   《동아일보》1940년 5월 23일.

30   《조선일보》1937년 11월 10일.

31   《매일신보》1928년 2월 1일.

32   이영준, 〈피부과학으로 본 화장법〉, 《동아일보》1934년 6월 22일.

33   《동아일보》1930년 4월 9일.

34   최규진, 〈시각화한 신체와 '건강미'〉, 《역사연구》41, 2021, 167쪽.

35   《조선일보》1924년 4월 26일.

36   《조선일보》1936년 10월 7일.

37 〈비타민 발견과 연구, 점점 알리인 미묘한 새 사실〉,《매일신보》1930년 6월 22일.

38 화장품에서 '과학적인 지식'을 동원하는 다른 사례는 김미선, 〈1920~30년대 '신식'화장담론이 구성한 신여성에 관한 여성주의 연구〉, 이화여자대학교 석사학위논문, 2005, 57~60쪽에서 일부 소개했다.

39 《조선일보》1939년 2월 14일. 이 광고의 문안은 다음과 같다. "라세랑은 피부의 영양과 보호약으로 학계에 정평이 있는 비타민D가 포함되어 이것을 살결에 바르기만 하면 일광과 자외선의 작용으로 비타민D가 자연 발생하여 피부조직을 자극하므로 피부선의 분비와 흡수 작용을 빠르게 하고 피부의 신진대사를 왕성하게 하며 삼투력이 극히 강하게 하여 살 바탕을 근본적으로 개조합니다."

40 《조선일보》1939년 6월 27일.

41 《조선일보》1936년 8월 24일.

42 《경성일보》1921년 10월 16일.

43 《경성일보》1921년 10월 16일.

44 최규진, 〈시각화한 신체와 '건강미'〉,《역사연구》41, 2021, 198쪽.

45 최규진, 〈시각화한 신체와 '건강미'〉,《역사연구》41, 2021, 228쪽.

46 최규진, 〈1910년대 의약품 광고의 '과학'과 주술〉,《한국사학보》80, 2020 가운데 일부를 수정 보완했다.

47 〈당래하는 전기생활시대〉,《청춘》7호, 1915년 5월, 20~22쪽.

48 康秉鈺,〈胃病論〉,《대한흥학보》12호, 1910년 4월, 17쪽.

49 《조선일보》1939년 3월 17일.

50 조중삼, 〈현대 이학적 요법의 대요〉,《조선가정의학전서》, 조선일보출판부, 1939, 862쪽.

51 요시미 순야 지음, 송태욱 옮김, 《소리의 자본주의》, 이매진, 2005, 80쪽.

52 전기 치료에 대한 관심은 1930년대에도 이어진다. "전기 치료에 합당한 병은 운동마비, 히스테리적 실어증, 지각마비, 소화기 이완, 만성 변비, 야뇨증夜尿症, 지각과민, 동통疼痛, 심기항진心機亢進, 불면증, 관절염, 동맥경화, 신경통 등등이다"(《最新科學의 發達》,《동광》22호, 1931년 6월, 85쪽).

53 이수형, 〈김동인 문학과 히스테리, 성적 상상〉,《사이(間, SAI)》14, 2013, 310쪽.

54 '전기환'은 "강력한 살균약으로 호열자(콜레라) 예방에 효과가 있다"라고 광고했다(《매일신보》1920년 8월 19일.)

55 〈최신 과학의 발달〉,《동광》22호, 1931년 6월, 84쪽.

56 《조선일보》1939년 7월 27일.

57 의학신보,《한국의학 100년사》, 의학출판사, 1984, 324~325쪽(권보드래, 〈현미경과 엑스레이: 1910년대, 인간학의 변전〉,《한국현대문학연구》18, 2005, 20쪽에서 재인용).

58 〈조화무상한 의사〉,《중외일보》1927년 7월 26일.

59 《동아일보》1934년 6월 3일.

60 《동아일보》1939년 3월 20일.

61 《조선중앙일보》1935년 5월 11일.

62 〈지상병원〉,《동아일보》1930년 3월 18일.

63 〈수문수답〉,《동아일보》1930년 11월 20일.

64 〈最新科學의 發達〉,《동광》22호, 1931년 6월, 84쪽.

65 《동아일보》1939년 7월 26일.

66 〈허정숙여사의 태양광선치료원〉, 《삼천리》 4권 9호, 1932년 9월, 58~60쪽.

67 〈허정숙여사의 태양광선치료원〉, 《삼천리》 4권 9호, 1932년 9월, 58~59쪽.

68 〈最新科學의 發達〉, 《동광》 22호, 1931년 6월, 83쪽.

69 장근호, 《개항에서 일제식민통치로부터의 해방까지 이비인후과의 도입과 전개 과정》, 서울대학교 박사학위논문, 2008, 180쪽.

70 박태원, 〈소설가 구보 씨의 일일〉, 《조선중앙일보》 1934년 8월 3일.

71 〈보청기의 효력〉, 《동아일보》 1938년 3월 23일.

72 《조선신문》 1924년 2월 21일.

73 《동아일보》 1939년 8월 18일.

74 《신여성》 7권 10호, 1933년 10월.

75 《동아일보》 1929년 11월 6일.

76 《동아일보》 1932년 10월 11일.

77 《조선일보》 1934년 8월 27일.

78 강상훈, 〈일제강점기 일본인들의 온돌에 대한 인식변화와 온돌개량〉, 《대한건축학회논문집》 22-11, 2006, 255~257쪽.

79 《조선가정의학전서》, 조선일보출판부, 1939, 75쪽.

80 임인생, 〈모던이즘〉, 《별건곤》 25호, 1930년 1월, 136쪽.

81 〈모던어 點考〉, 《신동아》 2권 9호, 1932년 9월, 101쪽.

82 장 보드리야르 지음, 이상률 옮김, 《소비의 사회》, 문예출판사, 2000, 190쪽.

83 〈출세에 관계되는 코맵시 이야기〉, 《조선일보》 1937년 7월 3일.

84 "서양의 영향도 영향이려니와 생활상태의 급변, 취미의 격변으로 종래의 대표적이던 몽고안蒙古眼식으로는 만족할 수 없게 되었다. 그것은 우미優美한 점은 있으나 너무나 무표정한 까닭에 생생하고 씩씩한 맛이 없다. 그러므로 가는 외가풀 눈보다도 쌍가풀 지고 반짝 띄운 눈 표정과 변화가 잠겨있는 눈을 즐겨하는 경향이 있다"(木火生, 〈근대 여성미의 해부〉, 《신동아》 3권 4호, 1933년 4월, 94~95쪽).

85 최규진, 〈시각화한 신체와 '건강미'〉, 《역사연구》 41, 2021, 169~172쪽.

86 〈납작한 코가 웃독해지고〉, 《조선일보》 1937년 9월 28일.

87 정근양, 〈미인담〉, 《조선일보》 1938년 11월 15일.

88 이영아, 《예쁜 여자 만들기》, 푸른역사, 2011, 199쪽.

89 《매일신보》 1915년 1월 19일.

90 진효아·곽규환, 〈일본 피임실천에서의 콘돔 우세 경향 연구〉, 《동북아문화연구》 59, 2019, 371~372쪽.

91 강정숙, 〈일본군 '위안부' 제도와 기업의 역할: 삿코(콘돔)를 중심으로〉, 《역사비평》 60, 2002, 278쪽.

92 《조선시보》 1915년 8월 8일.

92 《조선시보》 1921년 4월 14일.

94 《경성일보》 1924년 1월 7일.

95 《경성일보》 1926년 5월 21일.

96 《조선시보》 1927년 1월 27일.

97 조희진, 《선비와 피어싱》, 동아시아, 2003, 25쪽: 백민정, 〈월경경험과 여성의 정체성 인지認知: 안동시 풍산읍 소산마을을 중심으로〉, 《민속학연구》 33, 2013, 104쪽.

98 조희진, 《선비와 피어싱》, 동아시아, 2003, 15~19쪽.

98 이영주, 〈생리대와 월경하는 여성의 몸: 1960년대 중반~1980년대를 중심으로〉, 《한국과학기술학회 학술대회 발표문》, 2018, 85쪽.

100 박이은실, 《월경의 정치학》, 동녘, 2020, 147~149쪽.

101 《동아일보》 1923년 5월 27일.

4장   전쟁을 위한 신체, 사상의 동원

1 데이비드 웰치 지음, 이종현 옮김, 《프로파간다 파워》, 공존, 2015, 149~150쪽.

2 〈전시 국민 생활체제를 확립〉, 《매일신보》 1940년 8월 2일.

3 다카시 후지타니 지음, 이경훈 옮김, 《총력전 제국의 인종주의》, 푸른역사, 2019, 146쪽: 최규진, 〈시각화한 신체와 '건강미'〉, 《역사연구》 41, 2021, 199쪽.

4 《매일신보》 1943년 4월 28일.

5 《매일신보》 1943년 1월 12일.

6 《매일신보》 1944년 2월 24일.

7 《경성일보》 1942년 10월 5일.

8 《매일신보》 1943년 8월 6일. "비상시 체격은 육탄적이어야 한다"는 언술은 이미 1938년에도 등장한다(《매일신보》 1938년 6월 18일).

9 《조선일보》 1938년 9월 15일.

10 《조선일보》 1940년 4월 15일.

11 山本和正. 〈신어 채집장〉(1), 《신시대》 4권 11호, 1944년 11월, 54쪽.

12 〈전시 학생생활의 규범 결정〉, 《매일신보》 1939년 6월 24일.

13 전원배, 〈건강보국의 眞의의〉, 《만선일보》 1939년 12월 27일.

14 〈신체제 약진 평양의 상공업계〉(1), 《매일신보》 1940년 11월 12일.

15 《만선일보》 1939년 12월 1일.

16 다카오카 히로유키, 〈전쟁과 건강: 근대 '건강 담론'의 확립과 일본 총력전 체제〉, 《당대비평》 27, 생각의나무, 2004, 342쪽.

17 《매일신보》 1940년 8월 2일.

18 〈총독부고등관 제씨가 전시하 조선민중에 전하는 書, 대동아공영권건설과 조선민중〉, 《삼천리》 13권 4호, 1941년 4월, 31쪽.

19 박세훈, 〈일제시기 도시근린조직 연구: 경성부의 정회町會를 중심으로〉, 《공간과 사회》 19, 2003, 140쪽.

20 김영미, 《동원과 저항》, 푸른역사, 2009, 142쪽.

21 《매일신보》 1942년 1월 5일.

22 《조선일보》 1940년 1월 20일.

23 《매일신보》 1938년 5월 18일.

24 《경성일보》 1943년 3월 18일.

25 《동아일보》 1938년 4월 16일.

26 《동아일보》 1937년 9월 21일.

27 《조선일보》 1937년 9월 24일.

28 《매일신보》 1937년 12월 25일.

29 《조선일보》 1939년 11월 17일.

30 인정식, 〈시국과 농촌부인〉, 《여성》 5권 4호, 1940년 4월, 475쪽; 송찬섭·최규진, 《근현대 속의 한국》, 한국방송통신대학교출판문화원, 2018, 61쪽.

31 《매일신보》 1943년 2월 7일.

32 《매일신보》 1943년 1월 12일.

33 〈백미금지령의 경기도령 공포〉, 《동아일보》 1939년 10월 28일.

34 〈백미 금지령〉, 《동아일보》 1940년 2월 15일.

35 《매일신보》 1944년 10월 14일.

36 《매일신보》 1943년 6월 10일.

37 《매일신보》 1943년 8월 7일

38 《매일신보》 1943년 4월 2일.

39 《매일신보》 1940년 11월 21일.

40 《매일신보》 1941년 11월 14일.

41 〈저온생활을 勵行하자〉, 《매일신보》 1942년 10월 24일.

42 〈냉수마찰 오분동안이면 넉넉됩니다〉, 《조선일보》 1938년 5월 22일.

43 마이클 A. 반하트 지음, 박성진·이완범 옮김, 《일본의 총력전》, 한국학중앙연구원출판부, 2016, 14쪽.

44 《매일신보》 1944년 4월 22일.

45 문동ㅇ, 〈요지음의 支那〉, 《여성》 4권 4호, 1939년 4월, 42쪽; 〈금회 지나사변은 대륙의 장기건설〉, 《조선일보》 1938년 7월 1일.

46 《경성일보》 1938년 11월 10일.

47 〈전시체제의 장기화〉, 《동아일보》 1939년 1월 3일.

48 《조선일보》 1938년 12월 3일.

49 소래섭, 《불온한 경성은 명랑하라》, 웅진, 2011, 42~43쪽.

50 박숙자, 〈통쾌에서 '명랑'까지: 식민지 문화와 감성의 정치학〉, 《한민족문화연구》 30, 2009, 230쪽.

51 《매일신보》 1943년 2월 22일.

52 《조선일보》 1938년 7월 8일.

53 곽은희, 《유동하는 식민지》, 소명출판, 2018, 213~215쪽.

54 이병례, 〈아시아-태평양전쟁기 '산업전사'이념의 형상화와 재현〉, 《사총》 94, 2018을 참고할 것.

55 《매일신보》 1944년 1월 26일.

56 《매일신보》 1945년 1월 10일.

57   《매일신보》1944년 12월 31일.

58   《매일신보》1945년 1월 16일.

59   전성규, 〈해방의 우울과 퇴폐·거세된 남성성 사이의 '명랑'―정비석의 《장미의 계절》과 《도회의 정열》을 중심으로〉, 《대동문화연구》 85, 2014, 135쪽.

60   소래섭, 《불온한 경성은 명랑하라》, 웅진, 2011, 17~39쪽.

61   이병례, 〈아시아―태평양전쟁기 '산업전사'이념의 형상화와 재현〉, 《사총》 94, 2018, 37~38쪽.

62   《매일신보》1941년 12월 1일.

63   《매일신보》1942년 1월 13일.

64   《매일신보》1942년 3월 6일.

65   《매일신보》1943년 12월 11일.

66   《동아일보》1940년 5월 24일.

67   《매일신보》1941년 7월 19일.

68   《매일신보》1943년 5월 22일.

69   《동아일보》1939년 3월 11일.

70   《동아일보》1940년 6월 14일.

71   《조선일보》1939년 7월 8일.

72   광고 문안, 《경성일보》1941년 4월 13일.

73   《매일신보》1938년 6월 28일.

74   이상의, 《일제하 조선의 노동정책 연구》, 혜안, 2006, 292쪽.

75   《매일신보》1938년 6월 28일.

76   《조선일보》1938년 6월 28일.

77   《매일신보》1938년 6월 28일.

78   최재서, 〈근로와 문학〉, 《국민문학》 3권 5호, 1943년 5월, 79쪽; 이경훈, 《오빠의 탄생》, 문학과지성사, 2003, 318쪽에서 재인용.

79   허수열, 〈조선인 노동력의 강제동원의 실태〉, 차기벽 엮음, 《일제의 한국 식민통치》, 정음사, 1985, 329쪽.

80   《매일신보》1944년 1월 2일.

81   《매일신보》1939년 12월 23일.

82   송찬섭·최규진, 《근현대 속의 한국》, 방송통신대학출판문화원, 2018, 310쪽.

83   《매일신보》1939년 4월 22일.

84   손환, 〈일제강점기 조선의 체력장검정에 관한 연구〉, 《한국체육학회지》 48-5, 2009, 2~3쪽.

85   〈남녀 체력장 검정〉, 《매일신보》1943년 6월 18일; 《경성일보》1943년 6월 17일.

86   《매일신보》1943년 3월 24일.

87   《매일신보》1943년 5월 20일.

88   안태윤, 〈일제말기 전시체제와 모선의 식민화〉, 《한국여성학》 19-3, 2003, 97쪽.

89   리영희, 《역정: 나의 청년시대》, 창비, 1988, 29쪽.

90   오성철, 〈운동회의 기억: 해방 이후 초등학교 운동회를 중심으로〉, 《아시아교육연구》 12-1, 2011,

203쪽.

91 《매일신보》 1940년 8월 20일.

92 최규진, 《일제의 식민교육과 학생의 나날들》, 서해문집, 2018, 110~111쪽.

93 최규진, 《일제의 식민교육과 학생의 나날들》, 서해문집, 2018, 230~238쪽.

94 《매일신보》 1938년 1월 21일.

95 《매일신보》 1939년 5월 21일.

96 손종현, 《일제 제3차조선교육령하 학교교육의 식민지배 관행》, 경북대학교 박사학위논문, 1993, 110~111쪽.

97 권영배, 〈일제말 전시체제하 중등학교의 동원과 저항: 대구지역을 중심으로〉, 《역사교육논집》 40, 2008, 376쪽.

98 손종현, 《일제 제3차조선교육령하 학교교육의 식민지배 관행》, 경북대학교 박사학위논문, 1993, 115쪽.

99 《매일신보》 1943년 7월 9일.

100 《매일신보》 1943년 7월 7일.

101 〈여학생에 전장 교육〉, 《매일신보》 1943년 9월 5일.

102 박경수·김순전, 〈조선총독부의 초등학교 음악과 軍歌의 영향관계 고찰〉, 《일본어문학》 58, 2012, 383쪽.

103 오윤정, 〈상품화된 전쟁: 아시아·태평양전쟁과 일본 백화점〉, 《일본연구》 24, 2015, 349쪽.

104 《매일신보》 1937년 12월 21일.

105 倉茂周藏, 〈銃後隨感(5)〉, 아이들의 장난감〉, 《매일신보》 1943년 10월 16일.

106 박경수·김순전, 〈조선총독부의 초등학교 음악과 군가軍歌의 영향관계 고찰〉, 《일본어문학》 58, 2012, 383쪽.

107 박경수, 〈일제말기 《국어독본》의 교화로 변용된 '어린이'〉, 《일본어문학》 55, 2011, 558쪽.

108 김시종 지음, 윤여일 옮김, 《조선과 일본에 살다》, 돌베개, 2016, 44쪽.

109 倉茂周藏, 〈銃後隨感(5)〉, 아이들의 장난감〉, 《매일신보》 1943년 10월 16일.

110 일본 교과서에서도 여자 어린이는 적십자 깃발 밑에서 전쟁을 응원하는 모습으로 재현된다. David C. Earhart, *Certain victory: images of World War II in the Japanese media*, New York: M.E.Sharpe, 2008, p.186.

111 김화선, 〈대동아공영권의 전쟁동원론과 병사의 탄생: 일제 말기 친일 아동문학 작품을 중심으로〉, 《인문학연구》 31-2, 2004, 34쪽.

112 와카쿠와 미도리 지음, 손지연 옮김, 《전쟁이 만들어낸 여성상》, 소명출판, 2011, 23쪽.

113 우에노 치즈코 지음, 이선이 옮김, 《내셔널리즘과 젠더》, 박종철출판사, 1999, 65쪽.

114 우에노 치즈코 지음, 이선이 옮김, 《내셔널리즘과 젠더》, 박종철출판사, 1999, 66쪽.

115 안태윤, 〈일제말기 전시체제와 모성의 식민화〉, 《한국여성학》 19-3, 2003, 93쪽.

116 송찬섭·최규진, 《근현대 속의 한국》, 한국방송통신대학교출판문화원, 2018, 212~213쪽.

117 《조선일보》 1939년 7월 23일(産めよ殖せよ國のため!!, 근대여성의 이상적 부인약, 美神丸).

118 송찬섭·최규진, 《근현대 속의 한국》, 한국방송통신대학교출판문화원, 2018, 213쪽.

119 〈자복가정은 나라의 보배〉, 《매일신보》 1941년 2월 13일.

120 《매일신보》1944년 6월 7일.

121 三好一, 《日本のポスター. 明治·大正·昭和》, 紫紅社文庫, 2010, 180쪽.

122 《매일신보》1944년 12월 2일.

123 최규진, 〈전시체제는 경성의 삶을 어떻게 바꾸었을까?〉, 《쉽게 읽는 서울사, 일제강점기편》, 서울역사편찬원, 2020, 177~178쪽.

124 최규진, 〈전시체제는 경성의 삶을 어떻게 바꾸었을까?〉, 《쉽게 읽는 서울사, 일제강점기편》, 서울역사편찬원, 2020, 174~175쪽.

125 후지이 다다토시 지음, 이종구 옮김, 《갓포기와 몸뻬, 전쟁》, 일조각, 2008, 132쪽.

126 김혜숙, 〈1937~1939년 식민지 조선의 가정방공과 가정용 대피시설의 특징〉, 《한일민족문제연구》23, 2012, 170~171쪽.

127 《매일신보》1938년 3월 9일.

128 《매일신보》1942년 3월 13일.

129 〈방공과 비티민의 관계〉, 《매일신보》1944년 3월 4일.

130 《매일신보》1942년 2월 20일.

131 〈결전형 각반 보급〉, 《매일신보》1944년 8월 25일.

132 《매일신보》1942년 6월 26일.

133 김윤미, 〈총동원체제와 근로보국대를 통한 '국민개로': 조선에서 시행된 근로보국대의 초기 운용을 중심으로(1938~1941)〉, 《한일민족문제연구》14, 2008, 126쪽.

134 〈국민개로운동〉(사설), 《매일신보》1941년 8월 23일.

135 곽은희, 《유동하는 식민지》, 소명출판, 2018, 204쪽.

136 와카쿠와 미도리 지음, 손지연 옮김, 《전쟁이 만들어낸 여성상》, 소명출판, 2011, 116쪽.

137 "女性皆働, 女子戰鬪配置へ!!", 《신시대》4권 4호, 1944년 4월, 4쪽.

138 이상의, 《일제하 조선의 노동정책 연구》, 혜안, 2006, 168~169쪽.

139 〈국민개로정신의 앙양〉(사설), 《매일신보》1941년 9월 11일.

140 《매일신보》1941년 9월 21일.

141 〈일에 취미를 가지면 육체적 피로는 이저버린다〉, 《매일신보》1940년 6월 12일.

142 모윤숙, 〈신생활운동과 오락 취미의 정화: 고상한 오락은 신성한 노동과 가튼 것〉, 《매일신보》1940년 9월 10일.

143 문경연, 《취미가 무엇입니까?》, 돌베개, 2019, 256~260쪽.

144 《매일신보》1943년 8월 6일.

145 〈참다운 여성미 근로를 떠나 없다〉, 《매일신보》1944년 8월 12일.

146 채만식, 〈탁류〉, 《조선일보》1938년 4월 8일.

147 〈증산은 총후의 결전〉, 《매일신보》1943년 3월 11일.

148 《매일신보》1942년 1월 16일.

149 《매일신보》1942년 5월 7일.

150 《매일신보》1942년 5월 10일.

151 《매일신보》1944년 2월 19일.

152 《매일신보》1942년 7월 16일.

153 《매일신보》1942년 7월 11일.

154 한민주, 《권력의 도상학》, 소명출판, 2013, 293쪽.

155 〈흙의 전사로써 우대〉, 《매일신보》1942년 4월 13일.

156 〈만 오천의 개척부대〉, 《매일신보》1942년 11월 24일.

157 《매일신보》1944년 2월 5일.

158 야마베 겐타로 지음, 최혜주 옮김, 《일본의 식민지 조선통치 해부》, 어문학사, 2011, 295쪽.

159 조선총독부 편, 《시정30년사》, 1940, 박찬승·김민석·최은진·양지혜 역주, 《국역 조선총독부 30년사 하》, 민속원, 2018, 1210쪽.

160 오카베 마키오 지음, 최혜주 옮김, 《만주국의 탄생과 유산》, 어문학사, 2014, 130쪽.

161 권창규, 《상품의 시대》, 민음사, 2014, 238쪽.

162 〈인천의 군인 위문대〉, 《매일신보》1914년 9월 18일.

163 〈위문대 3만개〉, 《매일신보》1914년 10월 10일.

164 〈妓組의 위문대 송치〉, 《매일신보》1914년 10월 20일.

165 중일전쟁 뒤에도 일본 위문대 광고에서 인단의 비중이 컸다. 町田 忍, 《戰時広告圖鑑》, WAVE出版, 1997, 67쪽.

166 木村茂光 外 編, 《日本生活史辭典》, 吉川弘文館, 2016, 47~48쪽.

167 木村茂光 外 編, 《日本生活史辭典》, 吉川弘文館, 2016, 48쪽.

168 오윤정, 〈상품화된 전쟁: 아시아·태평양전쟁과 일본 백화점〉, 《일본연구》24, 2015, 354쪽.

169 《매일신보》1939년 6월 24일; 최규진, 《일제의 식민교육과 학생의 나날들》, 서해문집, 2018, 216~217쪽.

170 조선총독부 편, 《시정30년사》, 1940, 박찬승·김민석·최은진·양지혜 역주, 《국역 조선총독부 30년사 하》, 민속원, 2018, 1345쪽.

171 《매일신보》1942년 10월 14일.

172 장신, 〈1920년대 민족해방운동과 치안유지법〉, 《학림》19, 1996, 95~96쪽.

173 변은진, 《파시즘적 근대체험과 조선민중의 현실인식》, 선인, 2013, 50쪽.

174 황동하, 〈방공협정防共協定의 문화적 효과〉, 《역사연구》41, 2021, 267쪽.

175 황동하, 〈방공협정防共協定의 문화적 효과〉, 《역사연구》41, 2021, 238~239쪽.

176 조선총독부 편, 《시정30년사》, 1940, 박찬승·김민석·최은진·양지혜 역주, 《국역 조선총독부 30년사 하》, 민속원, 2018, 1235쪽.

177 《매일신보》1914년 6월 12일.

178 《매일신보》1917년 9월 2일.

179 《동아일보》1928년 5월 23일.

180 《동아일보》1932년 7월 21일.

181 《동아일보》1932년 11월 19일.

182 《동아일보》1934년 9월 9일; 《경성일보》1934년 7월 16일.

183 《동아일보》1938년 10월 16일.

184 황동하, 〈방공협정防共協定의 문화적 효과〉, 《역사연구》 41, 2021, 241쪽.

185 이태훈, 〈일제말 전시체제기 조선방공협회의 활동과 반공선전전략〉, 《역사와 현실》 93, 2014, 134쪽.

186 이정욱·가나즈 히데미·유재진 공편역, 《사상전의 기록: 조선의 방공운동》, 학고방, 2014, 54쪽.

187 조윤정, 〈비밀전, 스파이, 유언비어: 《신시대》에 나타난 통합과 배제의 논리〉, 《동악어문학》 57, 2011, 214쪽.

188 권명아, 《역사적 파시즘: 제국의 판타지와 젠더 정치》, 책세상, 2005, 210쪽.

189 권명아, 《역사적 파시즘: 제국의 판타지와 젠더 정치》, 책세상, 2005, 222쪽.

190 〈간첩생활의 표리〉, 《조선일보》 1939년 12월 13일.

191 강성현, 《한국 사상통제기제의 역사적 형성과 '보도연맹 사건', 1925~50》, 서울대학교 박사학위논문, 2012, 188쪽.

192 강성현, 《한국 사상통제기제의 역사적 형성과 '보도연맹 사건', 1925~50》, 서울대학교 박사학위논문, 2012, 190쪽.

193 〈여급 기생 등에 입을 조심하도록〉, 《매일신보》 1938년 7월 26일.

194 〈무서운 외국 스파이〉, 《매일신보》 1939년 5월 18일; 〈조심해야 할 것은 부인네의 입술〉, 《매일신보》 1940년 1월 5일.

195 〈여자는 약하다〉, 《매일신보》 1942년 7월 13일.

196 〈방첩강화돌격전〉, 《매일신보》 1942년 7월 11일.

197 藤田實彦, 〈그대의 곁에 스파이가 있다〉, 《여성》 5권 10호, 1940년 10월, 20쪽.

198 〈방첩을 철저히 하려면〉, 《매일신보》 1942년 6월 20일.

199 스파이 전람회, 《황민일보》 1942년 7월 21일.

200 강성현, 《한국 사상통제기제의 역사적 형성과 '보도연맹 사건', 1925~50》, 서울대학교 박사학위논문, 2012, 186~188쪽.

201 〈방공협회 모집의 방공 방첩 표어등 입선 발표〉, 《매일신보》 1938년 12월 1일.

202 강성현, 《한국 사상통제기제의 역사적 형성과 '보도연맹 사건', 1925~50》, 서울대학교 박사학위논문, 2012, 192쪽.

맺음말

1 강준만 외 편역, 《광고의 사회학》, 한울, 1994, 71쪽.

2) 권채린, 〈1920~30년대 '건강'과 '질병'을 둘러싼 대중담화의 양상〉, 《어문론총》 64, 2015, 198쪽.

3 장 보드리야르 지음, 이상률 옮김, 《소비의 사회》, 문예출판사, 2000, 208쪽.

4 최은경·이영아, 〈신문 상담란 "지상병원"을 중심으로 본 1930년대 식민지 조선 대중들의 신체 인식과 의학 지식 수용〉, 《한국과학사학회지》 37-1, 2015, 262쪽.

5 《동아일보》 1939년 5월 4일.

6 《동아일보》 1936년 8월 26일.

7 《동아일보》 1938년 3월 18일.

8   《조선일보》1927년 3월 4일.

9   이 표어를 그대로 사용한 광고로는《동아일보》1925년 10월 14일.

10   야마자키 미쓰오 지음, 김광석 옮김, 《일본의 명약》, 신한미디어, 2002, 126쪽.

11   下川耿史, 《近代子ども史年表: 昭和·平成編 1926~2000》, 河出書房新社, 2002, 72쪽.

12   子供屋 광고, 《경성일보》1930년 12월 6일.

13   《삼천리》6권 9호, 1934년 9월, 176쪽.

14   《매일신보》1917년 6월 29일.

15   황지혜·김남일, 〈일제강점기 매약을 통해 본 한약의 제형 변화와 새로운 한약 처방의 경향성에 대한
     고찰〉, 《한국의사학회지》33, 2020, 110쪽.

16   《조선일보》1921년 1월 24일.

17   《경성일보》1919년 4월 30일.

18   《매일신보》1918년 6월 29일.

19   《조선일보》1927년 8월 25일.

20   《조선시보》1917년 8월 1일; 《매일신보》1918년 11월 8일.

21   《조선일보》1937년 9월 13일.

22   《문화조선》3권 3호, 1941년 5월, 80쪽.

23   《매일신보》1942년 3월 1일; 《국민문학》2권 8호, 1942년 10월, 21쪽.

24   《조선일보》1939년 6월 26일.

25   홍현오, 《한국약업사》, 약업신문사, 1972, 169쪽.

26   《동아일보》1933년 6월 10일.

27   《경성일보》1917년 8월 27일.

28   《조선신문》1924년 8월 24일.

29   《경성일보》1920년 5월 2일.

30   김동규, 〈과장광고의 형성과 전개에 관한 역사적 연구〉, 《광고PR실학연구》10-3, 2017, 27쪽.

31   권창규, 《상품의 시대》, 민음사, 2014, 238쪽.

32   若林宣, 《戦う広告》, 小學館, 2008.

33   권명아, 《역사적 파시즘: 제국의 판타지와 젠더정치》, 책세상, 2005, 76쪽.

34   롤랑 바르트 지음, 정현 옮김, 《신화론》, 현대미학사, 1995, 179쪽.

35   로버트 골드만 지음, 박주하·신태섭 옮김, 《광고에서 사회를 읽는다》, 커뮤니케이션북스, 2006, 2쪽.

36   토비 클락 지음, 이순령 옮김, 《20세기 정치선전 예술》, 예경, 2000, 115쪽.

37   강준만 외 편역, 《광고의 사회학》, 한울, 1994, 24~25쪽.

38   이영춘, 〈가정상비약〉, 《조선가정의학전서》, 조선일보출판부, 1939, 156쪽.

39   〈유리有利 상품 판매법 3〉, 《매일신보》1914년 6월 20일.

40   홍현오, 《한국약업사》, 약업신문사, 1972, 48쪽.

41   〈조명탄〉, 《동광》20호, 1931년 4월, 93쪽.

42   핼 포스터 엮음, 최현희 옮김, 《시각과 시각성》, 경성대학교출판부, 2012, 21~22쪽.

43   이정희, 〈근대과학에서 시각적 재현의 의미〉, 《철학논총》55, 2009, 317쪽.

1. 자료
• 신문
《경성일보》, 《대한매일신보》, 《독립신문》, 《동아일보》, 《만선일보》, 《매일신보》, 《부산일보》, 《시대일보》, 《조선시보》, 《조선일보》, 《조선중앙일보》, 《중외일보》, 《황성신문》

• 잡지
《개벽》, 《계우》, 《국민문학》, 《대중시대》, 《대한흥학보》, 《동광》, 《문화조선》, 《半島の光》, 《반도시론》, 《별건곤》, 《삼천리》, 《신동아》, 《신문계》, 《신시대》, 《신여성》, 《여성》, 《월간매신》, 《조광》, 《朝日新聞》, 《청춘》, 《태극학보》, 《학지광》

2. 저서
R.W. 코넬 지음, 안상욱·현민 옮김, 《남성성/들》, 이매진, 2013
가라타니 고진 지음, 박유하 옮김, 《일본근대문학의 기원》, 도서출판b, 2017
강신익, 《몸의 역사》, 살림, 2007
강준만 외 편역, 《광고의 사회학》, 한울, 1994
고미숙, 《위생의 시대: 병리학과 근대적 신체의 탄생》, 북드라망, 2014
곽은희, 《유동하는 식민지》, 소명출판, 2018
국사편찬위원회 편, 《광고, 시대를 읽다》, 동아출판, 2007
권명아, 《역사적 파시즘: 제국의 판타지와 젠더 정치》, 책세상, 2005
권명아, 《음란과 혁명》, 책세상, 2013
권보드래, 《한국 근대소설의 기원》, 소명출판, 2012
권창규, 《상품의 시대》, 민음사, 2014
권창규, 《인조인간 프로젝트: 근대 광고의 풍경》, 서해문집, 2020
김병희, 《광고로 보는 근대문화사》, 살림, 2014

504

김성수·신규환 지음, 《몸으로 세계를 보다. 동아시아 해부학의 성립과 발전》, 서울대학교출판문화원, 2017

김시종 지음, 윤여일 옮김, 《조선과 일본에 살다》, 돌베개, 2016

김영미, 《동원과 저항》, 푸른역사, 2009

김지운 등, 《비판커뮤니케이션》, 커뮤니케이션북스, 2011

김진균·정근식 편저, 《근대주체와 식민지 규율권력》, 문화과학사, 1997

김철·신형기 외 지음, 《문학 속의 파시즘》, 삼인, 2001

김태수, 《꼿가치 피어 매혹케 하라》, 황소자리, 2005

나리타 류이치 지음, 서민교 옮김, 《근대 도시공간의 문화경험》, 뿌리와이파리, 2011

다비드 르 브르통 지음, 홍성민 옮김, 《근대성과 육체의 정치학》, 동문선, 2003

다카시 후지타니 지음, 이경훈 옮김, 《총력전 제국의 인종주의》, 푸른역사, 2019

대한감염학회, 《한국전염병사》, 군자출판사, 2009

대한결핵협회, 《한국결핵사》, 대한결핵협회, 1998

데이비드 웰치 지음, 이종현 옮김, 《프로파간다 파워》, 공존, 2015

돈 슬레이터 지음, 정숙경 옮김, 《소비문화와 현대성》, 문예출판사, 2000

레지스 드브레 지음, 정진국 옮김, 《이미지의 삶과 죽음》, 시각과 언어, 1994

로버트 D. 게르슈테 지음, 강희진 옮김, 《질병이 바꾼 세계의 역사》, 미래의창, 2020

로버트 골드만 지음, 박주하·신태섭 옮김, 《광고에서 사회를 읽는다》, 커뮤니케이션북스, 2006

로버트 보콕 지음, 양건열 옮김, 《소비: 나는 소비한다, 고로 존재한다》, 시공사, 2003

롤랑 바르트 지음, 정현 옮김, 《신화론》, 현대미학사, 1995

리영희, 《역정: 나의 청년시대》, 창비, 1988

마루야마 마사오·가토 슈이치 지음, 임성모 옮김, 《번역과 일본의 근대》, 이산, 2013

마르탱 모네스티에 지음, 임헌 옮김, 《똥오줌의 역사》, 문학동네, 2005

마셜 맥루언 지음, 김성기·이한우 옮김, 《미디어의 이해》, 민음사, 2015

마이클 A. 반하트 지음, 박성진·이완범 옮김, 《일본의 총력전》, 한국학중앙연구원출판부, 2016

마틴 반 클레벨트 지음, 이동욱 옮김, 《과학기술과 전쟁》, 황금알, 2006

문경연, 《취미가 무엇입니까?》, 돌베개, 2019

문승숙 지음, 이현정 옮김, 《군사주의에 갇힌 근대》, 또하나의문화, 2007

미리엄 실버버그 지음, 강진석·강현정·서미석 옮김, 《에로틱 그로테스크 넌센스》, 현실문화, 2014

미하일 알렉산드로비치 포지오 지음, 이재훈 옮김, 《러시아 외교관이 바라본 근대 한국》, 동북아역사재단, 2010

박완서, 《그 많던 싱아는 누가 다 먹었을까》, 웅진지식하우스, 2019

박윤재, 《한국 근대의학의 기원》, 혜안, 2005

박이은실, 《월경의 정치학》, 동녘, 2020

박한선·구형찬, 《감염병인류》, 창비, 2021

백선기, 《광고기호학》, 커뮤니케이션북스, 2010

변은진, 《파시즘적 근대체험과 조선민중의 현실인식》, 선인, 2013

부산근대역사관 편, 《광고 그리고 일상, 광고로 보는 근대의 삶과 문화: 1876-1945》, 부산근대역사관, 2004

사토 겐타로 지음, 서수지 옮김, 《세계사를 바꾼 10가지 약》, 사람과나무사이, 2018

서울대학교병원 병원역사문화센터, 《사진과 함께 보는 한국 근현대 의료문화사 1897-1960》, 웅진지식하우스, 2009

서울대학교병원 의학역사문화원 편저, 《역사 속의 질병, 사회 속의 질병》, 솔빛길, 2020

서울역사편찬원, 《서울 사람들의 생로병사》, 서울책방, 2020

셧쟐리 지음, 윤선희 옮김, 《광고문화: 소비의 정치경제학》, 한나래, 1996

소래섭, 《불온한 경성은 명랑하라》, 웅진, 2011

송찬섭·최규진, 《근현대 속의 한국》, 한국방송통신대학교출판문화원, 2018

수전 손택 지음, 이재원 옮김, 《은유로서의 질병》, 이후, 2010

수전 웬델 지음, 강진영·김은정·황지성 옮김, 《거부당한 몸》, 그린비, 2018

스튜어트 유엔 지음, 최형철 역, 《광고와 대중소비문화》, 나남, 1998

신규환, 《질병의 사회사》, 살림출판사, 2006

신동원, 《조선사람의 생로병사》, 한겨레신문사, 1999

신동원, 《호열자 조선을 습격하다》, 역사비평사, 2004

신동원, 《호환 마마 천연두, 병의 일상개념사》, 돌베개, 2013

신인섭·김병희, 《한국근대 광고 걸작선 100: 1876~1945》, 커뮤니케이션북스, 2007

신인섭·서범석, 《한국광고사》, 나남, 2005

신하경, 《모던걸: 일본제국과 여성의 국민화》, 논형, 2009

아노 카렌 지음, 권복규 옮김, 《전염병의 문화사》, 사이언스북스, 2016

앨프리드 W. 크로스비 지음, 김서형 옮김, 《인류 최대의 재앙, 1918년 인플루엔자》, 서해문집, 2010

야마베 겐타로 지음, 최혜주 옮김, 《일본의 식민지 조선통치 해부》, 어문학사, 2011

야마자키 미쓰오 지음, 김광석 역, 《일본의 명약》, 신한미디어, 2002

여인석·이현숙·김성수·신규환·김영수, 《한국의학사》, 역사공간, 2018

연세대학교 의학사연구소 엮음, 《한의학, 식민지를 앓다》, 아카넷, 2008

예병일, 《내 몸을 찾아 떠나는 의학사 여행》, 효형출판, 2009

오카다 하루에 지음, 황명섭 옮김, 《세상을 뒤흔든 질병과 치유의 역사》, 상상채널, 2017

오카베 마키오 지음, 최혜주 옮김, 《만주국의 탄생과 유산》, 어문학사, 2014

와카쿠와 미도리 지음, 손지연 옮김, 《전쟁이 만들어낸 여성상》, 소명출판, 2011

요시미 슌야 지음, 송태욱 옮김, 《소리의 자본주의》, 이매진, 2005

우에노 치즈코 지음, 이선이 옮김, 《내셔널리즘과 젠더》, 박종철출판사, 1999

윌리엄 맥닐 지음, 김우영 옮김, 《전염병의 세계사》, 이산, 2012

윌리엄 맥닐 지음, 허정 옮김, 《전염병과 인류의 역사》, 한울, 2009

유한양행 광고사 편집위원회, 《1926~1945년 이전 광고로 본 유한양행》, 유한양행, 2000

의학신보, 《한국의학 100년사》, 의학출판사, 1984

이경훈, 《오빠의 탄생》, 문학과지성사, 2003

이상의, 《일제하 조선의 노동정책 연구》, 혜안, 2006

이영아, 《예쁜 여자 만들기》, 푸른역사, 2011

이재선, 《현대소설의 서사주제학》, 문학과지성사, 2007

이정욱·가나즈 히데미·유재진 공편역, 《사상전의 기록: 조선의 방공운동》, 학고방, 2014

자크 르 고프·쟝 샤를 수르니아 엮음, 장석훈 옮김, 《고통받는 몸의 역사》, 지호, 2000

장 보드리야르 지음, 이상률 옮김, 《소비의 사회》, 문예출판사, 2000

장항석, 《판데믹 히스토리》, 시대의창, 2018

전완길 외, 《한국생활문화 100년》, 장원, 1995

정과리·이일학 외, 《감염병과 인문학》, 강, 2014

제임스 B. 트위첼 지음, 김철호 옮김, 《욕망, 광고, 소비의 문화사》, 청년사, 2001

조선일보사출판사, 《조선가정의학전서》, 조선일보출판부, 1939

조선총독부 편, 《시정30년사》, 1940, 박찬승·김민석·최은진·양지혜 역주, 《국역 조선총독부 30년사 하》, 민속원,
    2018

조희진, 《선비와 피어싱》, 동아시아, 2003

존 베이넌 지음, 임인숙·김미영 옮김, 《남성성과 문화》, 고려대학교출판부, 2011

주강현, 《우리 문화의 수수께끼 2》, 한겨레신문사, 2004

주디스 윌리엄스 지음, 박정순 옮김, 《광고의 기호학》, 커뮤니케이션북스, 2007

최규진, 《일제의 식민교육과 학생의 나날들》, 서해문집, 2018

최종욱, 《일상에서의 철학》, 지와 사랑, 2000

크리스 모스델 지음, 한상필 옮김, 《광고 그리고 문화》, 커뮤니케이션북스, 1999

토드 A. 헨리 지음, 김백영·정준영·이향아·이연경 옮김, 《서울, 권력도시》, 산처럼, 2020

토비 클락 지음, 이순령 옮김, 《20세기 정치선전 예술》, 예경, 2000

펠릭스 클레르 리델 지음, 유소연 옮김, 《나의 서울 감옥생활 1878》, 살림, 2008

피터 버크 지음, 박광식 옮김, 《이미지의 문화사》, 심산, 2005

피터 브룩스 지음, 이봉지·한애경 옮김, 《육체와 예술》, 문학과지성사, 2000

하마다 아쓰오 지음, 김돈화 옮김, 《여행과 질병의 3천년사》, 심산, 2004

한국광고협회, 《한국광고 100년》, 한국광고단체연합회, 1996

한국약업, 《한국약업 100년》, 약업신문사, 2004

한민주, 《권력의 도상학》, 소명출판, 2013

한민주, 《해부대 위의 여자들》, 서강대학교출판부, 2017

한지원, 《조선총독부 의료민속지를 통해 본 위생풍습 연구》, 민속원, 2013

핼 포스터 엮음, 최현희 옮김, 《시각과 시각성》, 경성대학교출판부, 2012

헨리 임 지음, 곽준혁 편, 《근대성의 역설》, 후마니타스, 2009

헨리 지거리스트 지음, 이희원 옮김, 《질병은 문명을 만든다》, 몸과마음, 2005

헨리 지거리스트 지음, 황상익 옮김, 《문명과 질병》, 한길사, 2012

현실문화연구 편집부, 《광고의 신화, 욕망, 이미지》, 현실문화, 1999

홍현오, 《한국약업사》, 약업신문사, 1972

황상익, 《근대 의료의 풍경》, 푸른역사, 2014

후지이 다다토시 지음, 이종구 옮김, 《갓포기와 몸빼, 전쟁》, 일조각, 2008

バラク・クシュナー, 井形彬訳, 《思想戦: 大日本帝国のプロパガンダ》, 明石書店, 2016

ペネロピ・フランクス 外 編, 《歴史のなかの消費者: 日本における消費と暮らし1850−2000》, 法政大学出版局, 2016

内務省衛生局, 《流行性感冒:〈スペイン風邪〉大流行の記録》, 平凡社, 2008(=1922)

大門正克, 《戦争と戦後を生きる》, 小學館, 2009

渡辺賢二 編, 《広告・ビラ・風刺 マンガ でまなぶ 日本近現代史》, 地歴社, 2007

木村茂光 外 編, 《日本生活史辞典》, 吉川弘文館, 2016

服部 伸 編, 《〈マニュアル〉の社会史: 身體・環境・技術》, 人文書院, 2014

北田曉大, 《広告の誕生−近代メディア文化の歴史社會學》, 岩波書店, 2000

山室信一, 《モダン語の世界へ: 流行語で探る近現代》, 岩波新書, 2021

三好一, 《日本のポスター. 明治・大正・昭和》, 紫紅社文庫, 2010

小松 裕, 《いのち'と 帝國日本》, 小学館, 2009

若林宣, 《戦う 広告》, 小學館, 2008

一ノ瀬俊也, 《宣傳謀略ビラで讀む, 日中・太平洋戰爭》, 柏書房, 2008

赤澤史郎・北河賢三 編, 《文化とファシズム》, 日本經濟評論社, 2001

町田 忍, 《戰時広告圖鑑》, WAVE出版, 1997

早川タダノリ著, 《神國日本のトンデモ決戰生活》, 合同出版株式會社, 2011

下川耿史, 《近代子ども史年表: 昭和・平成編 1926~2000》, 河出書房新社, 2002

David C. Earhart, *Certain victory: images of World War II in the Japanese media*, New York: M.E.Sharpe, 2008

Timothy M. Yang, *A Medicated Empire—The Pharmaceutical Industry and Modern Japan*, Ithaca and London: Cornell Univesity Press, 2021

3. 논문

C. 한스컴, 〈근대성의 매개적 담론으로서 신경쇠약에 대한 예비적 고찰: 박태원 단편 소설을 중심으로〉, 《한국문학연구》 29, 2005

강상훈, 〈일제강점기 일본인들의 온돌에 대한 인식변화와 온돌개량〉, 《대한건축학회논문집》 22-11, 2006

강성현, 〈한국 사상통제기제의 역사적 형성과 '보도연맹 사건', 1925~50〉, 서울대학교 박사학위논문, 2012

강정숙, 〈일본군 '위안부' 제도와 기업의 역할: 삿코(콘돔)를 중심으로−〉, 《역사비평》 60, 2002

강태웅, 〈우생학과 일본인의 표상: 1920~40년대 일본 우생학의 전개와 특성〉, 《일본학연구》 38, 2012

강혜경, 〈일제시기 성병의 사회문제화와 성병관리〉, 《한국민족운동사연구》 59, 2009

고미숙, 〈《대한매일신보》를 통해 본 '병리학'의 담론적 배치〉, 《한국의 근대와 근대경험(3)》, 이화여자대학교 한국문화연구원 2005년 봄 학술대회 자료집, 2005

고병철, 〈일제시대 건강 담론과 약의 구원론: 《매일신보》 약 광고 분석을 중심으로〉, 《종교연구》 30, 2003

권명아, 〈여자 스파이단의 신화와 '좋은 일본인' 되기〉, 《동방학지》 130, 2005

권명아, 〈총후 부인, 신여성, 그리고 스파이: 전시 동원체제하 총후 부인담론 연구〉, 《상허학보》 12, 2003

권보드래, 〈1910년대의 새로운 주체와 문화: 《매일신보》가 만든 《매일신보》에 나타난 대중〉, 《민족문학사연구》, 36, 2008

권보드래, 〈仁丹−동아시아의 상징 제국〉, 《사회와 역사》 81, 2009

권보드래, 〈현미경과 엑스레이: 1910년대, 인간학의 변전〉, 《한국현대문학연구》 18, 2005

권영배, 〈일제말 전시체제하 중등학교의 동원과 저항: 대구지역을 중심으로〉, 《역사교육논집》 40, 2008

권채린, 〈1920~30년대 '건강'과 '질병'을 둘러싼 대중담화의 양상〉, 《어문론총》 64, 2015

김경리, 〈근대일본의 건강담론과 자양강장제 폴리타민: 1925~1945 요미우리신문광고를 중심으로〉, 《일본사상》 40, 2021

김금동, 〈독일 위생영화의 수용과 순응하는 식민지 주체 형성〉, 《영화연구》 51, 2012

김대환, 〈맛(味)과 식민지조선, 그리고 광고: 아지노모도味の素 광고를 중심으로〉, 《옥외광고학연구》, 5-3, 2008

김동규, 〈과장광고의 형성과 전개에 관한 역사적 연구〉, 《광고PR실학연구》 10-3, 2017

김명환, 〈옛 광고를 통해 본 한국인들의 '몸가꾸기'에 관한 소망: 1920~70년대 일간신문 광고를 대상으로〉, 《서울민속학》 4, 2017

김미선, 〈1920~30년대 '신식'화장담론이 구성한 신여성에 관한 여성주의 연구〉, 이화여자대학교 석사학위논문, 2005

김미영, 〈일제하 《조선일보》의 성병관련 담론 연구〉, 《한국학(구 정신문화연구)》 29-2, 2006

김미영, 〈일제하 한국근대소설 속의 질병과 병원〉, 《우리말글》 37, 2006

김미정, 〈일제강점기 조선여성에 대한 노동력 동원 양상: 1937~1945년을 중심으로〉, 《아세아연구》 62-3, 2019

김백영, 〈일제하 서울의 도시위생 문제와 공간정치: 상하수도와 우물의 관계를 중심으로〉, 《사총》 68, 2009

김엘리아나, 〈일제강점기 조선 의약품 광고 디자인에 나타난 주술적 특징〉, 서울대학교 석사학위논문, 2013

김연숙, 〈1930년대 소설에 나타난 여성육체의 재현양상〉, 《여성문학연구》 11, 2004

김영수, 〈20세기 초 일본 매약의 수입과 근대 한국의 의약광고의 형성: 근대 일본의 매약규제와 광고 형식을 중심으로〉, 《인문논총》 75-4, 2018

김영수, 〈메이지기 근대적 의약담론의 성립과 '뇌병'의 치료〉, 《이화사학연구》 58, 2019

김영희, 〈한국의 커뮤니케이션사 연구동향의 과제: 1990년 이후를 중심으로, 《커뮤니케이션 이론》 1-1, 2005

김윤미, 〈총동원체제와 근로보국대를 통한 '국민개로': 조선에서 시행된 근로보국대의 초기 운용을 중심으로(1938~1941)〉, 《한일민족문제연구》 14, 2008

김은정, 〈일제강점기 위생담론과 화류병: 화류병 치료제 광고를 중심으로〉, 《민족문학사연구》 49, 2012

김은정, 〈일제말 총동원체제와 일상의 거리: 《조광》에 실린 미용제품 광고를 중심으로〉, 《세계문학비교연구》 42, 2013

김은정, 〈정력精力의 서사: 《조광》에 실린 의약품 광고를 중심으로〉, 《세계문학비교연구》 53, 2015

김은주, 〈시각 기술의 권력과 '신체 없는 기관'으로서의 신체 이미지〉, 《한국여성철학》 25, 2016

김주리, 〈1910년대 과학, 기술의 표상과 근대 소설: 식민지의 미친 과학자들(2)〉, 《한국현대문학연구》 39, 2013

김주리, 〈요절의 질병에서 관리의 일상으로: 한국근대소설 속 결핵의 근대성과 식민성(2)〉, 《상허학보》 43, 2015

김주리, 〈일제강점기 소설 속 하층민 아편중독자 표상 연구〉, 《여성문학연구》 39, 2016

김지혜, 〈미인만능美人萬能, 한국 근대기 화장품 신문 광고로 읽는 미인 이미지〉, 《미술사논단》 37, 2013

김태우, 〈위생衛生, 매약賣藥, 그리고 시점視點의 전이: 한국사회 생명정치 시선에 대한 고찰〉, 《과학기술학연구》 14-1, 2014

김택중, 〈1918년 독감과 조선총독부 방역정책〉, 《인문논총》 71-1, 2017

김학균, 〈《사랑과 죄》에 나타난 아편중독자 표상연구〉, 《국제어문》 54, 2012

김현정, 〈조선시대 세안洗顔문화에 대한 고찰〉, 《동아시아문화연구》 65, 2016

김혜숙, 〈1937~1939년 식민지 조선의 가정방공과 가정용 대피시설의 특징〉, 《한일민족문제연구》 23, 2012

김화선, 〈대동아공영권의 전쟁동원론과 병사의 탄생: 일제 말기 친일 아동문학 작품을 중심으로〉, 《인문학연구》 31-2, 2004

김화선, 〈식민지 어린이의 꿈, '병사 되기'의 비극〉, 《창비어린이》 4-2, 2006

남인용, 〈광고사연구의 현황과 과제〉, 《한국광고홍보학보》 5-1, 2003

다카오카 히로유키, 〈전쟁과 건강: 근대 '건강담론'의 확립과 일본 총력전 체제〉, 《당대비평》 27, 2004

류수연, 〈가정상비약, 총후보국과 사적간호의 확대〉, 《비교한국학》 26-1, 2018

마정미, 〈개화기 광고와 근대성(Modernity): 광고에 담긴 계몽의 담론〉, 한국광고홍보학회 춘계학술대회 발표문, 2002

마정미, 〈근대의 상품광고와 소비, 그리고 일상성〉, 《문화과학》 45, 2006

마정미, 〈한국광고사 연구방법에 관한 탐색적 연구: 광고학 관련 학술지 논문의 내용분석을 중심으로〉, 《한국광고홍보학보》 11-4, 2009

목수현, 〈욕망으로서의 근대: 1910~1930년대 한국 신문광고의 신체 이미지〉, 《아시아문화》 26, 2010

박강, 〈개항기(1876~1910) 조선의 아편확산과 청국상인〉, 《한국민족운동사연구》 80, 2014

박경수, 〈일제말기 《국어독본》의 교화로 변용된 '어린이'〉, 《일본어문학》 55, 2011

박경수·김순전, 〈조선총독부의 초등학교 음악과 軍歌의 영향관계 고찰〉, 《일본어문학》 58, 2012

박계리, 《매일신보》와 1910년대 전반 근대이미지〉, 《미술사논단》 26, 2008

박삼헌, 〈의료화된 건강과 해피 드러그happy drug의 탄생: 근대 일본의 Chujoto(中將湯)를 중심으로〉, 《한국학연구》 65, 2018

박세훈, 〈일제시기 도시근린조직 연구: 경성부의 정회町會를 중심으로〉, 《공간과 사회》 19, 2003

박숙자, 〈'통쾌'에서 '명랑'까지: 식민지 문화와 감성의 정치학〉, 《한민족문화연구》 30, 2009

박윤재, 〈19세기 말~20세기 초 병인론의 전환과 도시위생〉, 《도시연구》 18, 2017

박윤재, 〈위생에서 청결로: 서울의 근대적 분뇨처리〉, 《역사비평》 126, 2019

박윤재, 〈일제의 한의학 정책과 조선 지배〉, 《의사학》 17-1, 2008

박윤재, 〈조선총독부의 결핵 인식과 대책〉, 《한국 근현대사연구》 47, 2008

박윤재, 〈조선총독부의 지방 의료정책과 의료 소비〉, 《역사문제연구》 21, 2009

박윤재, 〈청심보명단 논쟁에 반영된 통감부의 의약품 정책〉, 《역사비평》 67, 2004

박윤재, 〈한말 일제 초 대형 약방의 신약 발매와 한약의 변화〉, 《역사와 현실》 90, 2013

박정애, 〈조선총독부의 성병예방정책과 '화류병예방령'〉, 《사림》 55, 2016

박찬영, 〈일제강점기 약업정책과 조선인 약업자의 대응: 1906~1938년을 중심으로〉, 경북대학교 석사학위논문, 2019

박채린, 〈일제하 식품위생령 법제화에 의한 육류 소비관행의 근대적 변모〉, 《정신문화연구》 132, 2013

박현수, 〈식민지 조선에서 결핵의 표상: 나도향의 경우〉, 《반교어문연구》 34, 2013

박호환, 〈동화약품의 경영전략: 경영이념, 경영전략, 기업성과 간의 관계〉, 《경영사학》 22, 2007

배홍철, 〈한국 1920년대, 나체화를 둘러싼 예술과 외설의 사회적 의미〉, 《정신문화연구》 36-4, 2013

백규환·박규리·이상재, 〈조선매약주식회사를 통해 본 일제강점기 한약의 모습〉, 《대한한의학 방제학회지》 23-1, 2015

백민정, 〈월경경험과 여성의 정체성 인지認知: 안동시 풍산읍 소산마을을 중심으로〉, 《민속학연구》 33, 2013

백선례, 〈1928년 경성의 장티푸스 유행과 상수도 수질 논쟁〉, 《서울과 역사》 101, 2019

백선례, 《조선총독부의 급성전염병 예방 대책 변화: 수인성 전염병을 중심으로》, 한양대학교 박사학위논문, 2021

서동주, 〈근대일본의 우생사상과 '파국'의 상상력: '인종개량'과 '우생결혼' 담론을 중심으로〉, 《일본문화연구》 75, 2020

서범석·원용진·강태완·마정미, 〈근대인쇄광고를 통해본 근대적 주체형성에 관한 연구: 개화기~1930년대까지 몸을 구성하는 상품광고를 중심으로〉, 《광고학연구》 15-1, 2004

서은아, 〈개화기 신문 광고에 사용된 어휘 연구〉, 《겨레어문학》 42, 2009

성부현, 《한국 근대 신문광고 디자인의 변화에 관한 사회적 고찰-신문광고 태동기부터 해방 이전까지》, 중앙대학교 박사학위논문, 2007

손종현, 《일제 제3차조선교육령하 학교교육의 식민지배 관행》, 경북대학교 박사학위논문, 1993

손환, 〈일제강점기 조선의 체력장검정에 관한 연구〉, 《한국체육학회지》 48-5, 2009

신규환, 〈개항, 전쟁, 성병: 한말 일제초의 성병 유행과 통제〉, 《의사학》 17-2, 2008

신동규, 〈일제침략기 결핵전문 요양병원 海州救世療養院의 설립과 운영 실태에 대한 고찰〉, 《한일관계사연구》 52, 2015

신재의, 〈광고를 통해 본 일제강점기 치과 장비 및 기구 광고에 관한 연구〉, 《대한치과의사협회지》 48-12, 2010

신재의, 〈일제강점기의 치의학齒醫學과 그 제도의 운영〉, 《의사학》 13-2, 2004

신재의, 〈한성치과의사회와 구강위생계몽활동〉, 《대한치과의사협회지》 42-10, 2004

신주백, 〈일제 말기 체육정책과 조선인에게 강제된 건강: 체육 교육의 군사화 경향과 실종을 중심으로〉, 《사회와 역사》 68, 2005

안예리, 〈유의관계 근대 신어의 변화 과정: '비누', '우산', '시계'의 사례를 중심으로〉, 《국어사연구》 32, 2021

안태윤, 〈일제말기 전시체제와 모성의 식민화〉, 《한국여성학》 19-3, 2003

양정필, 〈한말~일제 초 근대적 약업 환경과 한약업자의 대응: '매약' 제조업자의 등장과 성장을 중심으로〉, 《의사학》 15-2, 2006

양정필, 〈한말~일제하 금산 인삼 연구〉, 《한국사학보》 51, 2013

양정필, 〈한약업자의 대응과 성장〉, 연세대학교 의학사연구소 엮음, 《한의학, 식민지를 앓다》, 아카넷, 2008

엄진주, 〈1910~1930년대 위생용품에 투영된 담론 연구─라이온 齒磨 광고를 중심으로〉, 《어문논집》 72, 2017

여인석, 〈학질에서 말라리아로: 한국 근대 말라리아의 역사(1876~1945)〉, 《의사학》 20, 2011

오성철, 〈운동회의 기억: 해방 이후 초등학교 운동회를 중심으로〉, 《아시아교육연구》 12-1, 2011

오윤정, 〈상품화된 전쟁: 아시아·태평양전쟁과 일본 백화점〉, 《일본연구》 24, 2015

옥성득, 〈전염병과 초기 한국 개신교, 1885~1919〉, 《종교문화학보》 17-2, 2020

유선영, 〈식민지 미디어 효과론의 구성: 대중 통제 기술로서 미디어 '영향 담론'〉, 《한국언론정보학보》 77, 2016

육상효, 〈1920~30년대 한국적 스타덤 고찰〉, 《한국학연구》 20, 2009

윤영철, 〈동북아 역사를 지독한 냄새로 담아낸 정로환〉 (http://m.mediahealth.co.kr/news/articleView.html?idxno=298 : 검색일 2021.11.03.)

이경민, 〈욕망과 금기의 이중주, 에로사진과 식민지적 검열〉, 《황해문화》 58, 2008

이기리, 〈일제시대 광고와 제국주의〉, 《미술사논단》 12, 2001

이꽃메, 〈일반인의 한의학 인식과 의약 이용〉, 연세대학교 의학사연구소 엮음, 《한의학, 식민지를 앓다》, 아카넷, 2008

이두원, 〈근대 신문광고(1886~1949) 내용분석연구: 근대 소비문화 형성과정을 중심으로〉, 《광고학연구》 15-5, 2004

이병돈, 〈후각을 통한 근대적 주체의 형성: 1920~30년대 식민지 조선을 중심으로〉, 중앙대학교 석사학위논문, 2012

이병례, 〈1930~40년대 대중잡지에 나타난 의학상식 : 《家庭之友》·《半島の光》을 중심으로〉, 《역사연구》 35, 2018

이병례, 〈아시아─태평양전쟁기 '산업전사'이념의 형상화와 재현〉, 《사총》 94, 2018

이병례, 〈아시아─태평양전쟁기 식민지 조선의 건강담론과 노동통제〉, 《한국사연구》 185, 2019

이병주·마정미, 〈초기 근대 의약품 광고 담론분석: 근대적 아픔의 주체와 경험에 대한 소고〉, 《한국언론정보학보》 32, 2006

이병훈, 《《탁류》: '약'의 향연〉, 《현대소설연구》 53, 2013

이상길, 〈'새로운 커뮤니케이션사'를 위하여: 연구방법론에 관한 성찰을 중심으로〉, 《커뮤니케이션 이론》 1-2, 2005

이상의, 《《조선의 농촌위생》을 통해 본 일제하 조선의 농민생활과 농촌위생〉, 《역사교육》 129, 2014

이성범, 〈일제시대 신문광고에 나타난 광고마케팅 분석: 시각적 요소를 중심으로〉, 경희대 석사학위논문, 2006

이수형, 〈김동인 문학과 히스테리, 성적 상상〉, 《사이(間, SAI)》 14, 2013

이수형, 〈박태원 문학과 일상생활의 정신병리학〉, 《구보학보》 9, 2013

이영아, 〈1900~1920년대 여성의 '몸 가꾸기' 담론의 변천과정 연구〉, 《한국문화》 44, 2008

이영아, 〈신소설에 나타난 육체에 대한 규율권력 고찰〉, 《한국현대문학연구》 17, 2005

이영주, 〈생리대와 월경하는 여성의 몸: 1960년대 중반~1980년대를 중심으로〉, 《한국과학기술학회 학술대회 발표문》, 2018

이재선, 《《탁류》: 성병의 은유적 도상학〉, 《시학과 언어학》 7, 2004

이정은, 〈《매일신보》에 나타난 3·1운동 직전의 상황〉, 《한국독립운동사연구》 4, 1990

이정희, 〈근대과학에서 시각적 재현의 의미〉, 《철학논총》 55, 2009

이태훈, 〈일제말 전시체제기 조선방공협회의 활동과 반공선전전략〉, 《역사와 현실》 93, 2014

이행선, 〈총력전기 베스트셀러 서적, 총후적 삶의 선전물 혹은 위로의 교양서〉, 《한국민족문화》 48, 2013

이흥기, 〈19세기 말 20세기 초 의약업의 변화와 개업의: 양약국과 약방부속진료소의 부침〉, 《의사학》 19-2, 2010

장근호, 《개항에서 일제식민통치로부터의 해방까지 이비인후과의 도입과 전개 과정》, 서울대학교 박사학위논문, 2008

장근호·최규진, 〈개화기 서양인 의사의 눈으로 본 한국인의 질병: '조선정부병원 제1차년도 보고서'(1886년)와
　　'대한제국병원 연례보고서'(1901년)를 중심으로〉, 《역사연구》 36, 2019

장신, 〈1920년대 민족해방운동과 치안유지법〉, 《학림》 19, 1996

전성규, 〈해방의 우울과 퇴폐·거세된 남성성 사이의 '명랑': 정비석의 《장미의 계절》과 《도회의 정열》을 중심으로〉,
　　《대동문화연구》 85, 2014

정근식, 〈식민지 위생경찰의 형성과 변화, 그리고 유산〉, 《사회와 역사》 90, 2011

정근식, 〈식민지 지배, 신체규율〉, 미즈노 나오키외 지음, 정선태 옮김, 《생활 속의 식민지주의》, 산처럼, 2007

정민아, 〈화장품광고와 근대여성-되기: 1930년대에서 1950년대까지〉, 《한민족문화연구》 45, 2014

정태화 외, 〈지구촌 콜레라 유행의 역사와 우리나라의 현황〉, 《대한임상검사과학회지》 27-1, 1995

정희정, 〈1920년대 신문 연재소설 삽화와 모더니티: 인체 표현을 중심으로〉, 《미술사논단》 48, 2019

조명근, 〈1930년대 후반 식민지 조선 농민 생활상의 재구성: 충청남도 당진군 오곡리 사례를 중심으로〉, 《역사와 담론》
　　76, 2015

조윤정, 〈비밀전, 스파이, 유언비어: 《신시대》에 나타난 통합과 배제의 논리〉, 《동악어문학》 57, 2011

조정은, 〈근대 상하이 도시위생과 세균설의 수용〉, 《도시연구》 18, 2017

조형근, 〈식민지체제와 의료적 규율화〉, 김진균·정근식 편저, 《근대주체와 식민지 규율권력》, 문화과학사, 1997

주형일, 〈이미지로서의 육체, 기호로서의 이미지: 삶과 틀의 육체 담론〉, 《인문연구》 47, 2004

지수걸, 〈식민지 농촌현실에 대한 상반된 문학적 형상화: 이광수의 《흙》과 이기영의 《고향》을 중심으로〉, 《역사비평》
　　20, 1993

진효아·곽규환, 〈일본 피임실천에서의 콘돔 우세 경향 연구〉, 《동북아문화연구》 59, 2019

채완, 〈일제시대 광고 카피의 연구: 문체와 그 선택 요인을 중심으로〉, 《인문과학연구》 11, 2005

천정환, 〈관음증과 재현의 윤리: 식민지 조선에서의 '근대적 시각'의 성립에 관한 일 고찰〉, 《사회와 역사》 81, 2009

천정환, 〈한국 소설에서의 감각의 문제〉, 《국어국문학》 140, 2005

최규진, 〈1910년대 의약품 광고의 '과학'과 주술〉, 《한국사학보》 80, 2020

최규진, 〈서양인의 타자他者, 개항기 조선인〉, 《사림》 39, 2011

최규진, 〈시각화한 신체와 '건강미'〉, 《역사연구》 41, 2021

최규진, 〈전시체제는 경성의 삶을 어떻게 바꾸었을까?〉, 《쉽게 읽는 서울사, 일제강점기편》, 서울역사편찬원, 2020

최규진, 〈종두정책을 통해 본 일제의 식민 통치: 조선과 대만을 중심으로〉, 서울대학교 대학원 박사학위논문, 2014

최덕경, 〈동아시아 糞尿시비의 전통과 생태농업의 굴절: 糞尿의 위생과 기생충을 중심으로〉, 《역사민속학》 35, 2011

최수일, 〈잡지 《조광》을 통해 본 '광고'의 위상 변화: 광고는 어떻게 '지知'가 되었나〉, 《상허학보》 32, 2011

최은경, 〈개항 후 서양의학 도입과 '결핵' 용어의 변천〉, 《의사학》 21-2, 2012

최은경, 〈일제강점기 성병에 대한 의료적 실천: 치료와 예방, 담론을 중심으로〉, 서울대학교병원 의학역사문화원 편저,
　　《역사 속의 질병, 사회 속의 질병》, 솔빛길, 2020

최은경, 〈일제강점기 조선총독부의 결핵정책(1910-1945): 소극적 규제로 시작된 대응과 한계〉, 《의사학》 22-3, 2013

최은경, 《일제강점기 조선 사회 결핵 유행과 대응에 관한 연구》, 서울대학교 박사학위논문, 2011

최은경·이영아, 〈신문 상담란 "지상병원"을 중심으로 본 1930년대 식민지 조선 대중들의 신체 인식과 의학 지식 수용〉, 《한국과학사학회지》 37-1, 2015

최은아, 〈감각의 문화사 연구: 시각과 후각을 중심으로〉, 《카프카연구》 17, 2007

표정옥, 〈타자 혐오와 질병 담론의 연루로 읽는 최명익의 〈봄과 신작로〉 연구〉, 《한국근대문학연구》 22-1, 2021

한국포장협회, 〈활명수活命水 상표와 포장의 변천〉, 《포장계》 99, 2001

한만수, 〈'밥-똥 순환'의 차단과 두엄 화학비료의 숨바꼭질: 1926~1939년 소설의 '똥' 재현 양상을 중심으로〉, 《상허학보》 60, 2020

함부현, 《한국 근대 신문광고 디자인의 변화에 관한 사회적 고찰: 신문광고 태동기부터 해방 이전까지》, 중앙대학교 박사학위논문, 2007

허수열, 〈조선인 노동력의 강제동원의 실태〉, 차기벽 엮음, 《일제의 한국 식민통치》, 정음사, 1985

허연실, 〈근대 잡지 광고의 특성 연구: 《신여성》의 '와까모도' 광고를 중심으로〉, 《인문사회과역연구》 18-1, 2017

홍선표, 〈경성의 시각문화 공람제도 및 유통과 관중의 탄생〉, 한국미술연구소 한국근대시각문화팀, 《모던 경성의 시각문화와 관중》, 한국미술연구소CAS, 2018

홍선표, 〈한국 개화기의 삽화 연구〉, 《미술사논단》 15, 2002

황동하, 〈방공협정防共協定의 문화적 효과〉, 《역사연구》 41, 2021

황의룡·김태영, 〈식민초기 조선의 교육잡지를 통해 본 학교위생 및 체육교육연구〉, 《의사학》 45, 2013

황지영, 〈광고에 표상된 몸 이미지와 그 의미: 기호학적 접근〉, 《광고학연구》 17-4, 2006

황지혜, 〈일제강점기 신경쇠약 담론의 형성과 신경쇠약 매약의 확산〉, 《의료사회시연구》 6, 2020

황지혜·김남일, 〈일제강점기 매약을 통해 본 한약의 제형 변화와 새로운 한약 처방의 경향성에 대한 고찰〉, 《한국의사학회지》 33, 2020

パラック・クシュナー, 〈甘味と帝國—帝國日本における砂糖消費〉, ペネロピ・フランクス 外 編, 《歴史のなかの消費者—日本における消費と暮らし1850-2000》, 2016

宝月理恵, 〈幸福なる理想の洗面台—大正から昭和初期の學校齒磨教錬 マニュアル〉, 服部 伸 編, 《《マニュアル》の社会史—身體·環境·技術—》, 《人文書院》, 2014

服部昭, 〈衣服用防虫剤『藤澤樟脳』の100年 (1) 商品誕生の背景〉 (1), 《薬史学雑誌》 34(2), 1999

石田あゆう, 〈1931~1945年化粧品広告にみる女性美の變遷〉, 《マス·コミュニケイション研究》, 65, 2004

井出文紀, 〈森下仁丹の町名表示板広告と'広告益世'〉, 《商經學叢》 64-2, 2017

G. Weisenfeld, "'From Baby's First Bath': Kao Soap and Modern Japanese Commercial Design," *Art Bulletin*, Vol. 86, No. 3, 2004

Hoi-Eun Kim, "Cure for Empire: The 'Conquer-Russia-Pill', Pharmaceutical Manufacturers, and the Making of Patriotic Japanese, 1090-45," *Med. Hist.*, Vol. 57, No. 2, 2013

Susan L. Burns, "Marketing 'Women's Medicines:' Gender, PTC Herbal Medicines and Medical Culture in Modern Japan," *Asian Medicine* 5, 2009